Was tun gegen rechts

Jens Mecklenburg (Hg.)

Was tun gegen rechts

ELEFANTEN PRESS BERLIN

Inhalt

Vorwort

Seit dem Start der Reihe im Frühjahr 1996 beschäftigt sich die Antifa Edition vorwiegend mit dem in- und ausländischen Rechtsextremismus und Neonazismus, den Auschwitzleugnern, der Geschichte und Nachgeschichte des Nationalsozialismus und untersucht und beschreibt rechte Aktivitäten, Personen, Organisationen, Strukturen, Netzwerke sowie deren Propaganda und Ideologien. Rassismus, Antisemitismus, Nationalismus und Antiziganismus sowie undemokratische, autoritäre und geheimbündlerische Aktivitäten von Geheimdiensten und Geheimagenten waren ebenfalls Themen der Reihe.

Hunderte von Veranstaltungen, Pressekonferenzen und Interviews folgten den Veröffentlichungen. Eine Frage wurde immer wieder gestellt: Was kann man tun gegen Rechtsextremismus und rassistische Gewalt?

Mit »Was tun gegen rechts« versuchen die Autorinnen und Autoren, Antworten anzubieten. Patentlösungen kann es nicht geben. Zu komplex sind die Ursachen und Wirkungen von rechtsextremen und rassistischen Einstellungen und Handlungen. Eins ist aber klar: Die Verantwortung für die Bekämpfung von Rechtsextremismus und Rassismus liegt bei *allen* in der Gesellschaft.

Die Autorinnen und Autoren hoffen, mit ihren Beiträgen den längst überfälligen Diskurs über Gegenstrategien gegen rechts zu fördern.

Der einführende Beitrag des Herausgebers nimmt eine Bestandsaufnahme des aktuellen Rechtsextremismus vor und beschreibt dessen Perspektiven.

Im ersten Abschnitt *(Politischer und gesellschaftlicher Umgang mit rechts)* plädiert Annelie Buntenbach für ein Mehr an Demokratie und eine Stärkung der Widerstandsfähigkeit der Gesellschaft gegen Rechtsextremismus. Hajo Funke und die Gruppe »Opferperspektive« sprechen sich für eine Umkehr der Sichtweise weg von den Tätern, hin zu den Opfern aus. Im Mittelpunkt ihrer Überlegungen und ihrer konkreten Arbeit steht die Solidarität mit den

Opfern rassistischer Gewalt und die Entsolidarisierung gegenüber den Tätern. Schließlich beschreibt Anetta Kahane die vielfältigen Ansätze der »Regionalen Arbeitsstellen für Ausländerfragen« und des »Zentrums für demokratische Kultur« in Berlin und Ostdeutschland.
Im zweiten Abschnitt *(Jugendarbeit)* präsentieren Benno Hafenegger und Torsten Niebling zum ersten Mal ihre Studie »Rechter Jugendalltag in Hessen – Ergebnisse einer Umfrage«. Dort weisen sie auf rechte Jugendmilieus in Hessen hin und machen Vorschläge für eine Jugendarbeit gegen rechts. Christoph Butterwegge zeigt in seinem Beitrag die Möglichkeiten, aber auch die Grenzen sozialpädagogischer Intervention bzw. Gewaltprävention bei rechten Jugendlichen auf.
Im dritten Abschnitt *(Politische Bildung)* stellen Tanja Berg, Julika Bürgin, Barbara Schäuble und Erik Weckel ihren »Baustein zur nicht-rassistischen Bildungsarbeit« vor. Christoph Butterwegge macht sich Gedanken über den Zustand und die Möglichkeiten der politischen Bildungsarbeit und plädiert für eine neue Kultur der Solidarität. Schließlich reflektiert Burkhard Schröder über seine vielfältigen Erfahrungen bei Bildungsveranstaltungen mit Jugendlichen, besonders im Osten der Bundesrepublik.
Im vierten und letzten Abschnitt *(Historisch-politische Bildung)* macht Adelheid Schmitz in ihrem Beitrag deutlich, daß für eine erfolgversprechende Auseinandersetzung mit dem aktuellen Rechtsextremismus auch die weitere Analyse der historischen Basis des Nationalsozialismus, seiner Ursachen und Folgen bis heute, wichtiger Bestandteil einer Gegenstrategie sein muß. Ralf Melzer macht sich Gedanken über den gesellschaftlichen Umgang mit der Shoah und die Konsequenzen für unsere heutige Demokratie. Seine Forderung »Null Toleranz gegenüber rechts« leitet Melzer auch aus der deutschen Vergangenheit ab. Zum Schluß setzt sich Ulrich Schneider für eine stärkere Erinnerungskultur als Handlungsstrategie gegen rechts ein.
Das Buch schließt mit einem ausführlichen Literaturverzeichnis zum Thema.

Kiel/Berlin, im Juli 1999
Jens Mecklenburg

Jens Mecklenburg
Bestandsaufnahme und Perspektiven des Rechtsextremismus

Bestandsaufnahme

Für eine Einschätzung der Gefahren des Rechtsextremismus sind viele Faktoren zu berücksichtigen: Wieviele Rechtsextreme gibt es, wie sind sie organisiert, wieviele Wähler können sie mobilisieren, wie stark wirken sie mit ihren Themen und Aussagen in die Gesellschaft hinein, wie gewalttätig sind sie, bekommen sie Zulauf? Noch wichtiger sind die Fragen: Wie verhält sich die Gesellschaft gegenüber dem Rechtsextremismus, wie setzt sie sich mit ihm auseinander, wie tritt sie ihm entgegen?
Im Folgenden wird anhand von Zahlen, Fakten und Tendenzen eine Bestandsaufnahme des Rechtsextremismus vorgenommen. Nur wenn man die Erfolgs- und Ausgangsbedingungen des Rechtsextremismus genau kennt, lassen sich erfolgreiche Gegenstrategien entwickeln und kann die Frage beantwortet werden: Was tun gegen rechts?
Die Gefahren, die vom Rechtsextremismus und von rechtsextremen und rassistischen Einstellungen ausgehen, sind in den letzten Jahren nicht geringer geworden.
Bundesinnenminister Otto Schily und der Präsident des Bundesamtes für Verfassungsschutz, Peter Frisch, stellten am 25. März 1999 in Bonn den aktuellen Jahresbericht *(Verfassungsschutzbericht 1998)*[1] vor: Das rechtsextreme Personenpotential stieg um elf Prozent auf 53.600. Schily rechnet mit einem weiteren Anstieg. Die drei großen rechtsextremen Parteien – DVU, NPD und REP – haben zusammen knapp 40.000 Mitglieder. 11.000 Straftaten, davon 708 Gewalttaten, registrierte der Verfassungsschutz. Daß besonders bei den Gewalttaten die Dunkelziffer um ein Vielfaches höher liegt, darf angenommen werden. Besonders unter den Opfern rassistisch motivierter Gewalt ist das Vertrauen in Polizei und Justiz gering. Viele Opfer zeigen Straftaten aus Angst vor Nachteilen nicht an. Hinzu kommt die Tendenz der Polizei

und Justiz, rechtsextreme Gewalttaten von Jugendlichen zu entpolitisieren. Dadurch werden ihre Taten häufig nicht als rechtsextrem angesehen. Von den registrierten Gewalttaten waren 61 Prozent rassistisch (der Verfassungsschutz spricht von »fremdenfeindlich«) motiviert. 16 Gewaltdelikte mit antisemitischem Hintergrund und zehn versuchte Tötungen weist der *Verfassungsschutzbericht* aus. Die Hälfte der Gewaltdelikte wurden von Skinheads verübt, und mit 46 Prozent waren sie überproportional hoch in den neuen Bundesländern zu verzeichnen. In einigen ostdeutschen Regionen und Städten haben sich dominante rechtsextreme Jugendmilieus herausgebildet. Und auch wenn es immer wieder angezweifelt wird: Es gibt sie, die von Faschisten dominierten »befreiten Zonen«, in denen »Ausländer«, Linke und generell »fremdartig« Aussehende an Leib und Leben bedroht sind. Sie können diese Zonen nur unter ziemlich großem persönlichem Risiko betreten. Die immer noch fast täglich gemeldeten rassistisch motivierten Gewalttaten sind ganz offensichtlich keine Einzelfälle und Randerscheinungen, sondern, wie Wolfgang Wippermann feststellt, »Spitzen brauner Eisberge«. Daran vermögen auch die Abwiegelungs- und Beschwichtigungsversuche von Juristen, Polizisten und Politikern fast aller Parteien nichts zu ändern. Ganz im Gegenteil ist ihnen ein notorisches Wegsehen und ein viel zu langes Schweigen vorzuwerfen, das man fast schon als Zustimmung deuten möchte. Auch wenn es kaum vorstellbar scheint, sollte man vielleicht den Vorschlag eines amerikanischen Journalisten ernsthaft prüfen, an den Brennpunkten rassistischer Gewalt Uno-Blauhelme zu stationieren. Politik, Justiz und Polizei scheinen damit überfordert zu sein, gerade im Osten der Republik, »Ausländer« zu schützen.
Der Verfassungsschutz rechnet 8.200 Personen dem militanten Spektrum zu, damit stieg 1998 die Gewaltbereitschaft in der Szene. In Nazi-Kreisen kursieren Anleitungen zum Bombenbau und für Sprengstoffanschläge. Man muß kein Hellseher sein: Den Bombenanschlägen auf das Grab des verstorbenen Vorsitzenden des Zentralrats der Juden, Heinz Galinski, in Berlin im November 1998 und gegen die Wehrmachtsausstellung in Saarbrücken im März 1999 werden weitere folgen. Die Ermittlungen zum Anschlag auf Galinkis Grab sind bedauerlicherweise, ohne daß man-

der Täter habhaft geworden wäre, mittlerweile eingestellt worden. Auch der Anschlag auf die Wehrmachtsausstellung ist noch ungeklärt. Während das Bundesamt für Verfassungsschutz terroristische Tendenzen in der Neonazi-Szene verneint, spricht die rheinland-pfälzische Behörde von ernstzunehmenden Hinweisen auf rechtsterroristische Planungen von Einzeltätern oder Kleingruppen.[2]

Ob wir Verhältnisse wie in Schweden bekommen werden, vermag wohl zur Zeit niemand zu beurteilen: Wenige Wochen nach einem Bankraub und der Ermordung zweier Polizisten haben dort mutmaßliche Neonazis einen Bombenanschlag auf ein Journalistenpaar verübt.[3] Nur durch Zufall überlebten der Mann und sein achtjähriger Sohn die Autobombe, seine Frau saß nicht im Auto. Die beiden recherchierten häufig im rechtsextremen Milieu und standen sogar unter Polizeischutz.

Worüber in der Öffentlichkeit kaum gesprochen wird: Journalisten, die sich schwerpunktmäßig mit dem Thema Rechtsextremismus beschäftigen, intensiv recherchieren und kritisch über ihn berichten, sind auch in Deutschland gefährdet. Übergriffe und Anschläge sind nicht ausgeschlossen. Einige erhielten Morddrohungen oder wurden bedrängt. In einigen Redaktionsstuben herrscht Angst, die freie Berichterstattung ist dadurch eingeschränkt. An diese Verhältnisse dürfen wir uns niemals gewöhnen. Auch nicht daran, daß jüdische Einrichtungen und ihre Repräsentanten unter massivem Polizeischutz stehen müssen.

Die Gesellschaft in der Bundesrepublik hat sich mittlerweile an die alltägliche rassistische Gewalt gewöhnt. Benno Hafeneger schreibt zurecht von einem »Gewöhnungs- und Normalisierungsprozeß auf hohem Niveau«.[4] Überfälle, Schlägereien, Anschläge, Schändungen von Friedhöfen bis hin zu Mord(versuchen) sind an der Tagesordnung. Die rechten und rassistischen Schläger überschreiten immer häufiger die Grenze zur Vernichtungstendenz. Was die Angelegenheit noch brisanter macht: Politisch-moralische Empörung ist kaum noch auszumachen, gesellschaftliche Gegenwehr ist nur auf kleine Gruppen beschränkt. Viele Täter können sich zumindest der Duldung ihrer Taten oder sogar des stillen Einverständnisses durch Teile der Bevölkerung gewiß sein.

Besondere Bedeutung für den Rechtsextremismus hat die rechte Musikszene. Über sie werden Jugendliche geködert. 1998 sind 128 Konzerte rechtsextremer, rassistischer und meist auch extrem sexistischer Musikgruppen bekannt geworden. Es existieren zur Zeit ungefähr 100 rechte Bands, 50 Firmen vertreiben rechtsextreme Skinhead-Musik. 50 Fanzines sind bekannt.
Das wichtigste Verbindungsglied zwischen den Neonazis und dem Rechtsextremismus sind die wiedererstarkte NPD (6.000 Mitglieder) und ihre Jugendorganisation Junge Nationaldemokraten (JN). Gewichtige Neonazis wie Frank Schwerdt und Steffen Hupka sitzen mittlerweile in der Führungsspitze der Partei. In Sachsen hat die NPD ihre breiteste Basis, der Landesverband hat 1.400 Mitglieder.
Trotz ihres Scheiterns bei der Bundestagswahl 1998 an der Fünf-Prozent-Hürde haben die rechtsextremen Parteien gegenüber der Vorwahl Stimmen hinzugewonnen:[5] im Osten 3,8 Prozent, im Westen knapp ein Prozent. Während vor 1998 die rechtsextremen Parteien in den fünf neuen Ländern keine Rolle spielten, macht der Wahl- und Parteienforscher Richard Stöss nun eine Gewichtsverlagerung von West nach Ost aus. Nach seinen Untersuchungen verfügen 17 Prozent der Ostdeutschen über ein geschlossenes rechtsextremes Weltbild, während es bundesweit 13 Prozent sind. Der im Osten primär subkulturelle Rechtsextremismus könnte sich zunehmend institutionalisieren, was Auswirkungen auf das Wahlverhalten und den Organisierungsgrad der rechtsextremen Parteien hätte. Stöss hält sogar einen neuen Entwicklungsabschnitt, eine neue Boomphase, des bundesdeutschen Rechtsextremismus für möglich.[6]

Perspektiven des Rechtsextremismus

Die parlamentarische Schwäche des bundesdeutschen Rechtsextremismus ist zum Teil hausgemacht.[7] Die drei größeren rechtsextremen Parteien, DVU, NPD und REP, machen sich gegenseitig Konkurrenz und nehmen einander Wähler weg. Trotz anhaltender Einigungsbemühungen ist das extrem rechte Lager ideologisch, programmatisch und organisatorisch zersplittert.

Der zunehmend harte Rechtskurs der CDU/CSU dürfte vor allem den REP schaden. Der DVU fehlt eine aktive Basis, und sie wird zu stark mit den Geschäftsinteressen ihres Vorsitzenden Gerhard Frey in Verbindung gebracht. Das militante Auftreten der NPD ist für die meisten rechtsextrem eingestellten Wähler nicht akzeptabel.

Dem Rechtsextremismus fehlt es vor allem an einem populären Führer, dem es auch zufiele, das rechte Lager zu einigen. Solch ein Politiker ist nicht in Sicht.

Eine weitere Schwäche des Rechtsextremismus ist ihr fehlender Zugang zu den großen öffentlichen Diskursen und Medien. Es wird zwar viel über sie berichtet, aber sie bleiben stumme Akteure. Respektable Personen, Aktivitäten und Vorschläge fehlen ihnen. In den Parlamenten fallen sie meist durch Abwesenheit oder Skandale auf.

Erfolgreicher ist der Rechtsextremismus beim Aufgreifen von wirtschaftlichen und sozialen Fragen. Wirtschaft und Soziales sind inzwischen zum zentralen Politikfeld der extremen Rechten geworden. Mit ihrer sozialen Demagogie machen sie vor allem im Osten Punkte. Ob sie dort noch erfolgreicher werden können, wird sich zeigen. Die Ausgangsbedingungen sind günstig: Bis zu 80 Prozent der Ostdeutschen fühlen sich, nicht ganz zu unrecht, vom Westen kolonisiert. Insbesondere in den neuen Bundesländern sind Unzufriedenheit, Zukunftspessimismus und Systemverdrossenheit weit verbreitet, und die der DDR-Bevölkerung versprochenen »blühenden Landschaften« werden auch unter Rot-Grün Fiktion bleiben.

Die hohe Wahlbereitschaft zugunsten rechtsextremer Parteien (je nach Untersuchung zehn bis zwanzig Prozent) und das hohe rechtsextreme Einstellungspotential von 13 Prozent in Gesamtdeutschland sind hervorragende Ausgangsbedingungen auch für zukünftige Wahlerfolge des Rechtsextremismus. Zum gegenwärtigen Zeitpunkt ist aber eine genaue Prognose über die Zukunftsaussichten rechtsextremer Parteien kaum möglich.

Sicher ist: Das subkulturelle Milieu und die militanten Neonazis werden auf hohem Niveau weiter aktiv bleiben. Die Herausbildung terroristischer Gruppen ist zumindest nicht auszuschließen. Der braune Spuk ist nicht vorbei. Während die internen Erfolgsbedingungen des Rechtsextremismus nach wie vor schlecht sind, sind die externen Ausgangsbedingungen sehr gut. Und wenn auch die Erfolgsaussichten im Osten der Republik günstiger scheinen, ist der Rechtsextremismus doch ein gesamtdeutsches Problem. Er stellt sich nur unterschiedlich dar.

Rechtsextremismus und Demokratie

Um die tatsächlichen Gefahren von Rechtsextremismus und Rassismus für die Gesellschaft einschätzen zu können, reicht es nicht aus, nur einen Blick auf die spektakulären rassistischen Gewalttaten oder den organisierten Rechtsextremismus zu werfen. Der alleinige Fokus auf gewalttätige Rassisten und Neonazis macht blind für die komplexen Ursachen und Wirkungen und die hohe Akzeptanz extrem rechter Einstellungen. Rassistische und rechtsextreme Einstellungen finden sich eben auch im demokratischen Spektrum. Dies belegt nicht zuletzt die von der WDR 2-Redakteurin Claudia Dammann initiierte und von Infratest-Dimap durchgeführte Umfrage über rechte Einstellungen bei Gewerkschaftsmitgliedern.[8] Die Umfrage ergab, daß elf Prozent der Gewerkschaftsmitglieder sich vor der Bundestagswahl im September 1998 vorstellen konnten, eine rechtsextreme Partei zu wählen. Bei den Nichtmitgliedern waren es nur sieben Prozent. Vor allem jugendliche Gewerkschafter zwischen 18 und 24 Jahren scheinen verstärkt anfällig für rechtsextreme Wahlparteien zu sein. 32 Prozent aller Befragten dieser Altersgruppe – gegenüber 17 Prozent der nicht gewerkschaftlich organisierten Jugendlichen – konnten sich vorstellen, ihr Kreuz bei einer extrem rechten Partei zu machen. Das »Rechts-Sein« ist bei Jugendlichen, besonders bei jungen Männern, wieder in. Bei der Hamburger Bürgerschaftswahl 1997 wählten 20 Prozent der jungen Männer braun. Der DVU fehlten nur wenige hundert Stimmen zum Einzug ins Parlament. Bei der Landtagswahl in Sachsen-Anhalt im April 1998, die der DVU mit 12,9 Prozent der Stimmen das beste Landesergebnis einer rechtsextremen Partei seit 1945 bescherte, wählten sogar 38 Prozent der jungen Männer braun. Unter den männlichen Jungwählern erreichte die DVU damit mehr Stimmen als CDU, SPD und Grüne zusammen. In vielen Jugendcliquen, besonders im Osten, aber nicht auf ihn beschränkt, ist »Rechts-Sein« die dominante Haltung. Inwieweit der Rechtsextremismus hiervon in Zukunft zusätzlich profitieren kann, bleibt abzuwarten.

Nach einer Einstellungsuntersuchung von Richard Stöss vom Juli 1998 verfügen 13 Prozent der Bundesbürger über ein rechtsextremes Weltbild. Nach wie vor wählen jedoch die wenigsten Rechtsextremisten eine rechtsextreme Partei, die meisten präferieren eine bürgerliche Partei oder wählen gar nicht. Das rechtsextreme Einstellungspotential ist in den neuen Bundesländern mit 17 Prozent knapp anderthalbmal so groß wie in den alten Ländern. Die Studie schreibt 19 Prozent der Bürger Brandenburgs eine rechte Grundhaltung zu. In Sachsen und Sachsen-Anhalt sind es 18 Prozent, gefolgt von Thüringen mit 17 Prozent und Mecklenburg-Vorpommern mit 16 Prozent. Die Studie belegt weiterhin, daß Feindseligkeit gegenüber »den Fremden« kein Jugendproblem ist. Interessanterweise nehmen mehr Jugendliche als Erwachsene ihr soziales Umfeld als »fremdenfeindlich« wahr. Jugendliche begehen zwar mehr rassistische Straftaten, rassistische Einstellungen sind aber in allen Altersgruppen feststellbar. Besonders in den neuen Bundesländern sind die offene und brutale rechte Gewalt und die Dominanz rechter Jugendgruppen auch kommunale Probleme. Die Täter agieren in ihrem Wohnumfeld und erfahren eine hohe Akzeptanz aus der Bevölkerung. Daß der nationalistische und rassistische Virus mittlerweile große Teile der Bevölkerung befallen hat, belegen verschiedene Untersuchungen:

In einer im Juni 1998 vorgestellten Forsa-Umfrage im Auftrag der Landesregierung Brandenburg zum Rechtsextremismus und zur Ausländerfeindlichkeit äußerte mehr als die Hälfte der Brandenburger deutliche Vorurteile gegenüber Ausländern, die ihrer Meinung nach die Leistungen des Sozialsystems mißbrauchen und Schuld an der hohen Arbeitslosigkeit sind.

54 Prozent der West- und 62 Prozent der Ostdeutschen stimmen dem irrationalen Satz zu, nach dem »die Ausländer die Arbeitsplätze wegnehmen« würden.[9] Besonders verhaßt sind die Sinti und Roma, die von 64 bis 68 Prozent der heutigen Deutschen vehement abgelehnt werden.[10] Und immerhin 20 Prozent der Deutschen bekennen sich offen zu ihren antisemitischen Vor-

urteilen.[11] – und dies bei einer offiziell betont philosemitischen Haltung der Öffentlichkeit und der meisten Parteien!
Wolfgang Wippermann stellt zurecht die Frage, wieviel Rassismus unsere Demokratie eigentlich verträgt.[12] Was für eine Demokratie ist das, in der die Mehrheit der Bevölkerung nationalistisch und rassistisch orientiert ist? Was nützt es, wenn die rechtsextremen Parteien das ihnen vom Wahlforscher Jürgen Falter zugebilligte Wählerpotential von fast 20 Prozent nicht ausschöpfen können? Die nationalistischen und rassistischen Einstellungen verschwinden nicht einfach.
Hinzu kommt, daß derartige Einstellungen auf ein zunehmend nicht-demokratisches Bewußtsein stoßen. Nach neueren Untersuchungen von Richard Stöss soll ein Drittel der Bundesbürger die Demokratie kompromißlos ablehnen. 61 Prozent sind mit dem »gegenwärtigen Erscheinungsbild« der deutschen Demokratie nicht zufrieden.[13]

Der Zustand der Demokratie befördert Rechtsextremismus

Nicht die »antidemokratischen« Parteien sind das eigentliche Problem, der Zustand der Demokratie insgesamt ist das Problem! Ohne ein Mehr an Demokratie und Demokraten im libertären Sinne werden auch die besten Konzepte gegen Rechtsextremismus nicht greifen können.
In der Politik und bei ihren Machern gilt nur noch eine Vision: die des blanken Machterhalts und der Anbiederei an die Wirtschaft. Ein Beispiel: Nach zähen und langen Verhandlungen einigt sich die EU auf eine Altauto-Richtlinie, nach der die Autokonzerne ihre Altautos zurückzunehmen haben. Soweit so gut. Doch VW-Chef Piëch will die Regelung nicht – sie kostet Geld. Was macht er? Piëch interveniert bei Bundeskanzler Schröder, der läßt via Bundesumweltminister Trittin die Vereinbarung platzen – ein Stück aus dem Tollhaus!
Was lehrt uns das? Bei Schröder aber auch bei den meisten anderen Politikern gibt es nur noch einen Wert: Wirtschaftsfreundlichkeit. So, wie sich der Bundeskanzler als Moderator versteht, so

will Politik nicht mehr gesellschaftlich gestalten, nicht »mehr Demokratie wagen« (Willy Brandt), sondern nur noch Investitionshemmnisse abbauen. In dieser Logik werden dann auch rassistische Überfälle verurteilt, weil sie ausländische Firmen abschrecken könnten, in Deutschland zu investieren. Regieren verkommt so zum modernen Management, die Gesellschaft wird geführt wie ein Großunternehmen, es zählt nur noch der kurzfristige »voteholder value« der Politik.

Staatsbürgerrecht, Demokratie, Rechtsextremismus

Der in unserem Lande verstärkt gepflegte Wohlstands-Chauvinismus mit seiner Politik der Ausgrenzung von Flüchtlingen und Migranten (aber auch von Arbeitslosen und Sozialhilfeempfängern) verfestigt rechte und rassistische Einstellungen. Insoweit war die von Rot-Grün versprochene Reform des völlig antiquierten völkischen deutschen Staatsbürgerrechts nicht nur überfällig, sondern bot auch eine Chance, sich gegen Nationalismus zu positionieren und damit auch den Rechtsextremismus zu schwächen.
Die neue rot-grüne Bundesregierung ging an die Reformierung des aus der Kaiserzeit stammenden und die Basis der nationalsozialistischen Rassengesetze bildenden deutschen Staatsbürgerrechts.[14] Das deutsche »Blutrecht« (ius sanguinis), wonach nur deutscher Staatsbürger sein kann, wer »deutscher Abstammung« ist (bzw. über das »deutsche Blut« verfügt), förderte seit Jahrzehnten nationalistische und rassistische Einstellungen. Zudem war das Staatsbürgerrecht undemokratisch und grenzte viele Bürger des Landes aus. Zur Absurdität des »Blutrechts« gehörte, daß zur deutschen »Blutsnation« einerseits Ausländer gezählt wurden, die das spätere Deutschland schon vor Jahrhunderten verlassen hatten, während andererseits Menschen, die seit vielen Jahren und Jahrzehnten hier leben, nicht als Deutsche anerkannt wurden – ihnen blieben damit die staatsbürgerlichen Rechte verwehrt. Dazu zählten vor allem das Wahlrecht und soziale Rechte. Über sieben Millionen Bürger (»Ausländer«), also fast zehn Prozent der Bevölkerung, blieben ausgegrenzt. Dieser Zustand hatte Signalwirkung für den Rechtsextremismus.

Am 7. Mai 1999 beschloß der Bundestag die Änderung des Staatsbürgerrechts: Kinder ausländischer Eltern sollen ab 2000 mit der Geburt die deutsche Staatsangehörigkeit erhalten. Falls sie noch eine andere besitzen, müssen sie sich bis zu ihrem 23. Lebensjahr zwischen der deutschen und der ausländischen Staatsbürgerschaft entscheiden. Eine doppelte Staatsangehörigkeit soll also nicht möglich sein. Wer seine andere Staatsbürgerschaft behalten will, verliert die deutsche. Ob dies vor dem Bundesverfassungsgericht Bestand haben wird, wird sich zeigen, denn das Grundgesetz schließt den Entzug der Staatsbürgerschaft prinzipiell aus. Erwachsene Ausländer können künftig auf Antrag eingebürgert werden, wenn sie mindestens acht Jahre in Deutschland gelebt haben, nicht von der Sozialhilfe abhängig sind, über ausreichende Kenntnisse der deutschen Sprache verfügen und sich »zur freiheitlich demokratischen Grundordnung des Grundgesetzes« bekennen. Sie müssen darüber hinaus erklären, daß sie »keine Bestrebungen verfolgt oder unterstützt« haben, »die gegen die freiheitliche demokratische Grundordnung, den Bestand oder die Sicherheit des Bundes oder eines Landes gerichtet sind oder eine ungesetzliche Beeinträchtigung der Amtsführung der Verfassungsorgane des Bundes oder eines Landes oder ihrer Mitglieder zum Ziel haben oder die durch Anwendung von Gewalt (...) auswärtige Belange der Bundesrepublik Deutschland gefährden (...)«. Eingebürgert werden kann also nur, wer sich als »Musterdeutscher« aufführt. Als »Deutsche« gelten weiterhin primär diejenigen Staatsbürger, die »deutscher Volkszugehörigkeit« sind, und die wird noch immer von der »deutschen Abstammung« bestimmt. »Wir Deutschen« sollen unsere Identität, nach Wolfgang Schäuble, immer noch aus der Zugehörigkeit zum »deutschen Volk« gewinnen. Auch nach der »Reform« des Staatsbürgerrechts bleibt es bei der »Blutsnation« – von einer Staatsbürgernation europäischen Zuschnitts sind wir weit entfernt. Geschäftsgrundlage bleibt die absurde, weil fiktive gemeinsame Abstammung. Die gesellschaftlichen Auswirkungen sind gravierend:

Einerseits werden »Ausländer« in Deutschland immer noch diskriminiert und ausgegrenzt. Da Deutschland kein Einwanderungsland sein will (damit die »Identität« erhalten bleibt), obwohl es dies faktisch ist, wird alles versucht, um das »Einströmen« von neuen »Ausländern« zu verhindern und die im Lande befindlichen zum Verlassen desselben zu veranlassen. Manchmal wird auch mit Gewalt nachgeholfen. So ist der 30jährige Sudanese Aamir Ageeb während seiner Abschiebung nach Khartum durch Gewaltanwendung von Beamten des Bundesgrenzschutzes zu Tode gekommen. Das Abschiebekommando hatte Ageeb gefesselt, ihm einen Motorradhelm aufgesetzt und seinen Kopf beim Start der Lufthansa-Maschine gegen die Schenkel gedrückt. Kurze Zeit später starb er, die Staatsanwaltschaft sprach von Anzeichen für einen Erstickungstod. Die derzeitige deutsche Flüchtlings- und Abschiebepolitik ist zutiefst inhuman, und dieser Umgang hat Signalwirkung in die Gesellschaft hinein. Sie führt aber auch zu wachsenden Machtbefugnissen der Exekutivorgane, durch die die Rechte des einzelnen immer weiter eingeschränkt werden. Und auch unter Rot-Grün bleibt das Grundrecht auf Asyl faktisch abgeschafft.

Andererseits bleibt das im Kern weiterbestehende Blutrecht, das auf einem völkisch geprägten Begriff der deutschen Nation basiert, Faktor wie Indikator des vergangenen wie des gegenwärtigen deutschen Rassismus. Wer ernsthaft Rechtsextremismus und Rassismus bekämpfen will, kommt nicht umhin, das Blutrecht durch ein striktes Boden- und Aufenthaltsrecht zu ersetzen. Nicht nur aus historischen Gründen ist zu fordern, die deutsche »Blutsnation« in eine Nation freier und gleicher Staatsbürger umzuwandeln.

Den Nationalisten und Rassisten würde wertvoller »Mutterboden« entzogen. Denn wo, bitte, ist der Unterschied zwischen der DVU/NPD-Forderung »Deutsche Arbeitsplätze zuerst für Deutsche« und der in Gesetze und Verordnungen gegossenen demokratischen Realität, nach der »Deutsche« tatsächlich zuerst einen Anspruch auf einen Arbeitsplatz haben?

Zur Rechtsextremismusforschung

In Deutschland gibt es keine wirklich etablierte und institutionalisierte Rechtsextremismusforschung. Dies ist vor dem Hintergrund der deutschen Geschichte nicht hinnehmbar. Die meisten Rechtsextremismusforscher arbeiten isoliert, für wichtige Forschungsvorhaben fehlt das Geld. Ein notwendiges zentrales Dokumentationsarchiv zum Rechtsextremismus ist nicht in Sicht. Eigene Recherchen, die nicht immer ohne Gefahr sind, können nicht in ausreichendem Maße durchgeführt werden. In Österreich wird diese Aufgabe vom (öffentlich geförderten) Dokumentationsarchiv des österreichischen Widerstandes (DÖW) wahrgenommen, das auch wichtige Publikationen zum Rechtsextremismus herausbringt. In Deutschland sind viele auf die Informationen des Verfassungsschutzes angewiesen. Das ist problematisch: Einerseits sind die Informationen und Einschätzungen der VS-Mitarbeiter meist dünn und nicht sehr aussagekräftig, andererseits spielen machtpolitische Erwägungen eine Rolle. In der Folge werden die Gefahren häufig heruntergespielt. Gleichzeitig nimmt der Verfassungsschutz Einfluß auf die Rechtsextremismusforschung. Dies gilt zum Beispiel für die Verwendung des Begriffs »Rechtsextremismus«, der den bis in die 70er Jahre verwendeten Begriff »Rechtsradikalismus« ersetzte. Die Arbeit des Verfassungsschutzes und der ihm nahestehenden Wissenschaftler basiert auf einem Extremismuskonzept, das eine Ähnlichkeit zwischen »Rechts«- und »Linksextremismus« suggeriert, die es in der Realität einfach nicht gibt. Uwe Backes und Eckhard Jesse meinen: »Rechts- und Linksextremismus brauchen mithin einander. Letztlich sind sie also gar nicht daran interessiert, daß die andere Variante des Extremismus, die sie zu bekämpfen vorgeben, gänzlich von der Bildfläche verschwindet. Sie wollen vielmehr das hervorrufen, was sie so heftig attackieren.«[15] Es wird suggeriert, daß die Gefahren immer von den extremistischen Rändern ausgehen. Daß die Gefahren für die Gesellschaft auch von oben oder aus ihrer Mitte kommen können, wird ignoriert. Diese verengte, häufig ideologisch gefärbte Sichtweise versperrt nachhaltig den Blick auf die Ursachen, Wirkungen und Gefahren des Rechtsextremismus: Wenn ausgewiesene Rechtsextreme »Ausländer raus« fordern, ist diese Forderung anerkanntermaßen nationalistisch / rechtsextrem. Wenn ausgewiesene Demokraten dieselbe Forderung erheben (auch wenn sie wohlgefälliger formuliert wird), bzw. sie sogar umsetzen, ist alles demokratisch und damit legitimiert. Dies ist das Kardinalproblem der Extremismusforschung und der heutigen Demokratie: Es wird mehr auf die Schale denn auf den Kern gesehen. So sind auch die Zahlen der Verfassungsschutzämter (die extremismustheoretisch arbeiten) nur bedingt aussagekräftig. Wenn wir uns noch einmal die verschiedenen Einstellungsuntersuchungen ansehen und Kinder sowie Jugendliche abziehen, haben acht Millionen Deutsche ein geschlossen rechtsextremes Weltbild, zwölf Millionen sind offen antisemitisch, 39 Millionen hassen Sinti und Roma, und zwölf Millionen Bundesbürger sind für die Wahl einer rechtsextremen Partei offen. Kann es da beruhigen, daß die rechtsextremen Parteien momentan Schwierigkeiten haben, sich in den Parlamenten zu etablieren? Nein, dies wäre töricht!

Der Generalschlüssel für alle erfolgversprechenden Konzepte gegen den Rechtsextremismus liegt in der Mitte der Gesellschaft. Nur von hier aus läßt sich der Rechtsextremismus verstehen und wirksam bekämpfen.

Schauen wir zurück: Die mehr oder weniger faschistischen Diktaturen im Europa der 20er und 30er Jahre (Italien, Deutschland, Spanien) sind eben nicht durch rechte »Extremisten« errichtet worden, die entweder alleine oder in einem Bündnis mit linken »Extremisten« »die Demokratie« zerstörten. Der Historiker Wolfgang Wippermann schreibt: »Die ›Machtergreifung‹ der faschistischen Parteien und Politiker war das Endprodukt eines lange vorher begonnenen Prozesses und vollzog sich in der Regel in einem formellen und informellen Bündnis mit konservativen Kräften, wobei sich der faschistische Partner keineswegs von Anfang an und keineswegs immer als der Stärkere erwies. Letzteres war in Deutschland, aber in weit geringerem Maße in Italien, Spanien und einigen anderen osteuropäischen Diktaturen der Fall, wo die konservativen Bündnispartner keinesfalls ›gleichgeschaltet‹ wurden.«[16]

Eine Erkenntnis gerade auch der deutschen Geschichte: Der Faschismus ist nicht wegen seiner eigenen Stärke, sondern wegen der Schwäche der Demokratie an die Macht gekommen. Und diese Schwäche der Demokratie war nicht die Folge, sondern die Ursache des Aufstiegs der faschistischen Parteien.[17] Gerade die Weimarer Republik war eine Republik ohne Republikaner. Fast alle Parteien lehnten die Weimarer Republik ab, und die konservativen und rechten Parteien bekämpften zusammen mit der Reichswehr, den Kirchen und den Interessensverbänden der Agrarier und Industriellen die verhaßte Demokratie. Gleichzeitig waren in der Bevölkerung nationalistische Ressentiments und rassistische, vor allem antisemitische, Einstellungen weit verbreitet. Für die Nationalsozialisten war der Boden gut bereitet.

Die Geschichte lehrt zwar, daß sich Geschichte nicht, und schon gar nicht deckungsgleich, wiederholt. Dennoch sind gewisse Ähnlichkeiten und Parallelerscheinungen zwischen Weimar und der »Berliner Republik« unverkennbar.

Den Rechtsextremismus und Rassismus schwächt man am erfolgreichsten durch demokratische Prinzipien. Hierzu zählt, daß alle Menschen, unabhängig von ihrer Herkunft, »ethnischen Zugehörigkeit« und Religion, gleichberechtigte Bürger des Gemeinwesens sind, in dem sie leben.

Der Rechtsextremismus wird durch die Beibehaltung oder Übernahme seiner Positionen gestärkt. Hierzu zählen, trotz Reform, die Beibehaltung des »deutschen Blutrecht«, die Verschärfung des Asylbewerberleistungsgesetzes, aber auch die Zunahme von Eingriffsrechten der Polizei und des Bundesgrenzschutzes. Jede Beteiligung an der Ab- und Ausgrenzung von Minderheiten fördert rechtsextreme und rassistische Einstellungen.

Rechtsextremismus bekämpft man nicht durch weniger, sondern durch mehr Demokratie!

Als einzige akzeptable Erziehung befand Adorno die zu einer »kritischen Selbstreflexion«. Und als »die einzig wahrhafte Kraft gegen das Prinzip von Auschwitz« benannte er die Stärkung von Autonomie, die Kraft zur Reflexion, zur Selbstbestimmung und zum Nicht-Mitmachen. Dies scheint mir immer noch die wichtigste Grundlage des Handelns gegen Rechtsextremismus, Rassismus, Antisemitismus und gegen die Entdemokratisierung der Gesellschaft zu sein.

Anmerkungen

1 Bundesministerium des Innern (Hg.), Verfassungsschutzbericht 1998, Bonn 1999.

2 Ministerium des Innern (Hg.), Verfassungsschutz Tätigkeitsbericht 1998, Mainz 1999.

3 Vgl. *taz* vom 1. Juli 1999, S. 10.

4 Benno Hafeneger, Nicht vom Rande her, sondern aus der Mitte, in: Sozial Extra, Dunkel Deutschland. Aufforderungen zum Dialog der Generationen, Wiesbaden 1998, S. 9.

5 Zur Analyse der 1998er Wahlen siehe: Richard Stöss, Rechtsextremismus und Wahlen 1998, in: Jens Mecklenburg (Hg.), Braune Gefahr. DVU, NPD, REP – Geschichte und Zukunft, Berlin 1999, S. 146–165.

6 Stöss, a.a. O., S. 163.

7 Zur Perspektive siehe auch: Richard Stöss, Rechtsextremismus im vereinten Deutschland, Bonn 1999 (Friedrich-Ebert-Stiftung), S. 163–166.

8 Claudia Dammann, DGB-Mitgliedschaft: Keine Barriere gegen Rechts, in: Jens Mecklenburg (Hg.), Braune Gefahr ..., S. 201 ff.

9 Vgl. *Der Spiegel* 36/1998, S. 68.

10 Nach einer Studie des Allensbacher Instituts aus dem Jahre 1993 waren 64 Prozent der Deutschen antiziganistisch eingestellt. Bei einer zwei Jahre später durchgeführten Umfrage ermittelte Emnid, daß 68 Prozent der Deutschen die Sinti und Roma hassen. Vgl. dazu: Wolfgang Wippermann, »Wie die Zigeuner«. Antisemitismus und Antiziganismus im Vergleich, Berlin 1997, S. 8 ff.

11 Werner Bergmann/Rainer Erb, Wie antisemitisch sind die Deutschen? Meinungsumfragen 1945–1994, in: Wolfgang Benz (Hg.), Antisemitismus in Deutschland. Zur Aktualität eines Vorurteils, München 1995, S. 47–63.

12 Wolfgang Wippermann, Verfassungsschutz und Extremismusforschung: Falsche Perspektiven, in: Jens Mecklenburg (Hg.), Braune Gefahr ..., S. 271.

13 Zu diesen Ergebnissen ist der Wahlforscher Richard Stöss in einer im Mai 1998 durchgeführten Studie gelangt. Vgl. *Berliner Zeitung* vom 11. August 1998, S. 1.

14 Gute Einführung in die Geschichte und Gegenwart des deutschen Staatsbürgerrechts bei: Baumann/Dietl/Wippermann, Blut oder Boden. Doppelpaß, Staatsbürgerrecht und Nationsverständnis, Berlin 1999 (erscheint im Oktober).

15 Uwe Backes/Eckhard Jesse, Politischer Extremismus in der Bundesrepublik Deutschland, Bd. 1–3 (hier Bd. 1), Bonn 1989, S. 33.

16 Wolfgang Wippermann, Verfassungsschutz und Extremismusforschung: Falsche Perspektiven, in: Jens Mecklenburg (Hg.), Braune Gefahr ..., S. 270.

17 Ebd., S. 271.

Politischer und gesellschaftlicher Umgang mit rechts

Annelie Buntenbach

Gesellschaft gegen rechts?

Zum politischen Umgang mit dem Rechtsextremismus

Daß es zur Bekämpfung des Rechtsextremismus keine einfachen und eindimensionalen Antworten gibt, dürften die Diskussion und die Erfahrungen der letzten Jahre gezeigt haben. Dazu ist das Problem zu vielschichtig. Es reicht von pogromähnlichen Ausschreitungen und der systematischen und gewalttätigen Durchsetzung von sogenannten »national befreiten Zonen« bis zu Massenmobilisierungen der DVU oder der »Republikaner« bei einzelnen Wahlen. Letzteres läßt auf ein rechtsextremes Einstellungspotential von ca. 13 bis 15 Prozent in der Bevölkerung schließen, was auch durch verschiedene Einstellungsuntersuchungen bestätigt wird. Einzelne Bestandteile der rechtsextremen Weltanschauung und die Zustimmung zu einzelnen Parolen reichen bis weit in die sogenannte »Mitte der Gesellschaft«. Auch konservative oder populistische Politikerinnen und Politiker der demokratischen Parteien sorgen für die Verbreitung einzelner rechtsextremer und rassistischer Ideologiebestandteile in der Öffentlichkeit. So, wenn der bayerische Ministerpräsident Stoiber sich gegen eine »durchmischte und durchrasste Gesellschaft« ausspricht.

Gerade neonazistisch motivierte Gewalttäter sehen sich immer dann ermutigt, wenn sie das Gefühl haben, in Übereinstimmung mit den Ansichten weiter Teile der Bevölkerung zu handeln. Ihre Opfer sind zumeist Menschen, die auch von der Gesellschaft ausgegrenzt werden. Im Zusammenhang mit einer ausgrenzenden Politik, wie sie etwa in der Ausländer- oder Flüchtlingspolitik zum Ausdruck kommt, entwickelt sich eine gefährliche Dynamik, die zur gesellschaftlichen Abkehr von Toleranz, Solidarität und Emanzipation beiträgt. Die Verschärfung von sozialen Ungleichheiten hat in den letzten Jahren beispielsweise ein Klima von Konkurrenz, Angst und Ellenbogenmentalität erzeugt, in dem sich die sozial Stärkeren auf Kosten der sozial Schwächeren durchsetzen. Auf solche Mentalitäten und Einstellungen können sich auch Rechtsextreme und Neonazis bei der Verbreitung ihrer Weltanschauung stützen.

So offensichtlich die Versäumnisse von Politik oder Polizei bei der Bekämpfung des Rechtsextremismus sind – einfache und schnelle Lösungen gibt es nicht. Die Frage ist vielmehr, inwieweit Rechtsextremismus mit mehr oder weniger Demokratie bekämpft werden kann und ob es gelingt, die Widerstandsfähigkeit der Gesellschaft gegenüber Einflußversuchen von Neonazis und Rechtsextremen zu stärken. So wichtig es ist, die Politik an ihre Verantwortung zu erinnern, so wichtig ist es auch, daß den Rechtsextremen in der Gesellschaft entgegengetreten wird. Das umfaßt das alltägliche Engagement in Gesprächen an Arbeitsplatz, Schule oder Theke ebenso wie Zivilcourage und Verweigerung. Wenn beispielsweise die DVU ihre aufwendigen Wahlkampagnen wesentlich über die Deutsche Post AG abwickelt, dürfen Arbeitnehmerinnen und Arbeitnehmer nicht gezwungen werden, an der Verbreitung rechtsextremer Propaganda mitzuwirken. Ebenso wichtig ist, den Rechtsextremen auf der Straße mit möglichst breiten Bündnissen entgegenzutreten und Position auf Seiten der Opfer zu beziehen.

Im politischen Diskurs, der sich auch in den Medien und in der Gesellschaft verbreitet hat, geht es nur selten darum, dem Rechtsextremismus ein demokratisches Gesellschaftsmodell und Werte wie Toleranz, Solidarität oder Emanzipation gegenüberzustellen. Es geht kaum darum, sich schützend vor die Opfer zu stellen oder sich schlicht zur Realität einer multikulturellen Gesellschaft zu bekennen. In der Regel geht es in der politischen Debatte nicht um die Rechtsextremisten selbst, denn das würde eine eingehende Analyse des Problems voraussetzen. Der politische Diskurs stützt sich aber in erster Linie auf die Berichte der Verfassungsschutzämter, und diese sind weitgehend unwissenschaftlich und politisch motiviert.

Daher wundert es nicht, wenn Politikerinnen und Politiker zwar in der Öffentlichkeit Sorge und Abscheu über aktuelle Gewalttaten äußern, aber beispielsweise im Bundestag kaum Fachdebatten über das Thema stattfinden.

Im folgenden soll an einigen Punkten beispielhaft der Umgang der Politik mit dem Rechtsextremismus und seiner Weltanschauung aufgezeigt werden. Die Ausgangsfrage ist, inwieweit dieser Umgang der Verbreitung der rechtsextremen Weltanschauung entgegenkommt. In der öffentlichen Debatte wird zwar häufig nach der Verantwortung von Eltern, Lehrerinnen und Lehrern oder den Medien gefragt, aber kaum nach der der Politik. Schon Anfang der 90er Jahre stellte Professor Teun van Dijk ein Szenario zur Diskussion, das die Verantwortung der »gesellschaftlichen Eliten« verdeutlicht: »Wäre die Mehrheit von ihnen nicht nur liberal und tolerant – wie sie immer behaupten –, sondern aktiv antirassistisch, und würden sie in den vielen Bereichen des Lebens, über die sie weitgehende Entscheidungen treffen, mit gutem Beispiel vorangehen, wäre Rassismus in Europa möglicherweise bald ein Problem der Vergangenheit.«

Entsorgung eines »Standortschadens«

Die politischen Reaktionen auf den Rechtsextremismus orientieren sich kaum an dem Problem selbst. Die Tatsache, daß es eine rechtsextreme Bewegung gibt, daß sie teilweise ausgesprochen gewalttätig agiert und zahlreiche Todesopfer und Verletzte zu verantworten hat, spielt meist nur eine untergeordnete Rolle. Entscheidender für viele Politkerinnen und Politiker ist der Imageverlust, der der Bundesrepublik Deutschland entsteht. Das drückt sich in den Befürchtungen um das »Ansehen der Bundesrepublik im Ausland« aus, einer geläufigen Reaktion auf öffentlich beachtete Gewalttätigkeiten. Es wird vor einer Verschlechterung des »Investitionsklimas« gewarnt oder angemerkt, daß ausländische Geschäftsleute Angst haben müßten, gerade im strukturschwachen Osten des Landes zu investieren. Das geht schon deshalb am Thema vorbei, weil die Opfer neonazistischer und rassistischer Gewalt selten ausländische Geschäftsleute, um so häufiger aber ausländische wie inländische Habenichtse sind.
Wenn man dieser Logik folgt, bedarf es zur Beseitigung des Problems nicht einer Bekämpfung der rassistischen Angriffe, sondern lediglich der Wiederherstellung eines günstigen »Investitionskli-

mas«. Das läßt sich auch erledigen, indem die Angriffe möglichst nicht in der Öffentlichkeit diskutiert werden und die Statistik bereinigt wird.
Entsprechend dieser Haltung ist es nicht erstaunlich, daß kaum verläßliches Datenmaterial existiert. So gibt es, obwohl die rassistische und neonazistische Gewalt seit Anfang der 90er Jahre immens gestiegen ist, bis heute keine Dunkelfelduntersuchung. Dabei ist bekannt, daß viele Opfer aus Angst vor weiteren Racheakten der Neonazis gar nicht zur Polizei gehen, daß die Polizei selbst nicht immer geneigt ist, Anzeigen aufzunehmen, und noch häufiger einen rechtsextremen Hintergrund der Tat ausschließt, bevor die Ermittlungen überhaupt aufgenommen werden. Was aber von der Polizei z.B. als »Schlägerei unter Jugendlichen« gewertet wird, statt als neonazistischer Überfall auf ein Jugendzentrum, findet auch keinen Eingang in die Statistik. Dies gilt z.B. auch dann, wenn die Polizei, wie im Falle des Brandanschlages von Lübeck, ihre Ermittlungen von vornherein gegen die Opfer richtet. Auch behördeninterne Interessen können zu einer Verharmlosung des Rechtsextremismus führen, denn welche Polizeidirektion läßt sich gerne unter öffentlichen Druck setzen, weil in ihrem Gebiet eine besonders hohe Anzahl an rechtsextremen Gewalttaten geschehen?
Für das »Ansehen im Ausland« ist es allemal besser, so zu tun, als gäbe es kein Problem. So äußerte Bundeskanzler Schröder zum 60. Jahrestag der Reichspogromnacht, es zeuge »von der demokratischen Reife unseres Volkes, daß es zu rechtsextremistischen Parolen kritische Distanz hält«. Solche Aussagen sind nicht nur vom sachlichen Gehalt her fragwürdig, sie sind vor allem verharmlosend. Das gleiche Argumentationsmuster benutzte auch Bundespräsident Roman Herzog, als er bei seiner Rede anläßlich des 27. Januar 1999 Ignatz Bubis gegen Anwürfe in der Walser-Debatte verteidigte. Bubis, so Herzog, sei gerade im Ausland für das heutige Deutschland eingetreten und habe Ansprüche, die er für ungerecht halte, zurückgewiesen. »Ich sage es gerade heraus: Ignatz Bubis ist ein deutscher Patriot.«
Die Auffassung, rechtsextreme Gewalt sei bestenfalls als »Standortschaden« anzusehen, zeigt sich auch im Verhalten vieler Kommunalpolitiker in den fünf neuen Ländern. Antifaschistische De-

monstrationen werden z.B. im sächsischen Wurzen oder im thüringischen Saalfeld verboten oder mit absurden Auflagen belegt, weil sie von den örtlichen Verwaltungen für »unzweckmäßig« gehalten werden oder Konflikte an die Öffentlichkeit tragen könnten, die dem meist sowieso schon gebeutelten Standort schaden könnten. Den Antifaschisten wird regelmäßig der Vorwurf gemacht, ihr Erscheinen schüre Konflikte, die man längst im Griff habe. Dabei wird bewußt übersehen, daß die trügerische Ruhe meist nur darum eingekehrt ist, weil Neonazis in den »ausländerfreien« oder »national befreiten Zonen« bereits die Straße beherrschen. Andersdenkende Jugendliche haben entweder die Stadt verlassen oder sich ihnen mehr oder minder unterworfen, ausländisch aussehende Menschen bewegen sich entsprechend vorsichtig oder meiden solche Gegenden ganz.
Im Falle des Bürgermeisters von Wurzen nahm die Ignoranz irrationale Züge an. Im Vorfeld einer Demonstration hatten antifaschistische Initiativen eine seitenlange Chronologie über neonazistische Übergriffe erstellt, mehrere Fernsehdokumentationen waren gesendet worden, und selbst der sächsische Verfassungsschutz hatte Wurzen als Schwerpunkt neonazistischer Aktivitäten ausgemacht. Der Bürgermeister jedoch leugnete weiterhin, überhaupt ein Problem mit Neonazis zu haben.

Strategie der Einbindung

Sind die Reaktionen auf den Rechtsextremismus vor allem davon bestimmt, das Problem zu ignorieren und kleinzureden, orientiert sich eine Strategie der Politik an der Einbindung des rechtsextremen Klientels. Die Abgrenzung von den Führerposen Schönhubers oder Freys, den ekelhaften Auschwitzleugnungen Deckerts oder hakenkreuzschwingenden Neonazis können nicht darüber hinwegtäuschen, daß der politische Einfluß, den Rechtsextreme auf die Gesellschaft ausüben, unhinterfragt bleibt. Insbesondere die CDU/CSU bangt um die Wähler ihres rechten Randes und ist bemüht, diese wieder einzubinden. Aber auch die SPD hat erkannt, daß es bedeutende Überschneidungen in ihrem Wählerklientel gibt. Besonders deutlich wurde dies bei der Landtagswahl

in Sachsen-Anhalt. Zwar kam mehr als die Hälfte der DVU-Wähler aus dem Nichtwählerbereich, bei der Abgabe der Erststimme – die DVU war nicht mit Direktkandidaten angetreten – entschieden sich jedoch rund je 20 Prozent der DVU-Wähler für CDU, SPD und PDS. Die CDU/CSU und die SPD sind darum bemüht, dieses Klientel in die eigenen Reihen zurückzuholen und treten in ein Konkurrenzverhältnis zu den größeren rechtsextremen Parteien.
Diese Strategie mag – allerdings nur neben anderen Faktoren – dazu beigetragen haben, daß rechtsextremen Parteien bislang nur vereinzelte Wahlerfolge beschieden waren. Die Folge sind allerdings nicht nur zahlreiche diskriminierende Kampagnen der CDU/CSU und eine dramatische Rechtsverschiebung in Politik und Gesellschaft. Viele der als »dumpf« gescholtenen Parolen der Rechtsextremen entsprechen längst der gültigen Rechtslage. So ist etwa die Forderung »Kriminelle Ausländer raus« längst erfüllt und wird, wie der Fall »Mehmet« zeigte, sogar an Jugendlichen exekutiert. Ebenso von der Realität eingeholt ist die Parole »Arbeitsplätze zuerst für Deutsche«. Seit März 1993 dürfen Arbeitserlaubnisse für nichtprivilegierte Ausländer nur dann erteilt werden, »wenn es trotz Ausschöpfung aller Möglichkeiten des inländischen Arbeitsmarktes nicht gelingt, einen freien Arbeitsplatz mit einem bevorrechtigten Arbeitnehmer zu besetzen«. Selbst bei ausdrücklichem Wunsch des deutschen Arbeitgebers können z.T. langjährige Beschäftigungsverhältnisse nicht fortgeführt werden.
Diese Regelung wurde noch vor dem Asylkompromiß eingeführt, in dem eine große Koalition aus CDU und SPD die faktische Abschaffung des Asylrechtes beschloß. Begründet wurde die Abschaffung des Asylrechtsparagraphen mit dem »Druck der Straße«, der sich vor allem auf neonazistische Kampagnen und Angriffe bezog, wenngleich diese sich z.B. in Rostock oder Hoyerswerda auf die Sympathie eines Großteils der Anwohnerinnen und Anwohner stützen konnten. Statt den demokratischen Status quo vor den Rechtsextremisten zu verteidigen, wurde ihnen nachgegeben. Daß der Asylrechtsparagraph des Grundgesetzes aus den Erfahrungen mit dem Nationalsozialismus entstanden war, macht diese Niederlage noch symbolischer. Ebenso wie das Nichteingreifen der Polizei, die die pogromartigen Ausschreitungen sechs

Tage lang zuließ. Die Ereignisse um Hoyerswerda und Rostock lassen sogar den Schluß zu, daß sie für die Grundgesetzänderung regelrecht funktionalisiert worden sind.
Für die Gesellschaft bedeutet die Strategie der Einbindung ein weniger an Demokratie, Toleranz und Solidarität. Für die Rechtsextremen werden Brücken in die sogenannte Mitte der Gesellschaft gebaut. Mag sein, daß sie für ein in seiner Meinung nicht sonderlich gefestigtes Klientel gebaut worden sind. In ihrem Gefolge jedoch marschieren die rechtsextremen Ideologen. Für sie ist es leichter, rassistische Ideologie in einer Gesellschaft zu verbreiten, in der »Ausländer« als »Problem« angesehen werden und die sich hermetisch gegen Flüchtlinge abgeschottet hat.
Die Strategie der Einbindung hat zur Folge, daß vor allem zwischen dem rechten Rand der Unionsparteien und dem Rechtsextremismus Überschneidungen existieren, die bislang unter den Begriffen Grau- oder Braunzone bekannt waren. In rechtsextrem tendierenden Vertriebenenverbänden, wie der ostpreußischen Landsmannschaft, in Volkstumsvereinen, wie dem VDA, in Traditionsverbänden rund um die Bundeswehr oder in der Deutschlandstiftung arbeiten nicht selten rechte Unionspolitiker mit Rechtsextremen zusammen. Jenseits der Skandalträchtigkeit dieser Verbindungen stellt sich die Frage, welchen Einfluß dadurch Rechtsextreme auf die Politik gewinnen können, wo verbindende Interessen liegen. Der VDA etwa hat für die Kohlregierung Projekte in Höhe von weit über 200 Millionen DM in den deutschen Minderheitengebieten in Ost- und Südosteuropa abgewickelt. Die Offiziere der Bundeswehr, die sich in der Regel erst nach dem Ausscheiden aus dem aktiven Dienst als rechtsextreme Referenten zur Verfügung stellen, haben immerhin zuvor ein Berufsleben lang die Geschicke der Armee mitbestimmt.

»Lechts und Rinks« im Auge des Verfassungsschutzes

Führen Verharmlosung und Einbindung eher zu einer Stärkung der rechtsextremen Szenen und Organisationen, wird die Bekämpfung des Rechtsextremismus vor allem an die Sicherheitsorgane und die Jugendarbeit delegiert. Abgesehen davon, daß nur ein Teil der Rechtsextremen im jugendlichen Alter ist, wäre die Jugendarbeit auch so mit diesem gesamtgesellschaftlichen und politischen Problem überfordert. Die Polizei kann ihren Aufgaben gemäß lediglich Straftäter überführen und nur in geringem Maße präventiv tätig werden. Das Problem wird darum auf Gewalt bzw. Jugendgewalt reduziert. Die politische Dimension, nämlich die Frage, inwieweit dem eine Weltanschauung zugrundeliegt, die geradezu zur Gewalt herausfordert, bleibt unbeachtet.

Die politische Dimension, eigentlich Aufgabe der Politik und der Gesellschaft, wird durch Verfassungsschutzbehörden und Staatsschutzabteilungen wahrgenommen. Diese haben sich, entsprechend der politischen Vorgabe, bislang auf die gebetsmühlenartige Wiedergabe der Totalitarismustheorie beschränkt. Das muß zu kurz greifen, weil sich Rechtsextremismus nicht nur am rechten Rand der Gesellschaft plazieren läßt, sondern zumindest Teile seiner Weltanschauung die Mitte längst erreicht haben. Es greift aber auch darum zu kurz, weil die Totalitarismustheoretiker traditionell gegen links arbeiten. Seit dem Erstarken des Rechtsextremismus Ende der 80er Jahre sind sie über Vergleiche und Gleichsetzungen zwischen links und rechts nicht hinausgekommen. So etwa, wenn Verfassungsschützer immer wieder zu Protokoll geben, man habe keine Erkenntnisse über die Existenz einer »braunen Armeefraktion«, und durch diesen Vergleich nahelegen wollen, es gäbe im Bereich des Rechtsextremismus keine strukturierte Gewalt.

Diese Aussage macht nur deutlich, daß rechts und links eben nicht vergleichbar sind. Die ehemalige RAF war natürlich anders strukturiert als das Netz von Wehrsportgruppen und rechtsextremen Terrorspezialisten. Ihre Anschläge waren gegen gutgeschützte politische und militärische Funktionsträger gerichtet und nicht gegen Flüchtlinge, Obdachlose oder Punks auf der Straße. Obwohl Wehrsportgruppen und rechtsextreme Terrorstrukturen auch den Sicherheitsorganen bekannt sein müßten, wird statt dessen die Theorie vom Einzeltäter gepflegt. Dementsprechend verteilen sich auch die Ermittlungsverfahren nach § 129/129a. So sind in der Zeit von 1992 bis 1994, als die rechtsextrem motivierten Gewalttaten sprunghaft anstiegen, von der Bundesanwaltschaft 402 Verfahren wegen der Bildung oder Unterstützung einer terroristischen Vereinigung eingeleitet worden. 389 dieser Verfahren richteten sich gegen den »Linksterrorismus« und nur 13 gegen den »Rechtsterrorismus«. Mitte 1995 waren beim Generalstaatsanwalt 105 Verfahren nach § 129/129a mit »linksextremistischem Hintergrund« anhängig und zwei mit »rechtsextremistischem Hintergrund«.

Nun soll das nicht als Plädoyer für ein hartes Durchgreifen jenseits des geltenden Rechts verstanden werden und auch nicht als Plädoyer für den Ermittlungspragraphen 129/129a, der meines Erachtens abgeschafft gehört. Der Rechtsextremismus wird vor allem von rechtsstehenden Politikern immer wieder auch für die Forderung nach einer autoritären und repressiven Innenpolitik funktionalisiert. Statt einer Dauerdebatte über neue Gesetze, käme es erst einmal darauf an, bestehende Gesetze auch zur Anwendung zu bringen. Zuletzt hat der Fall eines in Guben zu Tode gehetzten Flüchtlings gezeigt, daß sich die Polizeimaßnahmen zuerst gegen ein Opfer und Zeugen der Tat richteten, nicht jedoch gegen die Täter. Das mag damit zusammenhängen, daß Rechtsextreme im Gegensatz zu ihren ausländischen oder nachlässiger gekleideten Gegnern eher dem Ordnungsbild der Polizei entsprechen. Ein Grund ist jedoch auch die Einstellung vieler Polizeibeamter. So weisen die Untersuchungsergebnisse des Europäischen Parlaments von 1991 darauf hin, daß 50 Prozent der bayerischen und 60 Prozent der hessischen Polizisten sich mit den Zielen der »Republikaner« einverstanden erklären. Auch in diesem Bereich gibt es keine neueren veröffentlichten Untersuchungsergebnisse.

Gesellschaftliche Widerstandskräfte stärken

Daß die antifaschistische Bewegung kaum mehr Forderungen an die Regierenden stellt, ist nach dem bisher Gesagten vielleicht nachvollziehbar. Wenn sie jedoch Forderungen stellt, läuft das häufig auf repressive Maßnahmen oder Verbote hinaus. Das hat in der Vergangenheit nur wenig bewirkt. Zum einen, weil die Anfang der 90er Jahre ausgesprochenen Verbote kaum Konsequenzen für die Neonazis hatten. Die Nationalistische Front etwa erfuhr vorab von dem beabsichtigten Verbot und konnte ihre Kasse bzw. ihr Propagandamaterial frühzeitig beiseiteschaffen. Zum anderen aber organisierten sich die Neonazis in sogenannten unabhängigen Kameradschaften neu oder wichen in Nebenorganisationen aus. Verbote mögen kurzfristig den Aktionsradius einschränken und können diesbezüglich auch sinnvoll sein. Auf lange Sicht bieten sie keine Perspektive. Vielmehr müßte die Regierung, bei aller Kritik an ihrem ausgrenzenden Handeln, auf positive Maßnahmen verpflichtet werden, die die Demokratie stärken und gesellschaftliches, antifaschistisches und zivilcouragiertes Handeln fördern, statt es zu kriminalisieren.

Um die Auseinandersetzung mit dem Rechtsextremismus in die Gesellschaft hineinzutragen, bedarf es einer klaren Abgrenzung von der Weltanschauung des Rechtsextremismus. Das heißt, daß ihm mit der Vermittlung der demokratischen Werte einer toleranten, solidarischen, emanzipatorischen und integrativen Gesellschaft begegnet werden muß. Seine politische Bekämpfung erfordert insbesondere ein deutliches Bekenntnis zur Realität der multikulturellen Gesellschaft und zu der Tatsache, daß die Bundesrepublik ein Einwanderungsland ist. Eine Ideologie der Ausgrenzung und Abschottung hilft den Rechtsextremen hingegen bei der Vermittlung ihrer Ideologie. Es muß deutlich gemacht werden, daß eine demokratische Gesellschaft aus vielfältigen sozialen, religiösen oder kulturellen Minderheiten besteht.

Es bedarf aber auch ziviler Aktions- und Verweigerungsformen. Derzeit werden beispielsweise Arbeitnehmerinnen und Arbeitnehmer gezwungen, an der Verbreitung rechtsextremer Propaganda mitzuwirken. Rechtsextreme bedienen sich bei ihrer Tätigkeit einer Vielzahl von Dienstleistungen von Unternehmen, die nicht zum Kreis ihrer Gesinnungsgenossen gehören. Daher sind Arbeitnehmerinnen und Arbeitnehmer, übrigens auch Beamtinnen und Beamte, immer wieder damit konfrontiert, rechtsextreme Produkte herstellen oder Dienstleistungen zur Verfügung stellen zu müssen. Beispiele dafür sind die massenhaften Postwurfsendungen von rechtsextremen Parteien, der Druck, Satz oder Vertrieb rechtsextremer Schriften und Tonträger, die Vermietung von Räumlichkeiten an Rechtsextreme und ihre Bewirtung, die Aussendung ihrer Radio- oder Fernsehbeiträge vor Wahlen. Insbesondere die DVU, die kaum über eine aktive Mitgliedschaft verfügt, stützt sich bei Wahlkämpfen auf Dienstleistungen. Es ist fraglich, ob sie ohne diese überhaupt in der Lage wäre, ihre Propagandafeldzüge durchzuführen.

Gerade für die Auseinandersetzungen in den Gewerkschaften wäre es hilfreich, ein Verweigerungsrecht zu haben, das es Arbeitnehmerinnen und Arbeitnehmern ermöglichen würde, ihre Beteiligung an der Verbreitung rechtsextremer Propaganda zu verweigern. Der Bundestag hat allerdings in der letzten Wahlperiode ein solches Verweigerungsrecht abgelehnt.

Statt Lösungsansätze bei den Tätern zu suchen, wie es z.B. in der akzeptierenden Jugendarbeit geschieht, statt ihnen in Jugendzentren Infrastruktur zur Verfügung zu stellen und neonazistischen und rassistischen Gewalttätern vor Gericht gute Sozialprognosen zu bescheinigen, ist ein Perspektivwechsel notwendig, der den Blick auf die Opfer lenkt.

Sie bedürfen der Unterstützung einer demokratischen Gesellschaft. Das ist nicht nur ein moralisches Gebot. Während sich die rechtsextremen Täter häufig auf ihr soziales Umfeld stützen können, trauen sich die Angegriffenen aus Angst vor erneuten Übergriffen oft nicht einmal, Anzeige zu erstatten. Sie sind meist Menschen, die auch von der Gesellschaft ausgegrenzt werden und Schwierigkeiten haben, ihre Rechte wahrzunehmen. Wenn das Ausmaß rechtsextremer Gewalt überhaupt an die Öffentlichkeit kommen soll, müssen neutrale Beratungsstellen eingerichtet werden, die den Opfern soziale und rechtliche Unterstützung bieten.

Der Schutz und die Förderung von Opfergruppen und demokratisch orientierten Jugendszenen ist besonders in jenen Gebieten wichtig, die Neonazis zu »ausländerfreien« oder »national befreiten Zonen« erklärt haben. Demokratisch eingestellte Jugendliche stehen dort unter dem Druck, sich den rechtsextrem orientierten Szenen anzupassen und zu unterwerfen oder sich aus dem öffentlichen Leben z.B. eines Jugendzentrums zurückzuziehen. Gerade dort müssen geschützte Räume für die Entfaltung einer Gegenkultur geschaffen werden, um die volle Bewegungsfreiheit für die Opfer der Rechtsextremen wieder herzustellen.

Um die Bekämpfung des Rechtsextremismus besser in der Gesellschaft zu verankern, müssen auch zivile, d.h. nichtstaatliche

und unabhängige Institutionen zur Unterstützung antifaschistischer Initiativen geschaffen werden. Die Auseinandersetzung mit dem Rechtsextremismus und seine Bekämpfung darf nicht weiter ausschließlich an Sicherheitsorgane delegiert werden, die wie die Geheimdienste politisch gebunden sind oder wie die Polizei eine reine Ordnungsperspektive vertreten. Es bedarf einer breiten Aufklärung, Ausbildung und Beratung durch z.B. kommunale oder schulische Stellen, die sich mit den genannten Problemen auseinandersetzen.
Letztlich vermögen autoritäre Maßnahmen eines Systems, das die Rechtsextremen ja bekämpfen und zerstören wollen, sie nur bedingt zu beeindrucken. Notwendig ist vielmehr ein breiter gesellschaftlicher Widerstand, der die Auseinandersetzung in Organisationen und Institutionen ebenso hineinträgt wie in den Alltag. Die Politik hat in diesem Zusammenhang eine Beispielfunktion, die sie jedoch auch ausfüllen müßte. Wer rechtsextremen Positionen weiterhin nachgibt, trägt zu ihrem weiteren Eindringen in die Mitte der Gesellschaft bei und stärkt die Rechtsextremen.

Hajo Funke

Strategie gegen rechts – aus der Perspektive der Opfer

Anfang Juni 1999 sitzen zwei Iraner – der eine arbeitet in Berlin, der andere ist Asylbewerber in Stolpe Süd nahe Hennigsdorf – auf einer Bank am Hennigsdorfer Postplatz, direkt gegenüber dem Konzentrationslager-Denkmal, und unterhalten sich in ihrer Sprache. Der Asylbewerber kann noch kaum Deutsch. Drei Kurzgeschorene, zwischen 16 und 19 etwa, hören sie. Einer fragt, warum sie in Deutschland nicht Deutsch sprechen würden. Der Mann aus Berlin, der der deutschen Sprache mächtig ist, antwortet: »Wenn Sie im Ausland sind, sprechen Sie doch auch Deutsch.« Daraufhin wird er mit einem Schlagring so zusammengeschlagen, daß er mit schweren Kieferverletzungen und einer Gehirnerschütterung noch drei Wochen später im Krankenhaus liegt. Nur, weil er selbst in die Telefonzelle geht und Hilfe herbeiruft, obwohl gleich daneben Taxifahrer stehen, die aber nicht einschreiten, kann er in das nächstliegende Krankenhaus transportiert werden.

Die Skinheads dominieren die örtlichen Plätze. Dabei ist Hennigsdorf eine Stadt, in der Initiativen gegen rechts vorhanden sind und der Bürgermeister zeitweise aktiv ist, wo es multikulturelle Feste gibt und man in den Schulen besonders aktiv für das Nebeneinander der »Rassen« eintritt.

Der beschriebene Vorfall ist dennoch alltäglich. Im Kreis Oberhavel fanden solche Übergriffe nach offiziellen Zählungen 1999 mindestens elf Mal statt, so oder schwerwiegender. Nicht anders geht es in den Kreisen Frankfurt/Oder, Schwedt, Rhinow, Dedelow, Potsdam oder in Ost-Berlin zu.

Es ist ein Skandal, daß sich Menschen, die anders aussehen oder eine fremde Sprache sprechen, in Ostdeutschland vor allem an frühen Sommerabenden und an späten Wochenenden auch am Ende eines Jahrzehnts, das mit einer beispiellosen Gewaltwelle begann, ihres Lebens nicht mehr sicher sein können. Gesellschaft und Politik haben im Kerngrundrecht versagt: der Menschenwürde Achtung zu verleihen. Stattdessen sind beträchtliche Territorien Ostdeutschlands zu bestimmten Zeiten »ethnisch rein«. Dies ist Ergebnis des brutalen Alltagsrassismus jugendlicher Subkultur. Inzwischen – nach einer ganzen Reihe von Untersuchungen – wissen wir genug über die Interaktion der einzelnen Faktoren und ihre spezifische Dynamisierbarkeit, die für diese Gewalttaten verantwortlich sind. Zu den Faktoren zählen rassistische Mentalitäten und Traditionen, eine sozio-ökonomische Fremdenfeindlichkeit von 39 Prozent im Osten und 23 Prozent im Westen – eine rassistische Mentalität, die sich in Alltagscodes gegenüber dem Fremden in beträchtlichen Teilen der erwachsenen und jugendlichen Bevölkerung festgesetzt hat. Der andere ist fremd, unvertraut, verdächtig, unheimlich.

Ebenso klar ist, daß diese Tradition durch die fatalen Folgen eines Umbruchs, der die Leute hilflos hinterließ und die Familien in Ungewißheit trieb, mobilisiert werden konnte. Demokratie wurde vielfach nur als Durchsetzung des Rechts des Stärkeren verstanden. Und ebenso klar ist, das wissen wir seit Rostock-Lichtenhagen, wie gefährlich wirksam jene mentale Disposition und der Schock der sozialen Anomie nach 1989 sich bei entsprechender öffentlicher Agitation in ungerichtete Volkswut dynamisieren läßt. Eben dann, wenn das öffentliche Klima und die staatliche Administration dazu einladen. Wir wissen um die Gewalt der medial vervielfachten Sprache vom »Scheinasylanten«, von der »Überfremdung« – der Sprache der Abwertung, die die soziale Wut auf den Sündenbock lenkt.

Und man weiß auch längst, daß dies gleichzeitig angegangen gehört: die ökonomisch-soziale Misere ebenso wie die mentalen Rassismen und das öffentliche Klima, das solche Überfälle gegen andere und Fremde zuläßt.

Es fehlt aber – auch das ist nicht neu – erkennbar an dem politischen Willen von oben und dem Bewußtsein in der Gesellschaft, angemessen, und das heißt angemessen konsequent, gegen rechtsextreme Gewalttaten und den Mehltau aus Gleichgültigkeit, Bagatellisierung und Verharmlosung – nicht zuletzt aus jeweiliger Imagepflege – anzugehen.

Umkehr der Perspektive

Der folgende Vorschlag basiert auf den Erfahrungen und Ideen von Kay Wendel und Gabi Jaschke und ihrer vorzüglichen, von interessierten Kreisen aus politischen Gründen bekämpften Arbeit in der »Opferperspektive Brandenburg e. V.«: Aus dem Blickwinkel des Opfers soll beschrieben werden, was notwendig ist, um in den Dörfern und Städten Ostdeutschlands eine Umkehr einzuleiten und hierzu Netzwerke von unten und nach oben zu errichten, die ein angemessenes Maß an Aufmerksamkeit und Gegenwehr gegenüber einem vielfach dominanten rechten Alltagsrassismus zulassen.
Nach dreijähriger Arbeit im Kreis Oberhavel läßt sich festhalten: Die kommunalen Funktionsträger der Region bewegen sich nur in Millimeterschritten in Richtung eines toleranten Verständnisses von Nebeneinander- und Zusammenleben.[1] Es ist den Hennigsdorfer Bürgern – und schon gar nicht der örtlichen Polizei oder den anwesenden Taxifahrern am Postplatz von Hennigsdorf – ebenso wenig wie uns gelungen, den Iraner aus Berlin vor dem Angriff zu schützen. Die schwere Verletzung seines Körpers und die zersetzende Kraft der nachwirkenden Ängste sind Ausdruck eines skandalösen Zustandes unserer demokratischen Kultur. Der Umgang mit den potentiellen und realen Opfern aber ist Index für die Zivilität unserer Gesellschaft.

Phänomenologie der Tat

Diese zufällig erscheinende Tat, spontan, verübt von einem Jugendlichen »ohne erkennbaren rechtsextremistischen« Hintergrund (so die örtliche Polizei) ist die typische Tat. Der Täter beschreibt sich als provoziert von der puren Anwesenheit des Fremdsprechenden. Das Opfer hat ihn provoziert, da es sich auf einem Territorium befand, das »ethnisch rein« zu halten war. Die Tat geschieht in der Gruppe. Und meistens unter Alkoholeinfluß. Sie folgt dem dominierenden fremdenfeindlichen Code, der sich gegen den anders Aussehenden richtet und gegen den, der die Vielfalt der Kulturen repräsentiert: den Liberalen, die linke »Zekke«, die sich in den ethnisch rein gedachten Volkskörper frißt, den Obdachlosen. Die Tat repräsentiert die geliehene Stärke, die nur dem Täter in der Gruppe zukommt. Die Täter wissen sich eins mit den Sirenengesängen der Agitatoren, die Überfremdung, nationale Zerstörung und Formierung der Bürgerkriege der Welt auf deutschem Boden beschwören.[2] Die Stichworte repräsentieren den allgemeinen Code im jugendkulturellen Alltagsrassismus.

Die Wirkung auf das Opfer ist seine Vertreibung durch Einschüchterung, physische Gefährdung oder Zerstörung. Was wir unter anderen Bedingungen in extremen Formen täglich aus dem Kosovo hören, findet in Keimform vor unseren Augen in Kleinstdosen statt, nämlich als Vertreibung durch Todes- oder Gewaltandrohung.

Die psychische Reaktion des Opfers folgt den Klassifikationen der Traumatisierungsforschung: Sie empfinden sich als schuldig, weil sie sich in Gefahr begeben haben. Sie erleben Todesangst. Sie verstehen die Tat nicht. Sie ziehen sich zurück. Verharren in starrer Apathie. Werden in Flash-backs von der Grausamkeit des Überfalls eingeholt und befinden sich in anhaltender Übererregung. Dies sind die zentralen Kriterien der posttraumatischen Belastungsstörung, wie sie an Srebrenica-Überlebenden untersucht worden sind.

Sind die Opfer selbst Asylbewerber aus Bürgerkriegsregionen, so schließt die Tat an die Erfahrung aus dem Herkunftsland an und wirkt retraumatisierend.

Zum Typischen des Tatkontextes gehört, daß das Opfer nicht ernst genommen wird, weder von der Öffentlichkeit, noch von den zuständigen öffentlichen Institutionen. Bis heute läßt sich in den lokalen Zeitungen unwidersprochen lesen, daß der Täter durch das Opfer provoziert worden sei. In der Tat: Er sprach anders.

Zum Typischen des Tatkontextes gehört ebenso, daß durch Überfälle Traumatisierte in ihrem Wunsch, als Überfallene ernst genommen zu werden, bürokratisch verwaltet werden: Ein überfallener Asylbewerber aus dem in Südbrandenburg gelegenen Lauchhammer hat seit einem Dreivierteljahr das Gesuch an die Institutionen formuliert, die für ihn traumatische Region Lauchhammer verlassen zu können und verlegt zu werden. Inzwischen

sind mindestens sechs Ausländerbehörden und drei Ministerien in Brandenburg damit befaßt, dem Opfer ist ein Dutzend Mal die Hoffnung auf Verlegung gemacht worden – ohne daß irgendetwas passiert wäre: Die Mühlen der Institutionen und der fehlende politische Wille – womöglich ein Schuß institutionsspezifischer Sadismus – haben eine Lösung verhindert.
Der funktionale politische »Sinn« dieser Tat ist erreicht: Das Gebiet ist noch mehr gereinigt als zuvor, die Ausländerquote liegt zwischen einem und zwei Prozent – mit sinkender Tendenz. Die liberalen und demokratischen Institutionen erweisen sich als schwach und machtlos – sie sind bloßgestellt. Der Iraner wird so wenig an den Postplatz von Hennigsdorf zurückkommen, wie bosnische Flüchtlinge an den Ort ihrer Peiniger. Die neue Rechte ist stolz auf den Gewinn an gewalttätiger Hegemonie.
Vor allem: Die Asylbewerber bleiben isoliert und durch Anordnung und Funktionsweise der Asylbewerberheime stigmatisiert. Sie wissen, daß sie als Nicht-Zugehörige gelten und daß die Gesellschaft ohne sie auskommen will.

Öffentliche Netzwerke gegen rechts

Es gibt Orte, in denen die (potentielle) Macht rassistischer Gewalt durch eine rechte Jugendszene weniger stark ist. Zum Beispiel Bernau: Hier hatte es in der Jugendszene während der dramatischen Umbruchsjahre nicht das sonst durch den Abbau von Jugendzentren sich ausbreitende Vakuum gegeben, in das dann vielfach rechte Ideen und neonazistische Kameradschaften eindrangen. Stattdessen hatten hier Bürgerrechtler, couragierte Antifaschisten und andere ein Jugendzentrum übernommen und kreativ weiterentwickelt. Es war ein Anziehungspunkt für Jugendliche, so daß sich hier die prekäre Mischung von Macht und attraktiver Alternative der rechten Szene nicht so durchsetzte.
Aber auch in Bernau gab es Übergriffe von rechts; bekannt wurde, wie die Polizei Ausländer mißhandelte; aber die Vorgesetzten gingen nicht so bagatellisierend damit um – wie jüngst mit dem skandalösen Verhalten der örtlichen Polizei von Guben, als diese noch die Gejagten festhielt –, stattdessen wurden die Bernauer

Polizisten bestraft; die zuständige Polizei-Präsidentin verhielt sich resolut. Für die rechte Szene ist das Bernauer Pflaster (wenn auch nicht immer) umstrittenes Terrain; so kann es weniger Hochburg ihrer Aktionen werden.
Gegenwärtig hat Bernau ein funktionierendes Jugendzentrum, in dem man weiß, wo die Grenze nach rechts liegt. Es gibt Unterstützung für eine Arbeit gegen Rechtsextremismus und rassistische Gewalt – etwa durch die Jugendpflegerin, örtliche Polizeivertreter, durch den Bürgermeister und die Polizeipräsidentin. So kooperieren de facto die Szene und die Institutionen des Rechtsstaates, die um die Bedeutung einer bewußten Arbeit gegen rechts wissen und entsprechend zu handeln versuchen.
Aus den Erfahrungen rechter Übergriffe entstand in Bernau die Idee der »Aktion Noteingang«, die inzwischen für viele Jugendszenen Ausgangspunkt von Netzwerken gegen rechts geworden ist. »Aktion Noteingang« heißt, daß sich bei Verfolgung durch Rechte die Ladentüren nicht schließen, sondern öffnen. Die, die sich der »Aktion Noteingang« anschließen, verhalten sich damit anders als die Taxifahrer am Postplatz in Hennigsdorf, die ihre Autotüren geschlossen hielten.
Was sich am Beispiel Bernaus, aber auch anderer Städte zeigt, ist einerseits die Bedeutung solcher Intitiativen und Netzwerke von unten, aber ebenso sehr, daß sie von Teilen der kommunalen und Landesinstitutionen angemessen, wirksam und im Bewußtsein der Aufgabe unterstützt werden. Es ist entscheidend bei sich zuspitzenden Konflikten und Übergriffen rechtsextremer Horden, daß die Kernfunktionen des Rechtsstaates auch wahrgenommen werden: der Schutz potentieller Opfer, die physische und psychische Unversehrtheit der Menschen. Dies kann nur eine Polizei, die sich dieser Kernaufgabe auch bewußt ist und couragiert handelt – und die Dinge nicht, wie in Guben, bagatellisiert.

Opferperspektive

Nur auf der Basis solcher Netzwerke von unten und ihrer Vernetzung mit den Institutionen des Rechtsstaates kann wirksam werden, was sich die Gruppe Opferperspektive aus der Analyse von

Tat, Tätern und der Erfahrung der Opfer zum Ziel gesetzt hat: die Umkehr der Perspektive:

1.) Es wird weniger darüber reflektiert, warum Täter so wurden, wie sie sind – im Mittelpunkt steht stattdessen die Solidarität mit dem Opfer und die Entsolidarisierung mit dem Täter, vor allem mit der Tat. Dies schließt die Anerkennung des jeweiligen Übergriffs als Skandal statt seiner Bagatellisierung mit ein. Ebenfalls, sich öffentlich und mit der möglichen Unterstützung der Presse auf die Seite der Opfer zu stellen. Die Würde solcher traumatisierten Opfer kann auch symbolisch wiederhergestellt werden: zum Beispiel durch den Besuch des Bürgermeisters am Krankenhausbett oder durch eine selbstverständliche, spontane und solidarische Geste der jeweiligen Ortsbevölkerung, wie zum Beispiel durch eine Demonstration.

2.) Der antirassistische Konsens der Demokraten, der Bürger eines Ortes, muß sich auch *zeigen* können. Man muß die, die rechtsextrem denken, und erst recht die, die gewalttätig und rassistisch handeln, stellen: in der Schule, am Ausbildungsplatz, im Betrieb, im Kreistag.

3.) Die Institutionen des Rechtsstaates, d.h. die Polizei, die Justiz, die entsprechenden Institutionen des Landes, müssen für die Ahndung der Tat und die Bestrafung der Täter unmittelbar und zügig sorgen wollen: Sie müssen couragiert sein, erkennbar rechtsextreme oder sogar neonazistische Aufmärsche wie die der NPD so gut wie möglich und so insistent wie möglich zu verbieten und zu behindern – mit rechtsstaatlichen Mitteln, versteht sich.

4.) Nach wie vor bleibt wichtig – zur Entspannung der sozialen Frustrationen und gravierenden Enttäuschungen seit der Umbruchszeit –, für eine Perspektive der sozialen Gerechtigkeit in der Region und vor Ort zu sorgen. Aber es wäre aus dieser Sicht falsch anzunehmen, die soziale Entspannung allein würde eine entscheidende Wende im Denken und Fühlen rechtsextrem gesinnter Bevölkerungsteile schaffen. Eine Arbeit aus der Perspektive der Opfer macht stattdessen auf die Zerstörung der Menschlichkeit aufmerksam und konfrontiert rechtsextrem Gesinnte, aber auch gleichgültig Wegschauende mit dem, worum es im Kern in einer menschenrechtlich verstandenen Demokratie geht. Eine

solche Perspektive setzt an den Resten von zivilem Bewußtsein auch bei den rechtsextrem Orientierten an, vor allem aber an der Bereitschaft einer (relativen) Mehrheit der Bevölkerung, zur zerstörerischen und letztlich selbstzerstörerischem Ideologie des Rechtsextremismus in Distanz zu treten und dies auch zu bekunden. Aus dieser Perspektive können die Absichtserklärungen der Landesregierung zu einem »Toleranten Brandenburg« wirksamer werden als bisher. Das »Mobile Beratungs Team« könnte auf der Basis existierender Netzwerke die Erfahrungen noch unentwickelter Initiativen aufgreifen und helfen, deren Arbeit zu stabilisieren, die Opferperspektive Brandenburg könnte den Opfern wirksamer zur Seite stehen und die notwendige Öffentlichkeit schaffen. Das Landeskabinett und die einzelnen Ministerien müßten die Ideen zum »Toleranten Brandenburg« nicht lediglich einzelnen Ministerien überlassen, sondern könnten, gestärkt durch die Erfahrungen solcher Initiativen, spontan und unbürokratisch mit fremdenfeindlicher Gewalt umgehen. Sie wären aus der Falle befreit zu denken, eine zu häufige Thematisierung rechtsextremistischer Gewalt würde dem Image und dem Standort schaden. Sie würden stattdessen erkennen können, daß Bagatellisierung, Verharmlosung oder Beschwichtigung falsche Mittel sind und sogar unmittelbar den Rechtsextremen in die Hände arbeiten. Sie würden Justiz und Polizei in ihrer Arbeit zu couragierterem Verhalten ermutigen oder auch zwingen.
So entstünde eine zur Ausgangslage umgekehrte Dynamik. Angst und Gleichgültigkeit, auf die sich die Erfolge rechtsextremer Gewalt stützen, wären in den Institutionen und in der Gesellschaft durchbrochen.

Anmerkungen

1 Vgl. Kemper/Klier/Funke, »Ich will mich nicht daran gewöhnen.« Fremdenfeindlichkeit in Oranienburg, Berlin 1998.

2 Vgl. Bernd Rabehl in der *Jungen Freiheit*, Dezember 1998.

Gruppe Opferperspektive

Die Opfer in den Blickpunkt rücken

Der folgende Beitrag wurde von einem vierköpfigen Team mit dem Namen »Opferperspektive« verfaßt. Es beschäftigt sich seit Mitte 1998 im Bundesland Brandenburg mit der Organisation von Hilfe und Unterstützung für Menschen, die Opfer von rechtsextrem oder rassistisch motivierter Gewalt geworden sind. Ausgangspunkt dieser Arbeit war die Motivation, den zum Alltag gewordenen Zustand einer permanenten Bedrohung und Ausgrenzung bestimmter Bevölkerungsgruppen nicht hinnehmen zu wollen.
Das Projekt wurde bis Februar 1999 durch Lotto-Mittel des Ministeriums der Justiz und für Bundes- und Europaangelegenheiten des Landes Brandenburg gefördert. Ein Antrag auf eine weitere Förderung im Rahmen des Programms »Tolerantes Brandenburg« ist bis Ende Juni 1999 noch nicht beschieden worden. Die Bemühungen, ähnliche Projekte in anderen (Ost-)Bundesländern anzuregen, sind bisher nicht erfolgreich gewesen.

Von der Analyse der Tätergesellschaft zur Förderung von Solidarisierungsprozessen mit den Betroffenen

Fast jede Woche werden Menschen aus rechtsextremistischen Motiven, aus Haß gegen alles vermeintlich »Undeutsche« angegriffen. Beleidigungen, Drohungen, Körperverletzungen oder Morde gehören zur Tagesordnung. Sie sind insbesondere gegen Menschen aus anderen Herkunftsländern, aber auch gegen Behinderte, Obdachlose oder alternative Jugendliche gerichtet.
In Politik, Sozialarbeit und Medien wird das Handeln der rechtsextremistischen Täter überwiegend mit ihren schlechten Berufsperspektiven, fehlenden Jugendeinrichtungen und Versäumnissen im Elternhaus erklärt und ein Handlungsbedarf in diesen Berei-

chen verortet. Demgegenüber geraten die Opfer der Taten und dringliche Veränderungen ihrer Lebensumstände allzu häufig aus dem Blickfeld.
Die Arbeit des Projektes Opferperspektive hat das Ziel, den Betroffenen zu helfen, sich nicht in einer passiven Opferrolle einzurichten, sondern aktiv zu werden und gemeinsam Perspektiven zu entwickeln. Dazu gehört, über die Vermittlung der Lebensrealität potentiell Betroffener Solidarisierungsprozesse im sozialen Umfeld auszulösen oder zu fördern. Ziel ist dabei nicht nur, die Anteilnahme am Schicksal einzelner zu ermöglichen. Es geht auch darum, die mit der Ausgrenzung von Menschen verbundene Gefahr für eine demokratische Zivilgesellschaft aufzuzeigen. Eine Parteinahme für die von rechter Gewalt Betroffenen und die gleichzeitige Entwicklung von Initiativen, die sich gegen Ausgrenzungsbestrebungen richten, verschaffen Handlungsalternativen anstelle von Ohnmacht und Angst. Das Schaffen von Bündnissen gegen Ausgrenzung führt zu einer Verminderung des Einflusses rechter Ideologie, zum Entzug vermeintlicher Zustimmung für rechte Gewalt in der Öffentlichkeit und damit zu einer Schwächung rechter Machtpositionen.

Der gesellschaftliche Kontext rassistischer Angriffe

Im Jahr 1998 zählte die brandenburgische Polizei 100 rassistische und rechtsextreme Gewalttaten. Die Dunkelziffer ist hoch, da viele Betroffene keine Anzeige erstatten oder die Polizei diese schlichtweg nicht aufnimmt. Die Täter sind meist männliche Jugendliche, die rechtsextremen Cliquen angehören; solche Angriffe werden aber erst in einem gesellschaftlichen Klima, das von Rassismus und völkischem Nationalismus geprägt ist, möglich. Menschen, die dem typischen Querschnitt der Bevölkerung Brandenburgs entsprechen, verweigern den Angegriffenen Hilfe oder beteiligen sich selbst an rassistischen Pöbeleien. Es ist die »Mitte der Gesellschaft«, aus der der Rassismus kommt. Umfragen zufolge ist über die Hälfte der Bevölkerung der Meinung, Ausländer seien Sozialschmarotzer und würden den Deutschen die Arbeitsplätze wegnehmen. Kein Wunder, daß sich die rechtsextremen Gewalttäter wie Vollstrecker des Volksempfindens fühlen.
Ein rechtsextrem oder rassistisch motivierter Angriff betrifft nicht

nur das individuelle Opfer. Getroffen wird ein einzelner, gemeint sind alle. Alle, die zu den Feindbildern der Rechtsextremisten passen: Migranten, alternative und linke Jugendliche (im Nazi-Jargon »Zecken«), Behinderte, Obdachlose, Schwule und Lesben. Angst macht sich breit, viele sind eingeschüchtert. Gefährliche Orte werden gemieden. Das kann ein Bahnhof nach Anbruch der Dunkelheit oder ein Platz vor dem Einkaufszentrum sein. Das Land wird durchzogen von »No-Go Areas«. Viele können sich nicht mehr frei bewegen, manche, besonders Flüchtlinge in Heimen, leben wie im Gefängnis, andere, etwa Migranten in Berlin, fahren nicht mehr nach Brandenburg.

Organisierten Rechtsextremisten kommt diese Entwicklung gelegen. Was aus der Sicht der Opfer »No-Go Areas« sind, nennen sie »national befreite Zonen«. Die Rechten, nicht mehr staatliche Institutionen, üben damit die soziale Kontrolle aus. Sie haben die Hegemonie vor Ort, sei es kulturell, indem sie Vorreiter eines völkisch-nationalistischen Lebensstils sind, sei es repressiv, indem sie Abweichler von diesem Lebenstil verfolgen und einschüchtern. Der Kampf um die Hegemonie wird in fast jeder Schule, jedem Jugendclub, in vielen Dörfern und Stadtteilen geführt, und die Rechtsextremisten erobern sich immer mehr Terrain. An vielen Orten in Brandenburg ist der rechtsextreme Mainstream alternativlos. Rechts zu sein ist normal. Wer keinen Ärger will, paßt sich an.

Gewalt und rechte Hegemonie

Gewalt spielt bei der Durchsetzung und Aufrechterhaltung rechter Hegemonie eine zentrale Rolle. Durch Drohung mit Gewalt und gezielten Angriffen wird versucht, Jugendliche, die sich dem rechten Diskurs nicht anpassen, zu verdrängen. Jeder Jugendclub, der sich nicht zumindest »neutral« verhält, sondern rechte Gewalt und rechtes Denken kritisiert, jeder Schüler, der offen demokratische, »linke« Ansichten vertritt, läuft Gefahr, dem rechten Feindbild »Zecke« zugeordnet und angegriffen zu werden. Vergitterte Jugendclubs und bewaffnete Jugendliche sind nicht Ausdruck eines generell gestiegenen Gewaltpotentials unter Jugendlichen, sondern Resultat eines demokratischen Abwehrkampfes, der viel zu oft als »Links gegen Rechts« stigmatisiert wird.

Es gibt viele Beispiele für diesen Prozeß:
Ein »neutraler« Jugendclub in B, in dem monatliche »Independent«-Diskos stattfinden, wird regelmäßig von Gruppen rechter Skinheads besucht, die das Publikum bedrohen und regelrechte Angriffe auf den Jugendclub organisieren. Der Jugendclubleiter will der Gewalt begegnen, indem er versucht, die rechten Skinheads in die Klubarbeit einzubinden. Ihre Präsenz verändert die Situation in der Einrichtung. Die Umgangsformen der Rechten, ihre Sprüche und die Stärke der Gruppe führen dazu, daß andersdenkende Jugendliche vor die Wahl gestellt sind, sich anzupassen oder wegzubleiben. Mangels Interesse bei den verbliebenen Besuchern werden die Independent-Diskos eingestellt. Öffentliche Kritik der angegriffenen Jugendlichen am Jugendclubleiter, der innerhalb der Stadt sehr angesehen ist, wird nicht zugelassen. Leserbriefe werden nicht abgedruckt. Die Jugendlichen fühlen sich von der Stadt allein gelassen und ziehen sich schließlich zurück. Ein bisher »neutraler« Jugendclub wird zunehmend rechts dominiert.

Die Reaktion der Öffentlichkeit und ihre Folgen

Anhand diese Beispiels wird noch ein anderer Aspekt deutlich: Der Verdrängungsprozeß spielt sich quasi unter den Augen der Öffentlichkeit ab, wird aber von dieser nicht wahrgenommen. Die Versuche der angegriffenen Jugendlichen, sich Gehör zu verschaffen, scheitern. Niemand scheint sich für die in Bedrängnis geratenen Jugendlichen einzusetzen. Sie werden als links(extrem) abgestempelt. Die Bedrohung der einen und das Wegsehen und Ignorieren der anderen bewirken letztendlich die erfolgreiche Verdrängung von Jugendlichen, die demokratische, emanzipatorische Ansätze vertreten. Zurück bleiben Jugendliche, die das Gefühl haben, sich besser gar nicht zu positionieren – und rechtsorientierte Jugendliche.

Die Auswirkungen eines Angriffs auf das Kollektiv der Opfer

Vor dem Hintergrund öffentlicher Ignoranz wirkt ein rechtsextrem motivierter Angriff über die konkrete Verletzung und Bedrohung einzelner hinaus auf das anvisierte Kollektiv. Die Betroffenen verstehen sehr genau, daß der Angriff, von seltenen

Racheaktionen abgesehen, nicht ihnen persönlich galt. Die einzelnen werden stellvertretend für alle angegriffen, die sich dem rechten Konsens nicht beugen wollen. Das Gefühl der Bedrohung verbreitet sich schnell.

Gewalt gegen Ausländer als gesteigerte Form des alltäglichen Rassismus

Ausländer haben im Regelfall rassistische Diskriminierung im Alltag erfahren und sind ohnehin eingeschüchtert. Strukturelle Benachteiligungen in der Gesellschaft wie gesetzliche Aufenthaltsbeschränkungen, Arbeitsverbote und die Verweigerung demokratischer Teilhaberechte bewirken, daß die Möglichkeiten, sich als Betroffene gegen Angriffe zu wehren, beschränkt sind. Selbstverantwortlich für die eigenen Interessen einzutreten, ist zusätzlich durch Verständigungsprobleme und Rechtsunsicherheit erschwert. Als »Sozialfall«, abhängig und verwaltet von Behörden, haben sie ihre Situation hier zu erdulden. Aus der Sicht der Täter sind sie ideale Opfer.

Das Fehlen von Solidarität mit den Opfern

Gewalt und Einschüchterung als Mittel zur Durchsetzung und Aufrechterhaltung rechter Hegemonie hat nur Erfolg, weil so viele passiv bleiben und wegsehen. Nichtangepaßte Jugendliche, Ausländer, Aussiedler etc. werden nicht nur zusammengeschlagen, sondern sowohl während der Tat als auch danach allein gelassen. Bei einem Angriff auf einen Flüchtling wird gefragt, warum »solche« nachts auf der Straße sind. Ein Lehrer, der sich gegen rechts engagiert und dafür von rechten Skinheads krankenhausreif geprügelt wird, wird weder von seinen Kollegen noch von seinen Vorgesetzten besucht. Als er schon am Boden liegt, wird ihm gesagt, er solle sich bei der Antifa raushalten.
Die Gewalttat beinhaltet die Aufforderung, sich im Sinne der Täter zu verhalten. Allen soll klar gemacht werden, daß sie gegen die Täter keine Chance haben, weil sie von niemandem unterstützt werden. Mit der fehlenden Solidarität bestätigt sich diese Aussicht. Das Ausbleiben von Solidarisierungsprozessen mit den Angegriffenen hat auch eine Wirkung auf die Täter. Es bestätigt ihre Vorstellung von der klammheimlichen Zustimmung der Bevölke-

rung für ihre Taten. Sie sehen sich als die radikalen Vollstrecker der »Volksmeinung«.
Die Gleichgültigkeit und der Mangel an Solidarität mit den Angegriffenen hat noch andere Folgen: Es wird der Eindruck erweckt, daß die Gesellschaft Angst vor den rechten Schlägern hat. Es scheint, als ob sich niemand mit ihnen anlegen mag, als ob sie unangreifbar wären. Vertreter der Stadt und der Polizei suchen sogar das Gespräch mit ihnen. Dieses Bild einer unangreifbaren Gegenmacht in der Stadt bestärkt nicht nur die beabsichtigte Einschüchterung, sie wirkt auch attraktiv auf andere Jugendliche. Der »Erfolg« verschafft ihnen Zulauf. Wer möchte nicht auf Seiten der Gewinner stehen? Macht ist attraktiv. Auf der Straße wird ihnen mit Respekt begegnet. Mit gesellschaftlicher Ächtung müssen sie nicht rechnen.

Wie gehen die Angegriffenen mit diesen Erlebnissen um?

Für sie ist das Nichtverhalten »unbeteiligter« Mitmenschen während, aber auch nach der Tat die zweite Verletzung. Auch sie empfinden die Gleichgültigkeit als Zustimmung zu den rechtsextremistischen Tätern. Ausländer und Jugendliche fühlen sich noch mehr ausgegrenzt und in ihrem Mißtrauen gegen die deutsche Gesellschaft bestätigt.
Ein Angriff führt bei dem Opfer zu Verunsicherung. Anhaltende Gefühle eigener Verletzlichkeit und eigenen Beschädigtseins sind die Folge. Abhängig von der individuellen psychischen Konstitution und der sozialen Eingebundenheit, dauert die psychische Verarbeitung der Verletzungen meist länger als die relativ schnell abheilenden körperlichen Schäden. Für angegriffene Flüchtlinge, die der anhaltenden Bedrohung aufgrund gesetzlicher Einschränkungen nicht ausweichen können und die sich ohnehin in einer ihnen feindselig gesinnten Umgebung befinden, können schon einfache symbolische Gesten viel bedeuten: eine spontane Anteilnahme, eine öffentliche Solidaritätsbezeugung, eine Blumensendung ins Krankenhaus, all das kann ihnen helfen, ihr Selbstvertrauen und ihre Selbstsicherheit wiederzugewinnen. Eine demokratisch orientierte Jugendszene wird gefördert, indem die Angebote in den Jugendeinrichtungen auf sie ausgerichtet sind. So kann ihnen deutlich gemacht werden, daß auch sie Teil dieser

Gesellschaft sein sollen. Das Bild einer einheitlich rassistischen deutschen Gesellschaft würde gebrochen. Angegriffenen wie auch rechtsextremistischen Schlägern würde klar gezeigt werden, daß diese Taten nicht geduldet werden und erst recht nicht erwünscht sind.
Wenn jedoch die Ausgrenzung ganzer Bevölkerungsgruppen gesellschaftliche Realität bleibt, wird der Aufbau einer demokratischen Zivilgesellschaft zwangsläufig scheitern.

Die Arbeit des Projektes Opferperspektive

Wenn wir über Medien, Dritte oder den Betroffenen von einem Angriff erfahren, versuchen wir Kontakt zu den Angegriffenen und deren Umfeld aufzunehmen. Wir suchen sie vor Ort auf und bieten unsere Unterstützung an. Das direkte Zugehen auf die Betroffenen macht es ihnen leichter, Schwellenängste zu überwinden. Sich vor Ort mit den Angegriffenen zu treffen, verschafft uns darüber hinaus eine gute Möglichkeit, die Gesamtsituation besser erfassen zu können.
Zu Beginn aller Gespräche, ob mit einzelnen oder in Gruppen, steht immer die konkrete Tat und die Lage vor Ort im Mittelpunkt. Dabei zeigt sich immer wieder, daß es für die Betroffenen oft schon sehr viel bedeutet, daß sich jemand von außerhalb für ihr Problem interessiert.
Wie wir die Menschen dann konkret unterstützen, richtet sich vor allem nach ihren eigenen Wünschen.
Da nur die wenigsten schon zuvor Erfahrungen mit dem Rechtssystem hatten, erklären wir ihnen dessen Aufbau und Funktion. Wir erörtern mögliche juristische Schritte, suchen gegebenenfalls Zeugen der Tat, helfen ihnen, einen Anwalt zu finden, der sie bei einer Nebenklage gegen den Täter vertritt, organisieren, wenn notwendig, einen Dolmetscher. Mit dem Einreichen einer Nebenklage nehmen die Opfer eine aktive Rolle im Strafverfahren ein und können somit der Gefahr begegnen, in der Verhandlung als Zeuge »auseinandergenommen« zu werden. Ist ein Prozeßtermin festgesetzt, besprechen wir mit ihnen den Ablauf. Eine Begleitung gerade der nichtdeutschen Opfer zu einem Prozeßtermin gewährt ihnen Schutz auf dem Weg zum Gericht und im Gebäude und führt häufig dazu, daß sie sich überhaupt trauen, in Anwesenheit

der Täter vollständig auszusagen. Eine gerichtliche Verhandlung ist häufig eine gute Gelegenheit, eine mediale Öffentlichkeit herzustellen.

Beratung beim Stellen von Anzeigen

Nur ein kleiner Teil der Angriffe wird allerdings angezeigt. Gerade Jugendliche sehen in einer polizeilichen Meldung oft keinen Sinn oder haben Angst vor Racheakten der Täter. Wir erörtern die Bedingungen vor Ort und versuchen, zu einer realistischen Einschätzung der Folgen einer Anzeige bei der Polizei oder bei einer anderen zuständigen Behörde zu kommen. Wenn Angriffe nicht angezeigt werden, werden rechte Täter nicht mit den Konsequenzen ihres Handelns konfrontiert und fühlen sich in ihrer scheinbaren Unangreifbarkeit bestätigt.

Angegriffene Flüchtlinge unterstützen wir bei ihrer Umsetzung in ein anderes Heim, wenn sie im Ort bedroht werden, und helfen ihnen beim Ausfüllen von Anträgen, die mit dem Angriff in Zusammenhang stehen. Oft sind Flüchtlinge als Folge eines Angriffes psychisch traumatisiert, und wir helfen ihnen, eine therapeutische Behandlungsmöglichkeit zu finden.

Oft ist es sinnvoll, Medien auf den Prozeß anzusprechen. Ein wichtiger Partner bei der Vermittlung und Gestaltung von regionalen Kommunikationsprozessen sind in Brandenburg die Mobilen Beratungsteams »Bürgerverantwortung und Weltoffenheit«, gefördert aus dem Landesprogramm »Tolerantes Brandenburg«.

Die Arbeit des Projektes beschränkt sich nicht nur auf die Unterstützung der individuellen Opfer durch uns. Bedeutsamer ist es, neben der Erörterung konkreter Maßnahmen über die Einbeziehung möglichst vieler Menschen einen sozialräumlichen Schutz zu erreichen.

Lernprozesse bei Unterstützern

Ein Eingreifen in Form von konkreter Hilfe für Opfer rechtsextremer Gewalt ist für die Unterstützer eine Möglichkeit, ihr antirassistisches und antifaschistisches Engagement praktisch werden zu lassen. Sie eröffnet die Möglichkeit, das Problem Rechtsextremismus nicht nur von der rational-analytischen Seite zu betrachten, sondern durch die Auseinandersetzung mit den Folgen rechtsextremer Gewalt, Empathie mit den Betroffenen zu schaffen und eine stärkere emotionale Verwurzelung antifaschistischer Überzeugungen zu bewirken. Oft sind die Menschen, die vor Ort für eine weiterführende Solidarität mit Opfern rechtsextremer Gewalt zu gewinnen sind, selbst aufgrund ihres gesellschaftlichen Engagements oder ihrer nichtangepaßten kulturellen Orientierung von rechter Gewalt bedroht. Der Austausch mit anderen Opfern rechtsextremistischer Gewalt kann das Erkennen des Zusammenhangs der verschiedenen Feindbilder in der rechtsextremistischen Ideologie fördern. Gemeinsam ist einem Angriff auf Ausländer oder auf sogenannte »Zecken«, daß das Individuum bei der Gewalttat nicht mehr zu erkennen ist. Der Angegriffene wird entmenschlicht und nur noch als Teil des Kollektivs »Ausländer« oder »Zecken« betrachtet. Oder genauer: Er wird nur deshalb angegriffen, weil auf ihn ein wahnhaft konstruiertes Feindbild projiziert wird.

In der Auseinandersetzung mit der Situation angegriffener Flüchtlinge wird darüber hinaus der Gesamtzusammenhang zwischen rassistischer Gewalt, rassistischen Einstellungen und institutionalisierter Diskriminierung deutlich. Auch das ist etwas, das für die Unterstützergruppen unmittelbar erfahrbar ist und woran sie ihre eigenen antirassistischen Positionen weiterentwickeln und schärfen können.

Jede Gewalttat gegen einzelne ist objektiv gesehen Teil einer rechten Strategie der Ausgrenzung und Vertreibung mißliebiger Personenkreise. Nur wenn man sich diese Tatsache bewußt macht, bietet das konkrete Engagement für die Angegriffenen auch die Chance, den gesellschaftlichen Diskurs von der isolierten Betrachtung (rechter) Gewalt, wie sie in der öffentlichen Diskussion vorherrscht, wegzuführen und den Rechtsextremismus als gesamtgesellschaftliches Problem zu sehen.

Hintergrund all dieser strategischen Überlegungen ist auch die Frage, wie das Engagement gegen rechts motiviert ist und wie es sich umsetzen und aufrechterhalten läßt.

Für viele antifaschistische Jugendliche war die eigene Konfrontation mit rechtsextremistischer Gewalt Ausgangspunkt ihres politischen Engagements gegen rechts. Fällt diese direkte Konfrontation weg, bzw. sind nicht sie selbst oder der eigene Jugendclub

betroffen, sinkt häufig auch ihre Motivation, sich weitergehend kontinuierlich zu engagieren.
Die konkrete Unterstützung von Opfern rassistischer und rechtsextremistischer Gewalt kann das politische Engagement der Jugendlichen erweitern und darüber hinaus Brücken zu anderen Lebenswelten schlagen. In der praktischen Arbeit können neue Bündnispartner gefunden und eine verbreitete Selbst- und Fremdisolation überwunden werden.

Für eine demokratisch orientierte Jugendszene

Noch ein weiterer Aspekt der Unterstützung von Opfern rechtsextremer Gewalt als antifaschistische Strategie soll hier hervorgehoben werden. Es geht um die Stabilisierung einer demokratisch orientierten Jugendszene, die der rechtsextremistisch orientierten Jugendkultur eine emanzipatorische Alternative entgegensetzt. Eine alternative Jugendkultur zum rechten Mainstream bedeutet, daß die Jugendlichen der verschiedenen Szenen immun gegen die rechte Menschenverachtung, den faschistischen Kult der Unterwerfung und Stärke, gegen die kollektiven Mythen der Rechten werden. Sie schaffen sich selbst eine Alternative, eine gelebte Gegenposition gegen rechts. Aber nur wenn es diesen Szenen und politischen Zusammenhängen gelingt, ihre Beziehungen auf humanistische Grundprinzipien wie Gleichheit und Menschlichkeit zu gründen, stellen sie eine reale Wertealternative zum Mainstream des rechten Autoritarismus dar. Selbstbestimmtes Engagement der Jugendlichen, Eigenverantwortung und Selbstorganisierung sind hierbei wichtige Möglichkeiten, demokratische Umgangsweisen zu lernen und umzusetzen. Antifaschismus wird so in ein gesamtgesellschaftliches emanzipatives Demokratieverständnis eingebettet. Denn dieser sollte nicht nur Gegenpol gegen rechts, sondern positiver Ausdruck eines demokratischen zivilgesellschaftlichen Selbstverständnisses sein.
Vorhandene demokratisch orientierte Jugendgruppen werden allerdings derzeit häufig als potentielle linke Gewalttäter, die auch nicht besser seien als die rechten, ausgegrenzt. Dabei wird verkannt, daß alternative Jugendgruppen oft selbst Opfer rechter Gewalt sind und bei ihren Versuchen, innerhalb der Stadt für ihre Bedürfnisse und Erfahrungen Gehör zu finden, häufig allein ge-

lassen werden. Oft genug herrscht zwischen der Erwachsenenwelt und dem Erfahrungsbereich der Jugendlichen ein so großer Abstand, daß diese in die Isolierung und Kommunikationslosigkeit getrieben werden.
Die Unterstützung von angegriffenen Jugendlichen dieser Szene macht ihnen Mut, ihre Selbstisolation zu durchbrechen und sich Verbündete innerhalb der Stadt zu suchen. Sie kann einer demokratisch orientierten Jugendgruppe den Raum verschaffen, den sie innerhalb einer rechtsextremistisch dominierten Jugendszene brauchen, um aus einem Abwehrkampf in die Offensive zu kommen. Unterstützung von außen kann gerade für kleinere Gruppen wichtige Impulse geben, der rechten Bedrohung nicht nur eigene Stärke entgegenzuhalten, sondern wirkliche Alternativen zu entwickeln.
Eine solche Unterstützung muß allerdings immer am Prinzip »Hilfe zur Selbsthilfe« orientiert sein. Sie darf nicht paternalistisch über die Selbstbestimmung der Gruppe hinweggehen und fertige Handlungskonzepte überstülpen, sondern muß sie in ihrer Eigenverantwortung unterstützen und in ihrem kulturellen Ausdruck respektieren.

Elemente einer antifaschistischen Strategie

Wir verstehen die Unterstützung von Opfern rechtsextremer Gewalt als einen Teil einer möglichen antifaschistischen Strategie gegen Rechtsextremismus und möchten anstelle eines Fazits die in unseren Augen zentralen Elemente umreißen:
Erstens sollte eine gesellschaftliche Solidarisierung mit den Opfern rechtsextremer Gewalt mobilisiert werden, die zu einem großen Teil aus einer praktischen Unterstützung der Opfer besteht. Die Solidarisierung hat zum Ziel, die Folgen der Angriffe für die Opfer etwas erträglicher zu machen und dabei vor allem der Einschüchterung entgegenzuwirken. Desweiteren kann sich über die Unterstützung von Opfern ein sozialer Zusammenhang bilden, der vor weiteren Angriffen schützt und für gegenseitige Unterstützung sorgt. Die Unterstützer werden mit der Perspektive der Opfer konfrontiert. Die Angriffe werden in Zusammenhänge alltäglicher, institutioneller wie nichtinstitutioneller Diskriminierung und Ausgrenzung gestellt – und so kann die Gewalt gerade in ih-

rem gesellschaftlichen Kontext begriffen werden. Lernprozesse werden mit dem Erkennen des Zusammenhangs von Gewalt mit bestimmten ideologischen Mustern, wie z.B. völkischem Nationalismus, Sozialdarwinismus, Autoritarismus und patriarchalem Dominanzverhalten, vollzogen.

Zweitens ist eine aktive Bündnisarbeit notwendig und lohnenswert. Dabei hat sich als eine wichtige Erfahrung gezeigt, daß antifaschistische Gruppen, wenn sie an lokalen Bündnissen gegen rechts teilnehmen, ihre eigenständige Position und Strategiebildung nicht aufgeben und an das Bündnis delegieren sollten. Andererseits besteht in Bündndisprojekten die Chance der Auseinandersetzung mit anderen Argumenten und Strategien. Dennoch dienen manche Bündnisse den Stadtverwaltungen und Parteien als Alibiveranstaltungen.

Drittens können über die lokalen Bündnisse gegen rechts die Stadtverwaltung, die Parteien und die Polizei gedrängt werden, das Problem Rechtsextremismus nicht weiter zu negieren oder zu verharmlosen. Dazu ist es nötig, die relativierenden und negierenden Diskurse über Rechtsextremismus zu kritisieren. Diese Diskurse – um nur einige zu nennen: rechter wie linker Extremismus, Jugendgewalt, Randgruppen, Einzeltäter, Täter als Modernisierungsverlierer – sind ein Teil des Problems und behindern ein inhaltliches Begreifen.

Viertens können durch Opferunterstützung und Bündnisse Entsolidarisierungsprozesse mit den Tätern und ihrem Umfeld gefördert werden. Nötig ist nicht Verständnis, sondern ein Entzug jeglichen Respekts. Die Täter müssen durch soziale Nachteile für ihr Leben erfahren, daß rassistische Gewalt keinen Platz in einer Gesellschaft mit demokratischem Anspruch haben kann.

Anetta Kahane

Handeln für Demokratie ist Handeln gegen Rechtsextremismus

Es gibt diese Art von Augenblicken, in denen alle Anwesenden verstummen, so als hätte sie eine unbarmherzige Wahrheit gestreift, mit der fortan jeder zu leben hat, es aber nicht will. Als sich in der Wendezeit 1989 eine Gruppe regelmäßig in einer Wohnung traf, um über die Situation von Ausländern und ethnisch-kulturellen Minderheiten in der DDR nachzudenken, kam irgendwann dieser Augenblick. Zu den Anwesenden gehörten Vietnamesen, einige Studenten aus Lateinamerika, Mozambikaner und Engagierte, die selbst Minderheitengruppen angehörten oder deren Thema seit längerem die Situation von Flüchtlingen oder Migranten war. Einer nach dem anderen hatte über seine Erfahrungen gesprochen, über erlebten oder wahrgenommenen Rassismus im Alltag, über die Stärke rechtsextremer Gruppen in der DDR und über die Perspektiven, die zu entwickeln man hier zusammengekommen war. Und dann stand ein Jurist auf und entwarf ein Bild der Zukunft im wiedervereinigten Deutschland. Man würde mit dem Zerfall der Wirtschaft zu rechnen haben, mit Arbeitslosenzahlen über 30 Prozent, man würde in dieser Situation mit einem Nationalismus zu tun bekommen, der sich in der DDR lange aufgestaut hätte, und man würde, so sagte er kühl, die Vietnamesen und alle anderen durch die Straßen hetzen sehen auf der Flucht vor marodierenden Rassisten, die an ihnen den Versuch machen würden, die Deutsche Einheit zu vollenden. Alle hatten das Szenario deutlich vor Augen, wußten, genau so würde es kommen, und verstummten für diesen Augenblick. Dieses Bild und die darin prophezeite Stimmung widersprach vollkommen den euphorischen Momenten der Wendezeit und enthielt gerade deshalb so viel Wahrheit.

Ich gehörte dieser Gruppe an, hatte sie noch in den Zeiten der »Illegalität« ins Leben gerufen und wußte, unsere später als historisch bezeichneten Versuche, uns um eine Reformierbarkeit der

DDR oder später des wiedervereinten Deutschlands zu bemühen, waren zu schwach und ohne wirkliche Hoffnung. Es war genau dieses Wissen, das ich in jenem Moment mit allen anderen zu teilen hatte und das niemand auszusprechen wagte. Doch manchmal erfüllt sich gerade Hoffnungslosigkeit in einer Form von Freiheit, die darin besteht, einfach alles zu versuchen, ganz gleich, ob es möglich erscheint oder eben nicht.
Am runden Tisch entstanden so Leitlinien für eine neue Ausländerpolitik, ein Ausländergesetz, ein Gesetz über die Einrichtung des Amtes der Ausländerbeauftragten mit weitreichenden Kompetenzen und Zuständigkeiten, ein Staatsbürgerschafts- und Niederlassungsgesetz, ein Antidiskriminierungsgesetz und Einlassungen für ein neues Medienrecht. Von all dem sind nur zwei Dinge übriggeblieben: Es gibt jetzt fast überall in den neuen Ländern Ausländerbeauftragte, allerdings mit beschränkter Zuständigkeit, und es ist gelungen, das Recht des Zuzugs von Juden aus der ehemaligen Sowjetunion nach Deutschland durch die Hintertür der Regelung für Kontingentflüchtlinge beizubehalten.
In den Monaten vor der Vereinigung wurde ich selbst Ausländerbeauftragte des Ostberliner Magistrats und begann in der Zeit zu verstehen, daß es mit der Hoffnung zunächst andere Wege zu gehen galt, als diejenigen, die uns so dicht aber unerreicht vor Augen gestanden hatten. In den Gesprächen mit Flüchtlingen und anderen Ausländern ging es, neben den rechtlichen Fragen ihres Aufenthalts, immer auch um ihre Lebensbedingungen in einem zunehmend fremdenfeindlichen Umfeld. So kam es zu meinen ersten Besuchen in Polizeiwachen, in Schulen und Jugendeinrichtungen oder Rathäusern, in denen aufgebrachte Bürger gegen die Einrichtung eines Asylbewerberheims protestierten.

Regionale Arbeitsstelle für Ausländerfragen (RAA)

Als Berlin mit einer kleinen Verzögerung auch wiedervereinigt war, wurde hier die erste von achtzehn Regionalen Arbeitsstellen für Ausländerfragen (RAA) gegründet. Das Modell dieser Arbeitsstellen in Trägerschaft eines gleichnamigen Vereins stammt aus den alten Bundesländern und hatte sich dort große Verdienste bei

der Integration von Kindern aus Zuwandererfamilien erworben. Die Freudenberg Stiftung aus Weinheim beriet nun die RAA im Osten Deutschlands und förderte sie von Beginn an in wichtigen Teilen.
Meine Aufgabe sollte es sein, diesen Arbeitsstellen für die neuen Länder das richtige Profil zu geben, und meine Sorge bezog sich durchaus auf die Integrationsprobleme der wenigen Ausländerkinder und ihrer Familien. Viel mehr jedoch richtete sie sich auf die rasante Entwicklung fremdenfeindlicher Stimmung, die sich in einer wachsenden Zahl von Übergriffen ausdrückte. Die RAA als Träger der freien Jugendhilfe und Einrichtungen mit dem Segen der Kultusminister waren zunächst darauf ausgerichtet, sich der Schulen und Jugendeinrichtungen anzunehmen. Auf die Frage, wie man eigentlich diejenigen erreicht, die fremdenfeindlich sind, und was man dagegen tun kann, konnte ich zunächst nur eine Antwort finden: In der Schule, dem dezentralsten Ort des Staates, gab es die Möglichkeit, Jugendliche wie Erwachsene anzusprechen und hier durch die praktische Bildungsreform eine wirkungsvolle Humanisierung der Bedingungen für alle Beteiligten einzuleiten. Auf dieser Ebene zu handeln war angesichts der sich verschärfenden Situation eine große Herausforderung und von Anfang an ein Rennen gegen die Zeit.
Die RAA sollten wirksame kommunale U-Boote sein, die durch praktisches Handeln und unterschiedliche Aktivitäten möglichst viele Personen an das Thema binden. Besonders wichtig bei so komplexen Problemen ist es, die Verwaltung dafür zu gewinnen. Es macht schon einen Unterschied, ob man im Kultusministerium oder in der Schulverwaltung, beim Jugendamt oder beim zuständigen Dezernenten einer Kommune jemanden als Partner gewinnen kann oder nicht. Die RAA sind grundsätzlich nur da entstanden, wo man an einem solchen, manchmal nur rudimentären Interesse ansetzen konnte. In den meisten Regionen finden sich Vertreter von Verwaltungen, die für die Problematik sensibilisiert sind. Das ist noch heute so. Sie zu finden, ihnen Kooperation anzubieten und die Möglichkeit zu einem Handeln, das sich ohne weiteres aus ihren engen Zuständigkeiten nicht ergeben hätte, ist ein wichtiges Ziel der RAA. Die Politik hat mit ihren Deklarationen gegen Fremdenfeindlichkeit und gegen Rechtsex-

tremismus nur wenig Chancen, wirklich operativ auf den Alltag zu wirken, obschon solche Erklärungen als Signal immer von enormer Bedeutung sind. Es ist aber auch für die Politik in Krisensituationen, beispielsweise nach einer Reihe von Anschlägen, leichter, solche Erklärungen abzugeben, wenn die Verwaltung ihr signalisiert, schon über praktische Lösungsansätze zu verfügen. In solchen Momenten waren Politiker immer froh, sagen zu können, daß es bereits die RAA gibt und man Projekte dieser Art weiter und intensiver unterstützen will. Die RAA schafften es durch die Partnerschaft zwischen privater Initiative – die Freudenberg Stiftung und der Trägerverein – einerseits und den staatlichen Stellen andererseits, auch Kooperationen zwischen den Verwaltungen herzustellen, die sonst kaum zusammengearbeitet hätten. Gerade für das Thema interkulturelle Erziehung und Rechtsextremismus ist aber eine solche Zusammenarbeit eine conditio sine qua non. Es war von Anfang an klar, daß hier ein langer und mühevoller Weg vor uns liegt, auf dem im Sinne von Max Weber eine fast unüberschaubare Anzahl von äußerst dicken Brettern zu bohren sein würde. Und es hat sich im Laufe der Jahre gezeigt, daß die Einbindung von Verwaltung, die Ermutigung von Entscheidungsträgern auf kommunaler und Länderebene, eine der wichtigsten Investitionen ist, wenn man auf die langfristige Veränderung von Bedingungen und Verhältnissen zielt, die nur durch möglichst starke Allianzen zu erreichen ist.

Die RAA ist in ihren Funktionen, Arbeitsansätzen und ihren Themen eine Art Serviceagentur, die im Sinne einer praxisbegleitenden Innovation wirkt. Wenn also in der Schule, ihrem Umfeld und der Nachbarschaft Projekte durchgeführt werden und sie keine Eintagsfliegen bleiben sollen, die nur für ein paar schöne Tage die Schule zu einem Ort der Kreativität oder der Auseinandersetzung machen, um hinterher wieder in einen grauen Alltag einzutauchen, dann braucht es Kontinuität und Begleitung. Deshalb knüpft die RAA an die Fähigkeiten derer an, die Probleme haben, wie Lehrer, Sozialarbeiter oder Eltern. An der Basis finden sich Kompetenzen, die zu nutzen und zu entwickeln sind. Durch die Konzentration auf die induktive, praktische Lösung eines Problems können auch diejenigen einbezogen werden, die sich sonst von solchen Themen fernhalten würden. Sie längerfristig zu binden gelingt nur, wenn sie bei der Entwicklung von Modellen oder Materialien und in ein Netz ständigen Erfahrungstransfers einbezogen sind. Solche Ansätze sind natürlich mühevoll und verlangen von allen einen langen Atem, doch will man eine Veränderung von Einstellungen erreichen, gibt es auf dieser Ebene dazu kaum eine Alternative. Die Art der Intervention und Prävention in diesem Bereich ist aber ebenso wichtig wie die Form der Einbindung, in der sie geschieht. Die RAA haben sich bemüht, in den Projekten möglichst adäquat auf die jeweilige Situation zu reagieren. So stand Innovation in der politischen Bildung immer an erster Stelle, und das bedeutet, daß hier nicht auf althergebrachte Methoden zurückgegriffen wurde, sondern mit eigens entwickelten Planspielen, Computerspielen und Materialien zum Thema Demokratieerziehung den Erwachsenen eine gute Grundlage gegeben wurde, selbst Sicherheit und Kompetenz zu erwerben und an die Jugendlichen weiterzugeben. Zu Themen wie demokratische Schulentwicklung, Eigeninitiative, Elternarbeit, Zusammenarbeit von Jugend, Schule, Nachbarschaft wurden Modellversuche durchgeführt, die in ihren erfolgreichen Ergebnissen an alle weitergereicht und vielfach multipliziert wurden. In allen Aktivitäten, von der Projektwoche bis zur Einrichtung von Schülerclubs, stehen Fragen wie Minderheitenschutz, demokratische Grundstandards, interkulturelle Dimension, Kompetenz und Respekt an oberster Stelle der Bewertungskriterien. Sie ziehen sich durch sämtliche Vorhaben und sind nur in einigen Fällen unmittelbar Gegenstand der Projekte selbst. Wenn es gelingt, das Klima in einer Schule, einer Nachbarschaft oder einer Kommune so zu beeinflussen, daß Rechtsextremismus und Fremdenfeindlichkeit keine unwidersprochene Normalität darstellen, dann ist das ein großer Erfolg für die Arbeit der RAA.

Nach 1992 entwickelte sich die latente und manifeste Ausländerfeindlichkeit in den neuen Ländern zu einer sozialen Bewegung gegen Ausländer, mit der gleichzeitig die massive Kritik der Bevölkerung an den Folgen der Einheit und der Form von Demokratie in der Bundesrepublik verbunden wurde. Diese Bewegung formte sich im folgenden zu einer völkischen Gesamtstimmung, in der rechtsextreme bzw. rechtsextrem orientierte Meinungsführerschaften besonders unter Jugendlichen entstanden, die auch zu

Organisationsstrukturen fanden. Freie Kameradschaften ersetzten die verbotenen neonazistische Parteien und entwickelten flexible, moderne Aktions- und Organisationsformen, die darauf zielten, in die kulturelle Alltagswelt Jugendlicher einzudringen und sie mit ihren Werten, Ansichten und politischen Zielen anzusprechen und daran zu binden. Der Prozeß vollzog sich mit einer erschreckender Virulenz und fand ab 1996 in den »national befreiten Zonen« seinen deutlichsten, symbolischen Ausdruck. Die von den Rechtsextremen so bezeichneten Zonen sind zeitlich oder örtlich begrenzte und flexible Gebiete oder Einrichtungen, in denen gewaltbereite Gruppen die Sanktions- und Kontrollmacht ausüben und gezielt gegen ihre Feinde vorgehen können. Solche Feinde sind vor allem Ausländer, Angehörige ethnisch-kultureller Minderheiten, Linke, Behinderte, exponierte Demokraten oder andere Personen, die aufgrund ihrer Herkunft, ihrer sozialen Lage oder ihres Aussehens als undeutsch eingestuft werden. Inzwischen ist die Verschiebung des Gesamtbildes von Einstellungen nach rechts besonders bei Jugendlichen als allgemein hingenommene Normalität schwieriger zu bekämpfen als diese offensichtlichen Formen der Dominanz Rechtsextremer in öffentlichen Räumen. Im kommunalen Kontext werden rechtsextrem orientierte Jugendliche häufig als Protagonisten ihres erwachsenen Umfelds gesehen oder aber als Ausdruck einer generellen Benachteiligung Ostdeutscher in Schutz genommen.

Vor diesem Hintergrund stellte sich die Frage nach Gegenstrategien noch einmal neu. Die RAA mögen wohl eine Humanisierung in der Schule und ihrem Umfeld erreichen und sich verstärkt auch der Problematik des Rechtsextremismus bei Kindern und Jugendlichen stellen, sie sind mit ihrem Ansatz jedoch nicht in der Lage, allein auf eine kommunale Gesamtlage zu antworten. Schulöffnung und Community education können nur partiell unterstützen, was in dieser Situation neben dem wichtigen Aspekt der Sozialisation und der Förderung der dafür entscheidenden Instanzen darüber hinaus an politischer und gesellschaftlicher Entwicklung notwendig ist. Deshalb wurde 1997 unter dem Dach der RAA das Zentrum Demokratische Kultur gegründet. Für die Leitung des Zentrums konnte Bernd Wagner gewonnen werden, der schon in der DDR als Kriminologe zum Thema Rechtsextremismus gearbeitet hat und in der Zeit nach der Wende Leiter der Abteilung Staatsschutz der fünf neuen Länder war. Er verfügt über einen reichen theoretischen und praktischen Schatz an Erkenntnissen und Erfahrungen, den er beim Aufbau der Jugendsozialarbeit und Kommunalberatung beim Institut für Sozialarbeit und Sozialpädagogik sowie beim Mobilen Beratungsteam des Landes Brandenburg ausbauen konnte.

Zentrum Demokratische Kultur

Das Zentrum hat sich zur Aufgabe gemacht, im breiteren kommunalen Kontext die Entwicklung einer demokratischen Kultur zu unterstützen. Wie in den Ländern Osteuropas muß im Osten Deutschlands davon ausgegangen werden, daß eine solche Kultur nicht existiert und an Traditionen demokratischer Diskurse nicht angeknüpft werden kann. Was nun für eine solche Entwicklung getan werden muß, liegt im Grunde auf der Hand. Je nach Stand der Erkenntnis und der Bereitschaft, über die Formen und Auswirkungen des Rechtsextremismus in der kommunalen oder regionalen Realität nachzudenken, müssen wirkungsvolle Gegenstrategien operationalisiert werden.

Anders als bei den RAA, deren Ausgangspunkt immer die Schule und ihr Umfeld ist, beginnt das Zentrum mit seinen Aktivitäten nicht an einem strukturell festgelegten Ort. Die Mitarbeiter des Zentrums werden in der Regel von ganz unterschiedlichen Personen oder Institutionen um Unterstützung gebeten. Es geschieht häufig, daß sich hier Schulleiter oder einzelne Lehrer melden und vorsichtig über ihre Ratlosigkeit zu sprechen beginnen, wenn sich fast die ganze Klasse in rechtsextremen, menschenverachtenden Sprüchen ausdrückt, ausländische Mitschüler bedroht oder ihnen Gewalt antut. Oder es gibt Anfragen mit der Bitte um einen Vortrag in einem Oberstufenzentrum, dem Ortsverband einer Partei, vor den Mitarbeitern von Jugendfreizeiteinrichtungen oder vor Verwaltungsangestellten oder Beamten der Polizei, deren Fortbildung und Sensibilisierung besonders in den Bereichen Justiz und innere Sicherheit besonders wichtig ist. Dahinter steht meist ein schon seit langem angewachsener Problemdruck. Durch die Vorträge entstehen dann sehr häufig stabile Kontakte, die immer mit dem Bedürfnis nach weiterer, detaillierterer Beratung verbunden sind. So können die Mitarbeiter des Zentrums ihrerseits Informationen sammeln und sich einen Überblick über die Lage verschaffen. Induktiv, Schritt für Schritt, werden dann im günstigsten Fall alle Akteure der Kommune einbezogen. Sie auf ein annähernd gleiches Niveau von Sensibilisierung und Kenntnis zu bringen, ist der erste Schritt auf dem Weg zu einem komplexen, aufeinander bezogenen Ansatz des Handelns. Das Zentrum erarbeitet zu diesem Zweck kommunale Gesamtbilder bzw. Kommunalanalysen.

Das Ziel der ersten Stufe solchen Handelns ist es, ein öffentliches Klima herzustellen, in dem deutlich wird, daß die lokalen Autoritäten der Zivilgesellschaft, wie die Vertreter der Verwaltung oder der Politik, rechtsextremen und völkisch-rassistischen Stimmungen nicht gleichgültig gegenüber stehen. Das außerordentlich hohe Maß an Indolenz und Indifferenz gegenüber Opfern rechter Gewalt kann so aufgebrochen werden, der Schutz potentieller Opfer rückt stärker in den Fokus der Aktivitäten. Wahrnehmung und öffentliche Aufmerksamkeit beheben keineswegs völkische Grundstimmungen, aber sie können jene unselige Stigmatisierungsabwehr der Kommunen aufheben, in deren Schatten die Täter geschützt und die Opfer ausgeliefert bleiben. Das Bild vom drohenden Imageverlust einer Kommune, wenn erst durch die Presse bekannt wird, daß hier ein Problem mit rechten Jugendlichen herrscht, verhindert oder verzögert eine klare und ehrliche Auseinandersetzung mit Ursachen, Folgen und Auswirkungen einer demokratiefeindlichen Atmosphäre.

Vom Zentrum Demokratische Kultur kann also eine Anregung gesellschaftlich-demokratischer Prozesse ausgehen, die sich dann in den Kommunen weiterentwickeln müssen. Für die wissenschaftliche Bewertung und Begleitung dieser demokratischen Gegenaktivitäten arbeitet das Zentrum auch mit anderen wissenschaftlichen Einrichtungen zusammen. Aus den Ergebnissen von Analyse, Beratung und Praxis entstehen Dokumentationen, die ein ebenso wichtiges Mittel des Erfahrungstransfers sind wie die öffentliche Wahrnehmung konkreter Erfahrungsansätze über die Region hinaus.

Für die systematische Ermutigung weiterer Initiativen, für ihren Schutz vor dem Vorwurf, Nestbeschmutzer zu sein, und für ihre Anerkennung und Förderung auch über die Grenzen der Region hinaus brauchte das Zentrum jedoch noch eine andere Institution, die sowohl operativ handeln, als auch für die nötige Anerkennung sorgen kann. Deshalb nahm 1999 die Amadeu Antonio Stiftung – Initiativen für Zivilgesellschaft und demokratische Kultur – ihre Arbeit auf. Die Amadeu Antonio Stiftung trägt den Namen des ersten Todesopfers rechtsextremer Gewalt im Osten Deutschlands und spricht sich damit für eine demokratische Gesellschaft aus, die eindeutig antirassistisch definiert ist. Als moderne Stiftung, die aus der Praxis entstand, kann sie anders als das Zentrum auch durch die Vergabe von Mitteln Partnerschaften mit Kommunen eingehen und so Prozesse mitgestalten. Initiativen und Projekte können von ihr vom Stellen des Antrags bis zur Durchführung eines Projekts beraten werden. Dabei stützt sich die Stiftung auf das Zentrum Demokratische Kultur.

Durch die Beratung und Förderung kann die Amadeu Antonio Stiftung kommunale Initiativen dabei unterstützen, sich gegenüber staatlichen Institutionen aus der Bittstellerposition heraus in eine partnerschaftliche Situation zu begeben. Oft liegen die Initiativen mit ihren Vorhaben genau zwischen den Zuständigkeitsbereichen verschiedener Verwaltungen und haben so Schwierigkeiten, eine Zuwendung zu erhalten. Genau in diesen Lücken staatlichen Handelns kann die Stiftung aktiv werden.

Eine andere Aufgabe ist es, sich um Projektmittel und Spenden zu bemühen und damit auch im Westen Deutschlands auf die Probleme bei der Entwicklung einer demokratischen Landschaft aufmerksam zu machen. An dieser Stelle ist es wichtig zu betonen, daß die besonderen Probleme im Osten und das Bemühen, hier wirksam gegenzusteuern, keineswegs bedeuten, daß die Formen und der Entwicklungsgrad der Demokratie der alten Bundesrepublik überschätzt oder unkritisch betrachtet wird. Es wird auch nicht übersehen, daß die im Westen vorhandenen Probleme mit Rassismus zuweilen auf den Osten projiziert werden, so wie vom Osten aus die Gründe für Rechtsextremismus in den Problemen mit der Vereinigung gesucht werden. Die Stiftung weist durch die öffentliche Darstellung der Situation auf diesen Zusammenhang immer wieder hin. Da die Amadeu Antonio Stiftung die einzige in der Bundesrepublik ist, die sich explizit gegen Rassismus und für zivilgesellschaftliche Initiativen einsetzt, hat sie die Möglichkeit, gezielt für diese Themen Aufmerksamkeit zu erlangen und Mittel dafür einzuwerben. Die Tendenz zum Rechtsextremismus ist im Westen ebenfalls vorhanden, jedoch bei weitem nicht so manifest und in ihrer Entwicklung so dynamisch wie im Osten. Sie ist in den alten Ländern auch deshalb eher latent, weil die zivilgesellschaftlichen Barrieren dagegen höher und die Kontrolle durch gesellschaftliche Kräfte durchgängiger sind. Das gesellschaftspolitische Gegengewicht einer aktiven Bürgergesellschaft fehlt im Osten Deutschlands. Eine Zivilgesellschaft, die sich auch gegen parlamentarische oder parteipolitische Interessen artikulieren kann und auch gehört wird, ist erst in Ansätzen vorhanden. Ihr demokratisches Selbstverständnis ist in vielen Bereichen noch nicht an den hohen Standards des Grundgesetzes zu messen. Die Frage des Schutzes von Minderheiten als grundsätzliche Voraussetzung von Demokratie schlechthin, steht nicht im Mittelpunkt des Handelns, sondern wird als peripheres Spezialthema verstanden.

Die politische Aufgabe der Stiftung besteht in erster Linie im Schutz von Initiativen vor Ort und darin, deren Probleme auch öffentlich deutlich zu machen. Das kann sie für Projekte tun, ohne daß diese selbst in Schwierigkeiten oder Konflikte geraten müssen. Denn in vielen Kommunen geraten exponierte Initiativen oder Personen oft in den Ruf imageschädigender Außenseiter und sind einem enorm hohen Druck des örtlichen Umfeldes ausgesetzt. Der Stiftung ist es möglich, über Medien oder Kontakte zu engagierten Vertretern der Zivilgesellschaft außerhalb der Kommune die Konflikte aufzugreifen und die Initiativen dabei zu unterstützen, diese auszutragen. Ferner unterstützt sie die Initiativen durch das Herstellen einer positiven, überregionalen Öffentlichkeit. Gerade in den neuen Ländern ist es Aufgabe der Zivilgesellschaft, der Verletzung von Standards entgegenzuwirken, wenn sie den Regeln eines zivilen Umgangs miteinander widersprechen. Zur Zivilgesellschaft gehören auch die, deren Bürgerrechte wie bei Ausländern oder Flüchtlingen eingeschränkt sind. Die Zivilgesellschaft schützt deren Interessen auch gegen die Diktatur einer Mehrheit. Wenn beispielsweise mit Mehrheit beschlossen würde, daß Ausländer irgendwo nicht hingehörten, dann sollte es die Zivilgesellschaft sein, die dagegen Widerstand leistet. Und tut sie es nicht, weil die starken Stimmen, die sich in den Kommunen äußern, fehlen, dann ist es Sache des Staates, seine Werte auch restriktiv durchzusetzen. Und tut es umgekehrt der Staat nicht, müssen Vertreter der Gesellschaft mit Unterstützung der Initiativen auch von außen auf diese staatliche Aufgabe dringen. Neben dem oder gegen das Grundgesetz darf es keine andere Rechtswirklichkeit geben. Gerade in solchen Situationen ist es notwendig, auf einem Konfliktmodell zu bestehen und gleichzeitig auf die Qualität, das Engagement und die positive Wirkung der Initiativen gegen Rechtsextremismus und Rassismus aufmerksam zu machen.

Für das Thema Rechtsextremismus und Demokratieentwicklung in den neuen Bundesländern gibt es einige Rezeptionsprobleme. Alle bisherigen Kriterien, die Gefährdungen der Demokratie zu messen, treffen auf den Osten Deutschlands nicht auf die gleiche Weise zu wie für den Westen. Im Osten gilt es nicht, Demokratie zu schützen, sondern sie aufzubauen. In den neuen Bundesländern entstand die parlamentarische und repräsentative Demokratie, ähnlich den Verwaltungen und den gesetzlichen Systemen, als Verlängerung der westdeutschen Strukturen auf den Osten. Sie wird nicht als durch eigenes Handeln hervorgerufenes oder gar erkämpftes Gut betrachtet. Daß die repräsentativen Formen von Demokratie nicht die einzigen sind und auch in sich erst einer Verwurzelung und Entwicklung von Traditionen bedürfen, wird im Westen nicht immer erkannt oder als Problem wahrgenommen. Die niedrigen Wahlergebnisse rechtsextremer Parteien gelten als Beleg dafür, daß die Demokratie allgemein akzeptiert wird und die Bürger sich weitgehend nach deren Regeln bzw. den politischen Grundsätzen der von ihnen gewählten Parteien verhalten. Dies ist, wie Untersuchungen bestätigen, nicht so. Weder Wahlbeteiligung noch die Entscheidung für bestimmte Parteien können als Indiz für Einstellungen gelten.

Bei der Analyse der gesellschaftspolitischen Situation in den neuen Ländern darf nicht übersehen werden, daß es sich hier, ähnlich wie in den anderen Staaten Mittel- und Osteuropas, um »post-communist-societies« handelt. Die Vorstellung, daß alle damit verbundenen Schwierigkeiten beim Aufbau demokratischer und zivilgesellschaftlicher Strukturen mit der Übertragung des im Westen entstandenen und gewachsenen Systems beseitigt werden, ist eine Illusion. Es ist in den neuen Ländern nicht zu erwarten, daß sich die so dringend benötigten gesellschaftlichen Gegenkräfte zum völkisch-rechtsextremen Grundtenor in der Stimmung der Bevölkerung bei der anhaltenden Schwäche der demokratischen Kultur in gleicher Weise und Geschwindigkeit entwickeln, wie die Potentiale einer wirklichen Gefährdung der Demokratie. Wenn hier nicht bewußt gegengesteuert wird, ist für die Zukunft damit zu rechnen, daß sich die Probleme verschärfen und der Staat nunmehr mit einem immer stärker werdenden Repressionsapparat reagieren muß.

In einem Fachgruppengespräch der rot-grünen Regierungskoalition zum Thema Rechtsextremismus kam es im Laufe einer eher freundlich gehaltenen Diskussion wieder zu einem dieser seltsamen Augenblicke des erstarrten Schweigens. Bernd Wagner und ich waren eingeladen, über die Situation zu berichten und Gedanken oder Vorschläge zu ihrer Bekämpfung zu entwickeln. Nachdem wir die Lage geschildert, Interpretationen vorgestellt und Gegenstrategien aufgezeigt hatten, die sich vor allem auf die Stärkung der Zusammenarbeit mit den zivilen Kräften bezogen, bemerkten wir, daß dennoch eine gewisse Unbekümmertheit bei den anwesenden Innenpolitikern herrschte. Mit einiger Vehemenz bat ich schließlich die gewählten Vertreter des Deutschen Bundestags noch einmal um Aufmerksamkeit. Ich fragte sie, ob sie sich auf eine soziologische Hypothese einlassen könnten: Wir hätten ihnen nun in aller Sachlichkeit und mit der gebotenen Dramatik von dem rechtsextremen Potential berichtet. Unsere Bitte an sie sei nun, sich vorzustellen, daß all das wirklich zutrifft, daß jede der zur Illustration erzählten Geschichten reale Menschen betrifft, daß es jederzeit jedermann treffen kann und daß die Entwicklungen tatsächlich eine große Gefahr für die Demokratie darstellen, die das Ende jeder Beliebigkeit bedeutet. Die

Anwesenden sahen uns erschrocken an, fast so lange und so ungläubig, wie wir damals in der Wendezeit auf die Prognose des rasant wachsenden Rassismus gestarrt hatten. In diesem Augenblick des Schweigens räusperte sich endlich einer der Innenexperten und sagte zögernd, aber vernehmlich: »Dann haben wir hier wohl ein echtes Problem.«

Man darf gespannt sein, ob, wie und wann die Repräsentanten der Demokratie in ihrem eigenen Interesse auch zu handeln in der Lage sein werden.

Jugendarbeit

Benno Hafeneger/Torsten Niebling

»Rechter Jugendalltag« in Hessen

Ergebnisse einer Umfrage

Bei der Landtagswahl am 7. Februar 1999 in Hessen bekam die extreme Rechte zusammen 2,9 Prozent der abgegebenen Zweitstimmen, die Republikaner (REP) kamen auf 2,7 Prozent und die Nationaldemokratische Partei Deutschlands (NPD) auf 0,2 Prozent; der rechtspopulistische/nationalliberale Bund Freier Bürger (BFB) erhielt 0,4 Prozent. Die Deutsche Volksunion (DVU) kandidierte aufgrund eines wechselseitigen Kandidaturverzichtes zwischen REP und DVU nicht. Auch die Kommunalwahlen im März 1997 haben gezeigt, daß die REP mit landesweit 6,6 Prozent (die NPD kam auf 0,6 Prozent) in Hessen die »führende Kraft« im Lager »rechts von der Union« sind. Beide Ergebnisse belegen, daß es auch in Hessen ein Wählerpotential für rechtsextreme Parteien gibt, und hier wiederholt mehrere lokale bzw. überregionale (Wahlkreis-)Zentren zu identifizieren sind; das zeigen auch die Ergebnisse der Bundestagswahl im September 1998. Zu dem Wählerpotential, das aus unterschiedlichen Motiven rechtsextrem wählt bzw. gewählt hat, gehören vor allem auch viele männliche Erst- und Jungwähler.

Der organisierte Rechtsextremismus hat nach Erkenntnissen des Landesamtes für Verfassungsschutz in Hessen für 1998 folgende Mitgliederzahlen: REP etwa 1.900 (auf Bundesebene etwa 15.000), DVU etwa 1.800 (auf Bundesebene etwa 18.000), NPD zwischen 400 und 500 (auf Bundesebene etwa 6.000); daneben gibt es etwa 500 Skinheads und unter 100 Neonazis (auf Bundesebene etwa 2.400). Nach vorliegenden Erkenntnissen und Zahlen sind militante, gewaltbereite, neonazistische Jugendgruppen und Szenen bisher kaum bekannt geworden; fremdenfeindliche, rechtsextrem motivierte Gewalttaten werden nach den Verfassungsschutzberichten der letzten Jahre in Hessen – im Vergleich zu anderen, vor allem den neuen Bundesländern – auf einem relativ niedrigen Niveau registriert.

So erfreulich die letzteren Hinweise für die politische und soziale Kultur in Hessen auch zu bewerten sein mögen, so können sie doch nicht beruhigen und Entwarnung signalisieren, weil es erhebliche Erkenntnislücken gibt, die ein umfassendes und differenziertes Lagebild nicht zulassen. Eine dieser Lücken ist: Es gibt zwischen dem organisierten Rechtsextremismus einerseits und den autoritär-populistischen, ethnozentrischen und rechtsextremistischen Mentalitäten, Orientierungen (wie sie in Jugendstudien ausgewiesen werden und sich im Wahlverhalten äußern können) andererseits keine registrierten Aufmerksamkeiten und auch keine wissenschaftlichen Untersuchungen zu lokalen rechten Cliquen, Szenen, Aktivitäten und Treffen/Treffpunkten sowie zu regionalen oder auch überregionalen Vernetzungen von Jugendlichen und jungen Erwachsenen. Wenn keine Ermittlungen aufgenommen und keine Strafverfahren eingeleitet werden, bleibt es »unterhalb der Nachrichtenschwelle« allenfalls der kommunalen Öffentlichkeit (der Politik, den gesellschaftlichen Gruppen und der Presse) überlassen, solche »weichen Entwicklungen« unterhalb strafrechtlicher Tatbestände zu beobachten, als demokratische Öffentlichkeit mit republikanischem Bewußtsein darüber aufzuklären und über angemessene Gegenstrategien (auch durch Gespräche mit den Jugendlichen und Angebote für sie) nachzudenken.
Mit der hier vorgelegten Studie wird – exemplarisch für ein westliches Bundesland – »Neuland« betreten; erstmals werden empirische Befunde über Entwicklungen in sozialen Mikrowelten (»Jugend rechtsaußen«) vorgelegt, die bisher eher Gegenstand von Spekulationen waren oder über die als Einzelfälle – und hier vor allem aus den neuen Bundesländern – berichtet wird.

Umfrage

Um die genannte Erkenntnislücke zu schließen, wurden in Hessen alle 209 Stadt- und Kreisjugendämter sowie kreisangehörigen Städte und Gemeinden angeschrieben, die Stellen für Jugendpflegen in ihren Haushalten ausgewiesen haben. Ebenso wurden alle 56 Kreis-, Stadt- und Ortsjugendringe in Hessen mit der Bitte angeschrieben, Erkenntnisse, Hinweise und Beobachtungen aus ihrer Sicht zu rechten jugendlichen Szenen/Gruppen/Cliquen, Aktivitäten, Treffen/Treffpunkten aus ihrem jeweiligen »Zuständigkeits-/Betreuungsbereich« schriftlich mitzuteilen. Gleichzeitig wurde auch um Mitteilung gebeten, wenn es keine Kenntnisse gibt oder Beobachtungen schon länger als zwei Jahre zurückliegen.[1] Die Befragung erfolgte im Januar und Februar 1999, dabei wurde für die Beantwortung ein Zeitraum von knapp vier Wochen eingeräumt. Die behördliche Jugendpflege (öffentlicher Träger) und die Jugendringe (JR) als Zusammenschlüsse der Jugendverbände (freier Träger) können als Fach- und Schlüsselinstitutionen in Jugendfragen und von demokratischer Jugendarbeit/-politik charakterisiert werden, zu deren originären Aufgaben es auch gehört, demokratiegefährdende/-feindliche Orientierungen und »rechtes Gedankengut« sowie allgemein »problematische« Entwicklungen unter Jugendlichen sensibel zu registrieren und sich mit ihnen auseinanderzusetzen.

Gewalt und Rechtsextremismus wird hier als Auswirkung veränderter Bedingungen des Aufwachsens im Jugendalter, als eine spezifische »psycho-soziale Ausformung der Adoleszenzkrise« (Oevermann) und adoleszente, männliche und ressentimentgeladene (wie auch provokatorische) peer-group-Vergemeinschaftung sowie als spezifische Art und Weise des mentalen Umgehens mit den Bedingungen des Aufwachsens und der politischen Sozialisation verstanden. Der breit gefaßte Sammelbegriff »rechts« meint hier definitorisch solche »fließenden« ideologischen Äußerungsformen, Entwicklungen und Bestrebungen, die in einem »harten« und »weichen« Bereich jugendlicher Mentalitäten und Verhaltensweisen (offene oder latente, vereinzelt oder kontinuierlich, organisiert oder umorganisiert) Hinweise geben, daß Prinzipien des demokratischen Verfassungsstaates und der Grundrechte (Idee der Menschenrechte) in Frage gestellt, gefährdet oder angegriffen werden. Mit dieser breiten und offenen begrifflichen Vorgabe wurde Gelegenheit gegeben, möglichst offen, konkret und differenziert alle bekannten Hinweise aus einem breiten »Beobachtungs- und Erfahrungsspektrum« mitzuteilen, ohne Jugendliche vorschnell zu etikettieren oder einheitlich »in die rechtsextreme Ecke zu stellen«.

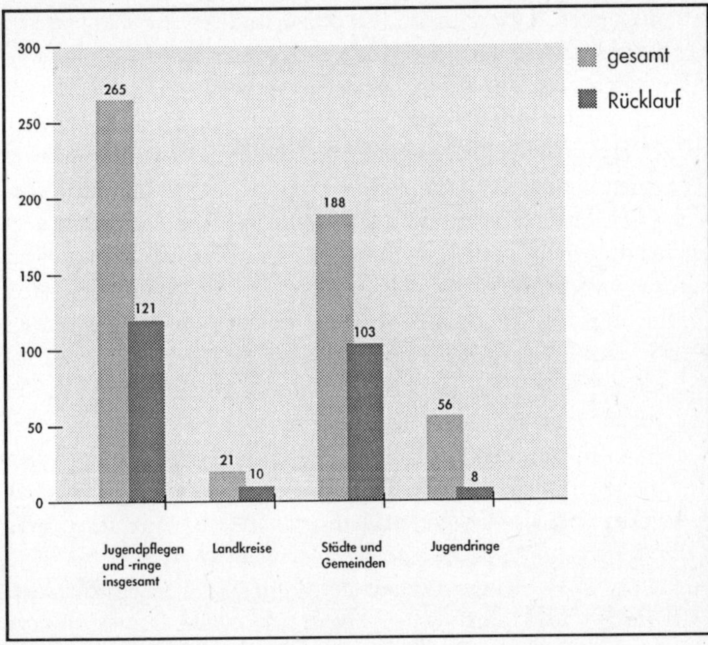

Mit insgesamt 265 Anschriften und ihrer Streuung durch das ganze Bundesland wird es möglich, ein »flächendeckendes Bild« – hier mit der Quelle des außerschulischen Blickes der beiden großen Trägergruppen in der Jugendarbeit – zu erstellen. Dabei muß offen bleiben, ob sich aus anderen Befragungsorten, wie z. B. von Jugend(hilfe)einrichtungen (Jugendhäuser, -clubs, Streetwork-Projekte, Jugendsozialarbeit, -berufshilfen), von Kirchengemeinden oder Schulen, mit anderen Befragungswegen (z. B. lokalen Recherchen, quantitativen Erhebungen) oder Settings (z. B. Dauerbeobachtungen, qualitative Befragungen) ein anderes Bild ergeben würde; dies bleibt weiteren Untersuchungen vorbehalten.
Das Anschreiben war mit einem einseitigen Vordruck zur Rückantwort versehen, um eine prägnant-kurze, schnelle und unkomplizierte Rückmeldung (per Brief, FAX oder e-mail) zu ermöglichen. Der Rücklauf kann mit 121 Antworten auf 265 Anschreiben (= 46 %) als sehr gut charakterisiert werden. Damit ist statistisch ein Ergebnis erzielt worden, das in dieser Höhe nicht erwartet wurde und dessen Aussagekraft als signifikant – im Sinne von

vorläufig gesichert, weil die Datenverteilung nicht mehr durch Zufall zu erklären ist – gekennzeichnet werden kann.
Die Einschätzung und dann auch die Auswertung der Rücklaufquote muß folgendermaßen differenziert werden: Von der professionalisierten Jugendpflege (und Jugendbildung) war ein größerer Rücklauf zu erwarten, wie es die Daten dann auch bestätigten. Von den 188 kreisfreien Städten, kreisangehörigen Städten und Gemeinden haben 103 (= 55 %) und von den 21 Landkreisen haben zehn (= 48 %) geantwortet. Von den ehrenamtlich arbeitenden Jugendringen (mit Ausnahme der professionalisierten JR in Frankfurt, Wiesbaden, Kassel, Darmstadt, Main-Taunus-Kreis) war ein geringerer Rücklauf zu erwarten, so haben von den 56 Jugendringen auch nur acht (= 14 %) geantwortet.

Auswertung und Ergebnisse

Von allen 121 Rückmeldungen berichten 49 (= 40 %) über Erkenntnisse und Erfahrungen. Davon haben 40 (= 30 %) mitgeteilt, daß aktuelle Erkenntnisse über Cliquen, Treffpunkte oder Aktivitäten vorliegen – das sind 15 Prozent aller 265 angeschriebenen Jugendpflegen und Jugendringe[2] – und neun berichten über Kenntnisse, die länger als zwei Jahre zurückliegen.

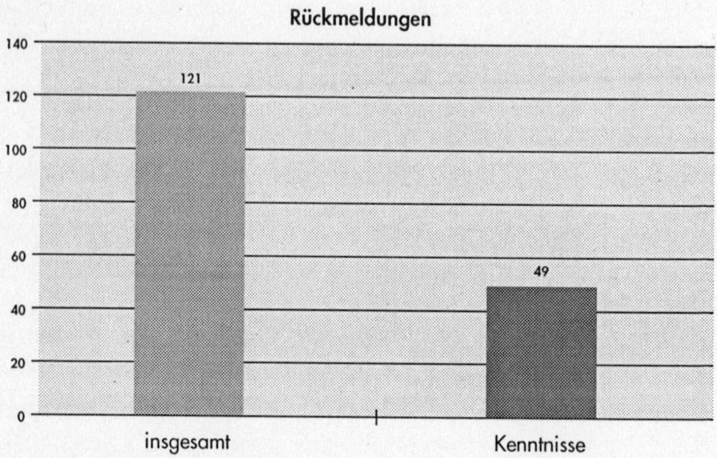

Im folgenden werden zunächst die Rückmeldungen der Jugendringe als Blick der ehrenamtlichen Jugend(verbands)arbeit – und dann die Antworten der professionalisierten Jugendpflege unter zwei Gesichtspunkten dargestellt und ausgewertet: Mitteilungen zu Gruppen/Cliquen, Szenen, Treffpunkten und Aktivitäten für das Bundesland; regionale Verteilung (ohne Angabe der Ortsnamen) nach den drei Regierungsbezirken. Ein weiterer Auswertungsblick richtet sich auf die Ergebnisse der Kommunalwahl im März 1997 und auf lokale bzw. regionale Ergebnisse bei der Bundestagswahl im September 1998 und der Landtagswahl im Februar 1999; hier werden Wahlergebnisse mit den lokalen Cliquen/Gruppen, Aktivitäten und Treffen/Treffpunkten in Beziehung gesetzt.

Die Jugendringe

Von den 38 Stadt- und Ortsjugendringen gibt es fünf Rückmeldungen; davon liegen vier JR keine aktuellen Erkenntnisse vor, und ein JR berichtet, daß eine ortsansässige Gruppe »vor ca. vier bis fünf Jahren in Richtung Eisenach gezogen ist«. Ein Stadtjugendring hat anläßlich der Untersuchung selbst Jugendliche befragt und festgestellt, daß es in dem Ort und seinen Stadtteilen u.a. eine als »Nazi-Grill« titulierte Lokalität gibt, in der »die Flugblätter der rechten Parteien ausliegen« und eine weitere Kneipe als »Treff« dient. Ein dortiges Busunternehmen hat »Jugendliche zu Veranstaltungen der Rechten nach Leipzig und Passau gefahren«, und ein ehemaliger »Stadtverordneter für eine rechte Partei« umwirbt Jugendliche. Diese fallen durch »rechtes Outfit« auf, zudem fand eine Schlägerei statt, bei der »ein sich ›linksbekennender‹ Jugendlicher verdroschen« wurde. Von den 18 Kreisjugendringen haben drei geantwortet; ein JR beschreibt Kenntnisse in Form aktueller diffuser Aktivitäten wie »Schmierereien« und konstatiert weiter, daß »die rechte Szene ›abgeflacht‹, untergetaucht ist und sich vermutlich ›gen Osten‹ verzogen hat«.

Die Jugendpflegen

Insgesamt haben sich 113 (= 54 %) von 209 Jugendpflegen an der Befragung beteiligt, davon zählen 103 (= 49 %) zu den insgesamt

angeschriebene Landkreise, Städte und Gemeinden

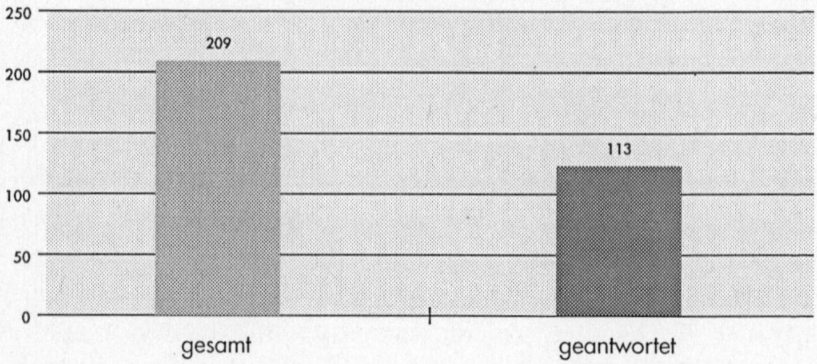

188 Stadt- und den kreisangehörigen Stadt- und Gemeindejugendpflegen und zehn (= 48 %) zu den 21 Kreisjugendpflegen. Der Auswertungsblick richtet sich auf zurückliegende und aktuelle Erkenntnisse sowie auf ein differenziertes Bild nach eher diffusen und mehr konkreten Erkenntnissen. Dem landesweiten Überblick folgt eine regionale Auswertung von Landkreisen, Städten und Gemeinden, die an der Zugehörigkeit zu den drei Regierungsbezirken orientiert ist.

Zurückliegende Erfahrungen

Von den 113 Stadtjugendpflegen haben sechs mitgeteilt, daß Erfahrungen mit »rechten« Aktivitäten und Gruppen mehr als zwei Jahre zurückliegen[3]. In einer kreisangehörigen Stadt sind z.B. »aus der Vergangenheit (...) massive Probleme bekannt, die auch in einem Projekt angegangen wurden«, und eine andere Jugendpflege teilt mit, daß in der Kommune »die vor acht Jahren auffällige rechte Clique« sich »aufgelöst« hat. Aus einer nordhessischen Gemeinde wird berichtet, daß die »Clique, die es vor zwei Jahren gab, nicht mehr aufgetreten ist«. In einer südhessischen Gemeinde »besuchten vor ca. zwei Jahren zeitweise rechtsgesinnte Jugendliche« einen Jugendtreff. »Zeitgleich trafen sich weitere rechtsgesinnte Jugendliche und Heranwachsende am Friedhofsgelände. Sie fielen durch Fahnen, laute Musik, Grölen und starken Alkoholkonsum auf.« Aus einer Kleinstadt in Mittelhessen wird von »Hakenkreuz-Schmierereien auf dem jüdischen Friedhof« berichtet, die »schon mehrere Jahre zurückliegen. Drei Jugendliche wurden als Täter ausfindig gemacht.« Einer Kreisjugendpflege in Südhessen ist bekannt, daß sich eine vor fünf Jahren bekannte »rechtsextremistisch orientierte Jugendclique« aufgelöst hat, und gleichfalls ist in dieser Gemeinde »ein ›Stammtisch‹ junger Sympathisanten der NPD seit ungefähr vier Jahren nicht mehr in Erscheinung getreten«. Eine andere Kreisjugendpflege aus Südhessen berichtet von »vereinzelten rechts- bzw. gewaltorientierten Jugendlichen (Fußballfans)« und von »Skinheads«, die Anfang der »neunziger Jahre« in zwei Gemeinden auftauchten und denen Angebote einer »aufsuchenden Jugendarbeit« gemacht wurden.

Aktuelle Erkenntnisse für Hessen

Von den 113 Jugendpflegen, die sich an der Befragung beteiligt haben, liegen für 37 Städte und Gemeinden sowie für einen der sechs Landkreise (= 34 %) vielfältige Kenntnisse über »rechte« Cliquen, Aktivitäten und Treffpunkte vor. Darunter befinden sich zwei kreisfreie Städte, eine kreisangehörige Stadt (mit eigenem Jugendamt) und 34 kreisangehörige Städte und Gemeinden.

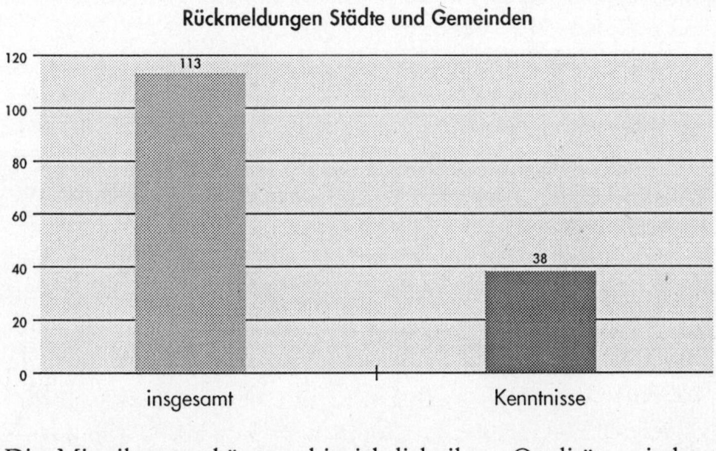

Die Mitteilungen können hinsichtlich ihrer Qualität zwischen eher diffusen oder vereinzelten Aktivitäten einerseits und identifizierbaren Cliquen, »Gruppenaktivitäten« und Treffpunkten andererseits differenziert werden.

Diffuse oder vereinzelte Aktivitäten

Aus 21 Kommunen wird über eher diffuse oder Einzelaktivitäten berichtet. Danach gibt es »entsprechende Aufkleber« und werden unter den Jugendlichen »eine latente Fremdenfeindlichkeit«, »unterschwellige deutsch-nationale Einstellungen«, »reaktionäre bis rechtsradikale Orientierungen«, ein »hohes Aggressionspotential« und »rassistische Sprüche« unterhalb des Niveaus von aktiven, auffällig »rechten« Gruppen und organisierten Aktivitäten registriert. Geschildert werden verbreitete »rechte« Sympathien oder Stimmungen, bzw. diffuse Aktivitäten (z.B. verbale Äußerungen, Schmierereien, Aufkleber, Graffiti) einzelner Jugendlicher oder auch Schlägereien zwischen deutschen und türkischen Jugendlichen, bei denen ein organisierter »rechter« Hintergrund aber nicht offenkundig ist. Nach den Hinweisen von zwei Jugendpflegen äußern Jugendliche in Jugendclubs »rechtes Gedankengut«; es wird »Musik von den ›Zillertaler Türkenjägern‹ und ›Böhsen Onkelz‹« gehört, oder es wurden »in einem Jugendraum Hakenkreuzschmierereien und eine CD-Hülle ›Zillertaler Türkenjäger‹, auf der am Strick aufgehängte Ausländer abgebildet waren«, gesehen; »›Türke‹ ist eines der beliebtesten Schimpfwörter«. Auch in einer anderen Stadt »kann anhand von ausländerfeindlichen Parolen an Hauswänden und öffentlichen Plätzen davon ausgegangen werden, daß rechte Gruppierungen bzw. Jugendliche mit rechten Gedankengut in unserer Gemeinde tätig sind«. Inwieweit diese fest organisiert und inwiefern Treffpunkte vorhanden sind, entzieht sich der Kenntnis der Jugendpflege. In einer anderen Gemeinde »existieren einige, einzelne Jugendliche, die sich als ›rechts‹ bezeichnen und zum Teil auch so auftreten, aber es gibt keine festen Gruppierungen«. Aus einer Stadt wird berichtet, es gibt zwar noch »keine festen Cliquen, aber doch einige ›rechtslastige Jugendliche‹«; »rechtes Gedankengut« tritt »immer mehr zu Tage durch Musik, Verbreitung von Witzen (Judenwitzen), ergänzt durch Hakenkreuzschmierereien«. Aus einer Stadt im Rheingau wird berichtet, daß es »vereinzelt Jugendliche gibt, die dem rechten Spektrum zuzuordnen sind«. Eine Kleinstadt in Nordhessen berichtet, daß unter Jugendlichen »ein latentes rechtes Bewußtsein vorhanden ist«; das drückt sich in Äußerungen wie »ich fahre kein ausländisches Auto« aus. Aus einer südhessischen Kommune heißt es, »daß Einzelne des öfteren in Nachbarorte fahren, um Gleichgesinnte zu treffen«. Aus mehreren Kommunen heißt es: »latente Anti-Haltungen gegenüber Minderheiten (Türken, Schwule)« sind zu beobachten. In einer nordhessischen Gemeinde ist es »bei einem Zeltlager oder Osterfeuer unter Alkoholeinfluß zu offenen feindseligen Auseinandersetzungen zwischen türkischen und deutschen Beteiligten (...) oder auch zum Skandieren rechtsideologischer Sprüche« gekommen. Registriert werden »Äußerungsformen rechtsextremen Denkens« wie »Wenn Adolf noch lebte ...«. Aus einer kleinen Stadt in Mittelhessen heißt es, daß sich in einer »Kneipe auch eine als rechte Jugendliche einzustufende Szene aufhält«; es ist die Rede von »arbeitslosen rechten Jugendlichen, die sich eher privat treffen« und »mehr als Saufclique zu charakterisieren sind«.

Gruppenaktivitäten

Aus 17 Kommunen wird über Gruppenaktivitäten berichtet. »Rechte« Gruppen gibt es in einer kreisfreien Stadt, einer kreisangehörigen Stadt (mit eigenem Jugendamt) und in 15 kreisangehörigen Städten und Gemeinden in zehn Landkreisen. In Ortsteilen einer Stadt »ist das ›rechte‹ Potential sichtbar. Jugendliche halten sich in ihren festen Cliquen schon seit mehreren Jahren auf. (...) Von ca. 20 Jugendlichen sind fünf in der Szene zu finden, die regelmäßig zu ›rechten‹ Treffen fahren«, doch auch von den anderen sind einige wegen »›rechten‹ Äußerungen, Kleidung, verbotenen Zeichen sowie Musik« polizeilich bekannt. Doch »Mädchen sind hier nicht vertreten (noch nicht)!«. In einer mittelhessischen Kommune gibt es eine »10 – 12köpfige Gruppe mit guten überregionalen Verbindungen«. In einem anderen Ort fanden »Aufkleberaktionen mit rechtsextremen Inhalt« statt, berichtet wird hier zudem von »Drohanrufe(n) mit Naziinhalt«, und in einem Stadtteil hat »eine Gruppe rechtsorientierter Skinheads (...) Kontakt zu einem ortsansässigen NPD-Mitglied, für die auch Flugblätter verteilt werden«. Nach den Informationen einer Kreisjugendpflege wird aus Teilen des Landkreises »häufiger von Problemen mit rechtsextremen Gruppen berichtet«; des weiteren lassen sich einzelne Jugendliche von ortsansässigen »Größen der Szene« »als Verteiler für rechtes Informationsmaterial einsetzen«.

Eine weitere Kreisjugendpflege berichtet von einer »uns bekannten Clique und einem Treffpunkt rechtsorientierter junger Menschen im (...) Stadtteil (...) und der Nachbargemeinde von 10 – 15 Personen« mit Kontakten »Richtung Schwalm-Eder-Kreis und Kassel«.

Regionale Verteilung

Differenziert man die Auswertung nach den drei Regierungsbezirken Darmstadt, Gießen und Kassel, dann ergibt sich für die Rückmeldungen zunächst folgendes Bild: Aus dem Regierungsbezirk Darmstadt kamen von 111 Stadtjugendpflegen 66 (= 59 %) und von zehn Kreisjugendpflegen sechs (= 60 %) Rückmeldungen; aus dem Regierungsbezirk Gießen antworteten von 30 Stadtjugendpflegen 17 (= 57 %), von den fünf Kreisjugendpflegen kam keine Rückmeldung; aus dem Regierungsbezirk Kassel kamen von 50 Stadtjugendpflegen 20 (= 40 %) und von den sechs Kreisjugendpflegen vier (= 67 %) Rückmeldungen.

Zurückliegende Erfahrungen

Von den Stadtjugendpflegen aus dem Regierungsbezirk Darmstadt haben drei mitgeteilt, Erfahrungen mit »rechten« Aktivitäten gemacht zu haben, die über zwei Jahre zurückliegen. Für eine Kommune wird auf drei »dokumentierte Vorfälle '97« hingewiesen; eine in früheren »Jahren auffällige rechte Clique hat sich aufgelöst«. Aus zwei Landkreisen wird über Gruppen und Aktivitäten berichtet, die mehrere Jahre zurückliegen. Aus dem Regierungsbezirk Gießen wird in einer Mitteilung über frühere Erfahrungen berichtet. Aus dem Regierungsbezirk Kassel wird aus zwei Kommunen über frühere Erfahrungen berichtet. In einem Stadtteil »gab es vor zwei Jahren eine Mini-Clique«; in einem anderen Ort gab es in den Jahren »87 – 91 letztmalig eine Gruppe mit rechtsextremen Tendenzen«. Ein Hinweis aus Nordhessen bezieht sich auf eine Fußball-Fan-Szene mit »rechten Symbolen und Parolen«.[4]

Aktuelle Erkenntnisse in den drei Regionen

Aus dem Regierungsbezirk Darmstadt liegen von den 66 beteiligten in 18 Kommunen (= 27 %) Erkenntnisse über aktuelle »rechte« Aktivitäten vor. Darunter befinden sich zwei kreisfreie Städte, eine kreisangehörige Stadt (mit eigenem Jugendamt) und 15 Kommunen aus sieben Landkreisen. Aus dem Regierungsbezirk Gießen berichten von 17 beteiligten Stadtjugendpflegen neun (= 53 %) über Erkenntnisse. Aus dem Regierungsbezirk Kassel teilen von 20 Kommunen zehn (= 50 %) und einer der drei Landkreise Erkenntnisse mit.

Erkenntnisse – Regierungsbezirke

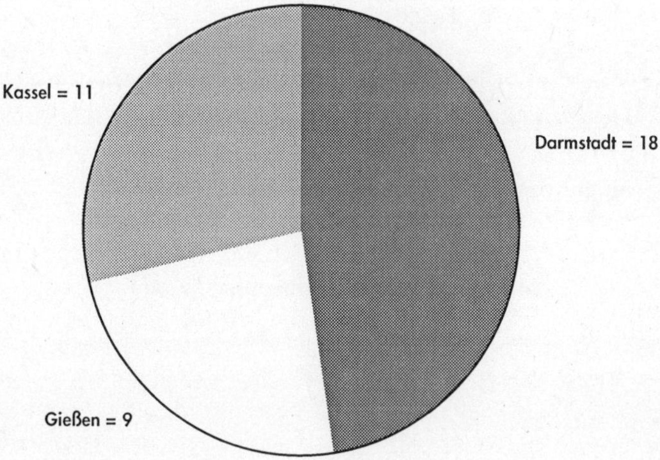

Diffuse oder vereinzelte Aktivitäten

Aus dem Regierungsbezirk Darmstadt liegen von neun der 18 Stadtjugendpflegen Mitteilungen über diffuse oder Einzelaktivitäten vor. Der Jugendpflege einer kreisfreien Stadt sind »rechte Schmierereien« an Schulen bekannt, »vorzugsweise in Gymnasien«; dies ist jedoch »keinen Gruppen oder organisierten Strukturen zuzuordnen«. Aus einzelnen Kommunen in fünf Landkreisen wird von »verbalen Äußerungen«, »weitverbreiteten reaktionären

Orientierungen«, »ausländerfeindlichen Parolen an Hauswänden und öffentlichen Plätzen«, »Aufkleberaktionen«, »Drohanrufe(n) mit Naziinhalt« sowie »Tendenzen« und »Sympathien unter Jugendlichen« für rechtsextreme Inhalte berichtet. In einer anderen Stadt gibt es »vereinzelte Jugendliche, die dem rechten Spektrum zuzuordnen sind«; in einer weiteren Gemeinde ergab eine Befragung an einer Schule, daß »Interesse an einer DVU-Ortsgruppe« besteht, zudem gibt es »in den offenen Jugendtreffs vereinzelt Sympathien« für »die Rechte«. Aus dem Regierungsbezirk Gießen kommen aus fünf Kommunen Mitteilungen über Jugendliche, die »rechte Parteien wählen« und zu rechten »Stimmen, die in Jugendzentren laut wurden«, die aber »ebenso schnell wieder (durch andere Jugendliche) mundtot gemacht« wurden. Berichtet wird von »latenter Fremdenfeindlichkeit«, von »Aufklebern auf Autos« und »rassistischen Sprüchen«, dem Singen des »Horst-Wessel-Liedes«, vom Abspielen der »Zillertaler Türkenjäger« und »Böhsen Onkelz«, von »rechten Jugendlichen, die bei Disco-Veranstaltungen auftauchen, sich aber unauffällig benehmen«. Aus dem Regierungsbezirk Kassel thematisieren sechs der elf Mitteilungen aus vier Landkreisen diffuse Aktivitäten. Dort werden rechte »Sympathien« beobachtet und ein »latentes rechtes Bewußtsein« festgestellt; es gibt ein »unterschwelliges deutsch-nationales Verhalten«, vereinzelte »Hakenkreuzschmierereien (z.B. an Bushaltestellen) sowie eine latente ›Anti-Haltung‹ gegenüber Minderheiten (›Türken‹, ›Schwule‹)«.

Gruppenaktivitäten

Aus dem Regierungsbezirk Darmstadt wird aus neun Kommunen über »rechte« Gruppen berichtet. Die Jugendpflege einer kreisangehörigen Stadt nennt die Zusammenkünfte einer Clique »rechtsorientierter, den Grauen Wölfen nahestehenden, türkischen Jugendlichen«. Aus fünf Landkreisen wird u.a. folgendes berichtet: In einer Gemeinde trifft sich »in einer dafür bekannten Kneipe eine zehn bis 15 Personen umfassende Gruppe, deren Mitglieder zwischen 15 und 25 Jahren alt sind«. Die Gruppe fällt »im öffentlichen Leben« kaum auf. In einem anderen Ort treffen sich Kleingruppen »privat oder in Dorfkneipen«, zudem sind »einige Schmierereien« vorgekommen. Eine Jugendpflege berichtet über

»drei Jugendliche, die offen die DVU unterstützen, Plakate kleben, Musik mit ›rechten‹ Texten hören (›Störkraft‹, alte Platten von ›Boehse Onkelz‹, ›Skrewdriver‹)«, aber im »Umgang mit Ausländern unauffällig« sind. Des weiteren wird über eine Gruppe berichtet, die sich »auf einem Sportplatz« trifft, von Jugendlichen »in einem Bauwagen«, die »der rechten Szene zuzuordnen sind, ohne jedoch gewalttätig zu sein«. In einem Ort ist »eine kleine ›Randgruppe‹ der rechten Jugendszene im Alter von 19 Jahren oder älter« bekannt. In einem anderen Ort treffen sich »›Dorfrechte‹ in einem Jugendtreff«, die zwar »nicht organisiert, nicht radikal« sind, dennoch »eine Atmosphäre« verbreiten, »durch die Nicht-Deutsche diesen Treff meiden«; gewalttätige »Auseinandersetzungen ganzer Cliquen« sind »selten«. Rechte Aktivitäten sind in einem Vorort einer kreisfreien Stadt bekannt: »Hier gibt es zwei Cliquen, die sich ›rechts‹ nennen.« Sie gehören »keiner festen Organisation an und sind auch nicht durch gewaltförmiges Verhalten aufgefallen. ›Aktivität‹ drückt sich in Kleidung und Meinungsäußerung aus.« In einer Gemeinde hat »eine Gruppe rechtsorientierter Skinheads Kontakt zu einem ortsansässigen NPD-Mitglied, für den auch Flugblätter verteilt werden«. Im Jugendzentrum einer Kommune »tauchen in letzter Zeit öfter ein paar Jugendliche auf, die sich der Skinheadszene zurechnen (...) Die Skins kommen zum größten Teil aus umliegenden Gemeinden und Städten (...) Sie haben keinen festen Treffpunkt.«

Im Regierungsbezirk Gießen werden von vier Jugendpflegen (aus drei Landkreisen) Gruppenaktivitäten registriert. In zwei Ortsteilen einer Gemeinde sind »typische Szenen, Gruppen von 10–15 Personen bekannt, die gelegentlich durch Provokationen auffallen«. Dabei handelt es sich »um ca. 14–20jährige, die als informelle Gruppe in der Schule oder auf Festen ›rechte‹ Parolen gegen Ausländer vertreten, gelegentlich bei Konflikten mit anderen Jugendlichen Schlägereien provozieren oder durch Sachbeschädigung auffallen«. In einer Gemeinde dient ein »Kirchengelände als Treffpunkt für Jugendliche, die die Kirche auch mit Hakenkreuzen beschmierten«. Eine andere Information betrifft »eine zehn- bis zwölfköpfige Gruppe, deren Mitglieder zwischen 16 und 20 Jahren alt sind«. Diese Gruppe hat »gute überregionale Verbindungen« und ein »erhebliches kriminelles Potential (etliche Verurteilungen)«. In einigen Ortsteilen einer Kommune »sind Gruppierungen rechter Jugendlicher bekannt. Treffpunkte sind häufig Buswartehäuschen und Privatwohnungen«; sie vertreten »ausländerfeindliche Ansichten, hassen ›die Linken und Punks‹, schmieren rechte Parolen und Symbole«.

Aus dem Regierungsbezirk Kassel teilen vier der 20 Stadtjugendpflegen aus zwei Landkreisen und eine der beiden Kreisjugendpflegen ihre Kenntnisse von Gruppenaktivitäten mit. Im Bereich einer Jugendpflege gibt es einen »verhältnismäßig hohen Anteil rechtsorientiert denkender Jugendlicher«; dort ist es »hin und wieder (...), meist unter mehr oder minder starkem Alkoholgenuß seitens der Jugendlichen zu offenen feindseligen Auseinandersetzungen zwischen türkischen und deutschen Beteiligten« gekommen. Die Jugendlichen, so ist weiter zu erfahren, »bilden eine Clique und kommen aus zwei kleineren Ortsteilen«. Eine weitere Konfrontation fand nicht statt, »weil die türkischen Jugendlichen ihre Ankündigung zum ›Duell‹ nicht verwirklichten«. Eine andere Jugendpflege bezeichnet vier »Jugendliche und junge Erwachsene« als den »harten Kern« der Aktivisten in ihrem Arbeitsbereich. Diese »versuchen offene Jugendtreffs strukturell zu nutzen«, z.B. durch das »Abspielen von z.T. indizierter Musikkassetten und CD's«. Sie versuchen auch, »die Meinungsführerschaft zu übernehmen«. Hinzu kommt eine »Neigung zu Gewalttätigkeiten: Schlägereien und Messerstechereien, Schmierereien von Hakenkreuzen und SS-Runen«. Sie verfügen u.a. über »informelle Kontakte zu DVU und NPD« und werden für »z.Zt. noch nicht beweisbare Sabotageakte« verantwortlich gemacht. In einer Kommune haben einige »junge Erwachsene regelmäßig Kontakt« zu einem bekannten Vertreter der rechten Szene (gemeint ist Manfred Roeder, Chef der Deutschen Bürgerinitiative, d.V.) und seit zwei Jahren taucht »diverses rechtsradikales Informationsmaterial (z.B. *Der Leuchter-Report*)« in Jugendclubs auf. Aus einer anderen Kommune wird berichtet: »In Ortsteilen ist das rechte Potential sichtbar. Jugendliche halten sich in festen Cliquen schon seit mehreren Jahren auf (...) Von ca. 20 Jugendlichen (in einem Jugendclub, d.V.) sind fünf in der Szene zu finden, die regelmäßig zu ›rechten‹ Treffen fahren und klare Hierarchien ihrer Verbindungen nach außen tragen (...) Polizeilich bekannt sind auch einige der 20 Jugendlichen, die nicht in einer festen Gruppe wiederzufinden sind (Vergehen: ›Rechte‹ Äußerungen, Kleidung, ver-botene Zeichen sowie Musik ...).« Berichtet wird von einem Vorfall, »wo im Anschluß an ein Feuerwehrlager im Jugendclub die Reichskriegsflagge aufgehängt wurde«. Die Jugendpflege einer nordhessischen Kleinstadt verweist auf eine Nachbargemeinde, in der »rechte Gruppen bekannt sind«; aus einer weiteren Kleinstadt wird aus einem Stadtteil und einer Nachbargemeinde von einer »festen Clique« von zehn bis 15 Personen und von deren regionalen Kontakten berichtet.

Wahlergebnisse und Ergebnisse der Umfrage

Kommunalwahl 1997

Bei den hessischen Kommunalwahlen im März 1997 erzielten die REP im Landesdurchschnitt 6,6 Prozent der Stimmen, sie sind damit in drei kreisfreien Städten (Offenbach, Wiesbaden, Frankfurt), in 20 kreisangehörigen Städten und Gemeinden sowie in 17 Kreistagen vertreten. Sie erhielten in diesen Kreisen, Städten und Gemeinden z. T. weit über fünf Prozent und in Offenbach, Stadtallendorf, Neustadt, Biblis, Hanau, Dietzenbach, Eltville, Dillenburg, Waldeck, Frielendorf, im Main-Kinzig-Kreis über zehn Prozent der abgegebenen Stimmen. Die NPD kam in sechs kreisangehörigen Städten und Gemeinden auf – z. T. weit – über fünf Prozent der abgegebenen Stimmen: Ehringshausen 22,6 Prozent, Wölfersheim 22,7 Prozent, Leun 21,7 Prozent, Aßlar 10,7 Prozent, Kelkheim 6,8 Prozent und Groß-Umstadt 6,7 Prozent.

Bundestagswahl 1998

Insgesamt kam die extreme Rechte auf 3,3 Prozent und in Hessen auf 3,6 Prozent der Stimmen; die REP erhielten hier 2,3 Prozent, die DVU 1,0 Prozent und die NPD 0,3 Prozent. Zusammen kamen sie in Hessen in drei Wahlkreisen auf über fünf Prozent der Zweitstimmen; die REP erzielten in Hessen 2,3 Prozent und kamen in Hanau auf 3,4 Prozent, in Wiesbaden auf 3,2 Prozent, in

Fulda auf 3,2 Prozent und in Marburg auf 3,0 Prozent der Zweitstimmen. Kommunale Ergebnisse zeigen u. a. für die REP, daß sie in Neustadt 6,6 Prozent, in Steffenberg 6,1 Prozent, in Rauschenberg und Stadtallendorf 6,0 Prozent der Zweitstimmen erhielten und hier ihre lokalen Zentren hatten.

Landtagswahl 1999

REP und NPD kamen bei der hessischen Landtagswahl im Februar zusammen auf 2,9 Prozent der abgegebenen Zweitstimmen; davon erzielten die REP 2,7 Prozent und die NPD 0,2 Prozent. Auch hier zeigen einige lokale und regionale Ergebnisse die »Hochburgen« der beiden Parteien: Die REP erhielten in Stadtallendorf 8,0 Prozent (Erststimmen 9,1 Prozent), in Rauschenberg 7,8 Prozent (Erststimmen 8,5 Prozent), in Neustadt 6,6 Prozent, in Steffenberg 7,5 Prozent, in Angelburg 5,7 Prozent, in Biedenkopf 5,3 Prozent der Zweitstimmen, in Brachttal 7,4 Prozent, in Raunheim 7,3 Prozent, in Biblis 7,0 Prozent, in Kelsterbach 6,4 Prozent, in Bad Orb 6,0 Prozent, in Hanau 5,9 Prozent, in Höchst (Odenwald) 5,6 Prozent, in Ronneburg 5,5 Prozent, in Sinntal 5,4 Prozent, in Dietzenbach 5,3 Prozent, in Birstein und Lützelbach jeweils 5,1 Prozent der Erststimmen (und meist auch knapp soviele Zweitstimmen); über vier Prozent der Erst- und meist auch der Zweitstimmen erhielten die REP in den Wahlkreisen Odenwald, Offenbach-Stadt, Main-Kinzig II (hier 5,2 Prozent) und III, Wiesbaden III, Lahn-Dill II. Die NPD erzielte in Wölfersheim 9,9 Prozent (8,7 Prozent Zweitstimmen) und in Altenstadt 9,6 Prozent der Erststimmen.

Die drei Ergebnisse zeigen, daß die REP in Hessen bei Wahlen in mehreren Regionen, Landkreisen und Kommunen einen Zuspruch über der Fünf-Prozent-Quote hat. Ihre lokalen und regionalen »Hochburgen« haben sie vor allem im Landkreis Marburg-Biedenkopf (mit den Städten und Gemeinden Stadtallendorf, Neustadt, Rauschenberg, Steffenberg, Biedenkopf), im Main Kinzig-Kreis (u. a. in Hanau, Ronneburg), in der Stadt und in Gemeinden des Landkreises Offenbach, in Kommunen des Odenwaldkreises, des Lahn-Dill-, des Rheingau-Taunus- und des Landkreises Waldeck-Frankenberg sowie im Landkreis Bergstraße, in

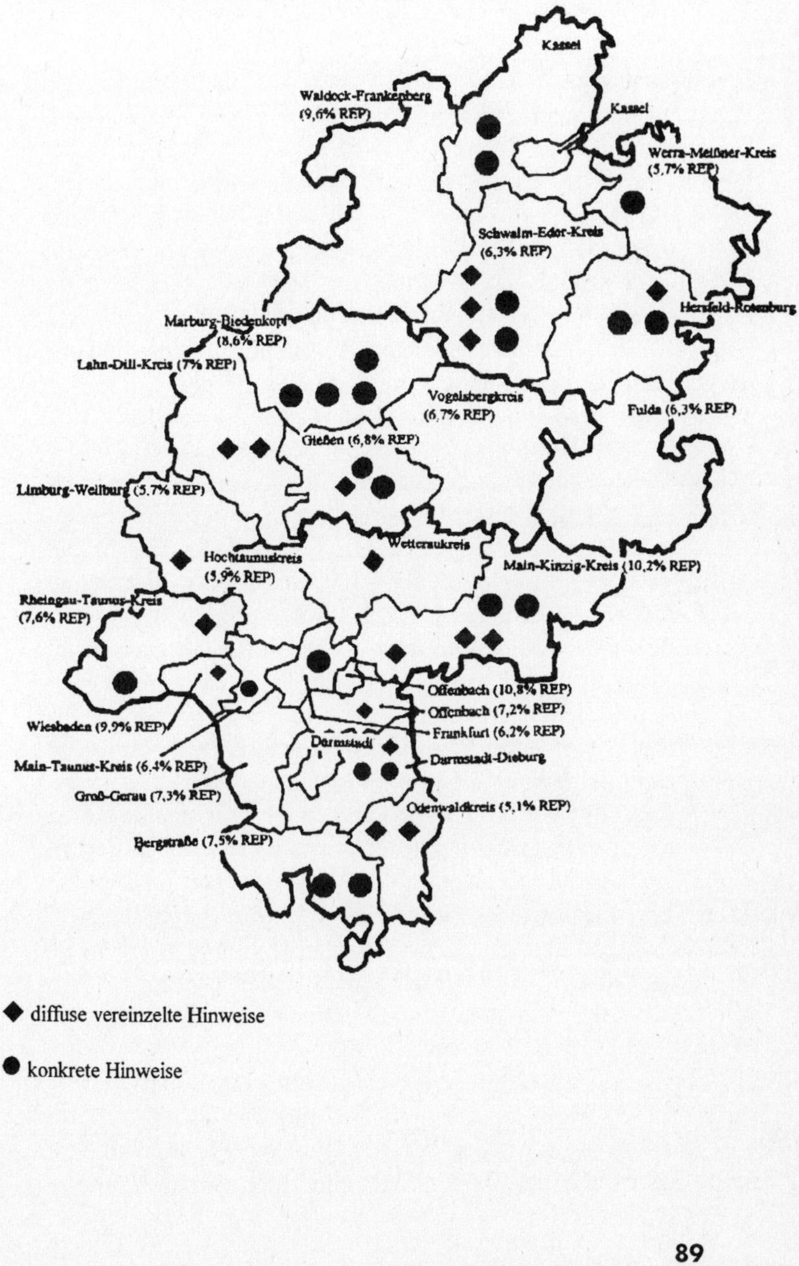
Kassel
Waldeck-Frankenberg
(9,6% REP)
Kassel
Werra-Meißner-Kreis
(5,7% REP)
Schwalm-Eder-Kreis
(6,3% REP)
Hersfeld-Rotenburg
Marburg-Biedenkopf
(8,6% REP)
Lahn-Dill-Kreis (7% REP)
Vogelsbergkreis
(6,7% REP)
Fulda (6,3% REP)
Gießen (6,8% REP)
Limburg-Weilburg (5,7% REP)
Hochtaunuskreis
(5,9% REP)
Wetteraukreis
Main-Kinzig-Kreis (10,2% REP)
Rheingau-Taunus-Kreis
(7,6% REP)
Offenbach (10,8% REP)
Offenbach (7,2% REP)
Frankfurt (6,2% REP)
Wiesbaden (9,9% REP)
Darmstadt
Darmstadt-Dieburg
Main-Taunus-Kreis (6,4% REP)
Groß-Gerau (7,3% REP)
Odenwaldkreis (5,1% REP)
Bergstraße (7,5% REP)
◆ diffuse vereinzelte Hinweise
● konkrete Hinweise

den Städten Wiesbaden und Fulda. Die NPD hat ihre lokalen »Hochburgen« vor allem in einigen Gemeinden des Wetterau- und Lahn-Dill-Kreises.

Zusammenhänge

Vergleicht man die Wahlergebnisse und Tendenzen hin zu lokalen, regionalen »Hochburgen« der extremen Rechten mit den Befunden der Untersuchung, dann zeigt sich folgendes Bild:

1. Aus den sechs lokalen »NPD-Hochburgen« gibt es drei Rückmeldungen: Aus einer Gemeinde wird mitgeteilt, daß es keine Erkenntnisse gibt, aus einer anderen Gemeinde wird über eine Gruppe »mit guten überregionalen Verbindungen und erheblichem kriminellen Potential« berichtet. Für eine weitere Gemeinde berichtet ein Jugendring, daß ihm keine Erkenntnisse vorliegen.

2. Von den drei kreisfreien Städten und 20 kreisangehörigen Städten und Gemeinden, die mit über fünf Prozent der Stimmen zu den »lokalen Zentren« der REP zählen, sind zwei kreisfreie Städte und zehn kreisangehörige Städte und Gemeinden in der Studie erfaßt. Aus einer kreisfreien Stadt liegen keine Erkenntnisse vor, aus einer anderen werden konkrete Erkenntnisse über zwei Cliquen mitgeteilt, und über die dritte Stadt liegen diffuse Erkenntnisse (wie Schmierereien) vor. Aus sieben der zehn erfaßten kreisangehörigen Städte und Gemeinden liegen keine Erkenntnisse vor; in einer Stadt ist eine Gruppe »den Grauen Wölfen nahestehenden Jugendlicher« bekannt, in einer anderen Gemeinde haben Jugendliche Kontakt zu M. Roeder und wird rechtsextremes Informationsmaterial ausgelegt; in einer weiteren Stadt gibt es eher diffuse Erkenntnisse über »vereinzelte Jugendliche (...), die dem rechten Spektrum zuzuordnen sind«. Ferner gibt es in einer Gemeinde – in der die REP bei der Bundestagswahl über fünf Prozent der Stimmen erhielten – eine Gruppe »Jugendlicher, die der rechten Szene zuzuordnen sind«.
Ein Blick in die Landkreise – siehe die Hinweise auf der Hessenkarte – zeigt sowohl die regionale Streuung bzw. Konzentration von Wahlergebnissen (hier der Kommunalwahl) als auch von Gruppen, Aktivitäten, Treffpunkten. Im Main-Kinzig-Kreis er-

hielten die REP 10,2 Prozent und es gibt fünf Erkenntnisse; im Schwalm-Eder-Kreis erhielten die REP 6,3 Prozent und es gibt vier Meldungen; im Landkreis Marburg-Biedenkopf erhielten die REP 8,6 Prozent und es gibt vier Hinweise; im Landkreis Gießen erhielten die REP 6,8 Prozent und es gibt drei Hinweise; jeweils zwei Hinweise gibt es aus den Landkreisen Lahn-Dill, Rheingau-Taunus, Bergstraße und Odenwald, in denen die REP ebenfalls im Kreistag vertreten sind. Es gibt aber auch Hinweise aus Landkreisen wie Darmstadt-Dieburg, Hersfeld-Rotenburg, Kassel, in denen die REP unter fünf Prozent blieben und damit nicht im Kreistag vertreten sind.

Es ist zunächst unangemessen und wäre wissenschaftlich nicht seriös, mit dem begrenzten Material aus den Kommunen und Landkreisen auf einen kausalen Zusammenhang zwischen Wahlerfolgen rechtsextremer Parteien und »rechter Jugendszene« (als Teil deren sozialer Basis, Wahlverhalten, Bestandteil von Jung-Wählermobilisierung) zu schließen. Dies hätten komplexere Forschungsdesigns zu klären; aber die lokalen und regionalen Wahlergebnisse und Erkenntnisse aus der Umfrage provozieren diese Frage. Zu erwähnen ist, daß fünf von 17 registrierten Gruppenaktivitäten aus Städten und Gemeinden kommen, in denen die REP oder NPD bei der Kommunal- oder Landtagswahl über fünf Prozent der Stimmen erhielten.
Diese Hinweise legen zur weiteren Diskussion zwei Thesen bzw. Forschungsfragen nahe: In diesen Orten bzw. Regionen könnten sich in Teilen der (jugendlichen und erwachsenen) Bevölkerung erstens neben intoleranten, nationalistischen Einstellungen mit Fremdenfeindlichkeit als historischem und politischem Kern von rechtsextremen Weltanschauungen (nationale, völkische Identität) auch lokale bzw. regionale Kategorien (als eine spezifische Art »Heimatgefühl«, Lokalpatriotismus) der Gruppenzugehörigkeit und Selbstdefinitionen der Eigengruppe herausgebildet haben. Zu den Konzepten gehört, daß »Deutsche« ihre Identität national und als Gemeinschaft konstruieren; eine damit unterlegte lokale Verwurzelung und Abstammung wird zur Voraussetzung des Deutschseins propagiert. Der traditionelle Autoritarismus ist an nationale und soziale Propaganda (gegen Ausländer, Asylsuchen-

de) gebunden, er richtet sich an Personen, die sozial frustriert sind, die Angst vor einer ungewissen Zukunft (Verlust des Arbeitsplatzes, Desintegrationsängste) haben. Ausländerfeindlichkeit ist hier Projektion der eigenen Unsicherheit und Ängste. Hier haben Lokal- und Regionalstudien zu erhellen, ob ein – bisher kaum erforschter – Zusammenhang von nationaler, regionaler und (diffuser) lokaler Identität (als sozialer Selbstkategorisierung) und Fremdenfeindlichkeit gegeben ist bzw. sich entwickelt.[5]
Solche Erkenntnisse sind zweitens für die Auseinandersetzung mit (möglicherweise sich normalisierenden, verfestigenden) lokalen Milieuentwicklungen von großer Bedeutung. Den rechten Jugendcliquen und -gruppen, deren Aktivitäten und Treffen, kann vor dem Hintergrund von bekannten und aktiven Parteirepräsentanten, kommunaler Vertretungs- und Öffentlichkeitsarbeit, stabilem Wahlverhalten über mehrere Wahlen und Jahre in dem politisch-kulturellen Klima eine spezifische Bedeutung zukommen. Sie können mit ihren sozialisationsvermittelten Milieueinflüssen (mit aggressivem Männlichkeitskult) zu einem jugendbezogenen Bestandteil von kommunalen politischen Kulturen werden, die einen mentalen, personellen und strukturellen Beitrag zu einer latenten oder offenen ethnozentrischen, fremdenfeindlichen und rassistischen »Gemeinwohlbindung« fördern wie auch zur »Normalisierung« solcher Jugendkulturen und der extremen Rechten beitragen.

Einschätzende Anmerkungen

Das Material dient weder zu Dramatisierungen und Katastrophenbeschwörungen noch zu Verharmlosungen und Beschwichtigungen – die Vielzahl und Vielfalt der Hinweise und Mitteilungen muß aber nachdenklich machen, Irritationen auslösen und zum »Gegensteuern« herausfordern. Mit einigen auswertenden Anmerkungen und weiterreichenden Fragen soll vergegenwärtigt und angedeutet werden, wie über solche Entwicklungen unter Jugendlichen nachzudenken ist und welche konstruktiven jugendpolitischen und -pädagogischen Herausforderungen zu klären sind.

1. Auch wenn in der Mehrzahl der Rückmeldungen angegeben wird, daß »keine aktuellen Gruppen/Cliquen, Treffpunkte und Aktivitäten bekannt« sind, so überraschten dennoch der quantitative Umfang der Berichte aus 40 Orten sowie die neun Hinweise, die schon längere Zeit zurückliegen. Die Daten belegen, daß es sich nicht »nur« um ein Problem der neuen Bundesländer – allerdings hier mit einer spezifischen aggressiven und gewaltförmigen Dimension – handelt, sondern sich auch in den alten Bundesländern eine »rechte Jugendszene« entwickelt hat. Eine Gesamtzahl von beeinflußten, beteiligten und organisierten Jugendlichen kann nicht seriös ausgewiesen werden, aber der Umfang der vorgelegten Szenen zeigt, daß durchaus von einem breiten – sicher nicht einheitlichen – »jugendkulturellen Phänomen« gesprochen werden kann. Hier artikulieren sich in einer noch genauer zu untersuchenden »Gemengelage« scheinbar ganz unterschiedliche Motive, zu denen u.a. sozialisatorische Einflüsse und Erziehungserfahrungen (u.a. Geschlechtsrollenstereotype, Erziehungsklima), vorübergehender Protest, geschlechtsspezifische Formen adoleszenter Alltags- und Lebensbewältigung, sozial-emotionale Gruppenbindungen (»stark-und-sicher«-, »gemeinsam-sind-wir-stark«-Mentalität), verbreitende Medien, mentale »Moden«, politisch-kulturelles Klima im sozialen Umfeld und Resonanzboden in den Kommunen, Verhalten der politischen und gesellschaftlichen Eliten, politische Einbindungen und Überzeugungen gehören. Als »Akteure« tragen sie mit ihren aggressiven Affekten gegen Fremde im »Ergebnis« dazu bei, daß eine »neue rechte Jugend- und Aggressivitätskultur« und prägende Milieubildungen – über die organisierte Szene hinaus – zu einem »neuen gesellschaftlichen Phänomen« zu werden beginnt.[6]
In dieser Kultur haben sich emotionale und kognitive Schemata in sozialen Mikrowelten entwickelt und in der (defizitären) Persönlichkeitsstruktur bzw. dem Selbstbild mit Tendenzen »schädlicher Regression« (als Spirale von Wiederholungen) niedergeschlagen, die zu kulturell-vorurteilsbeladenen Mustern und Schablonen geworden sind; sie bilden den affektiven Kitt der Cliquen und Gruppen. Gefühle als Situationswahrnehmung und Handlungsmotivation bewirken Eskalationsprozesse und führen mit Alkoholkonsum in Gruppen und situativen, reflexhaften Ge-

legenheitsstrukturen dann auch zu öffentlicher, demonstrativer Inszenierung, bekennender Präsentation und auch Gewaltandrohung bzw. -anwendung.

2. Es können Entwicklungen aufgezeigt werden, die auf die Vielschichtigkeiten »rechter Jugendkultur« und deren Milieus hinweisen. Diese reichen von diffusen, vereinzelten Vorfällen (wie aus 21 Kommunen mitgeteilt) über fremdenfeindliche, ethnozentrische Einstellungen und Mentalitäten, »weichen« Organisationsformen im Rahmen von diffusen, informellen Cliquen und vielfältigen Aktivitäten (Musik, Aufkleber, Schmierereien) bis hin zu »harten« Kernen, organisierten Gruppen, Gewalt und ideologischer Verfestigung. In sieben Hinweisen wird ausdrücklich Auskunft über ethnozentrische Mentalitäten und ethnisch-kulturelle Konflikte gegeben. Sie werden meist in Form von gewalttätigen, feindseligen Auseinandersetzungen (Schlägereien, Übergriffe) geschildert, die aber nicht alle zwangsläufig mit politischen Motiven in Verbindung gebracht werden.
Die beschriebenen 17 »rechten« Cliquen und Gruppen variieren in ihrer Größe (von ca. vier bis zu 15 und auch 20 Personen) und in der Alterszusammensetzung (12 bis 25 Jahre). Sie sind nach den Angaben eindeutig von männlichen Jugendlichen und jungen Erwachsenen dominiert; nur in einer Rückmeldung wird darauf hingewiesen, daß »sich unter ihnen (noch) keine Mädchen befinden«. Es sind mehrheitlich eher »lose Gruppen« mit einer Komm-und-Geh-Struktur, aber auch organisierte, »ideologie- und feindbildgeprägte Gruppen«; ihr Auftreten pendelt zwischen öffentlicher Präsentation und privatem Rückzug. Die Aktivitäten reichen von Musikkonsum, Symbolik und bekennendem Auftreten, bis hin zu offenem Rassismus, ideologischer Rekrutierung, der Verbreitung »rechten« Materials oder auch Terrorisierungen per Telefon und gezielten Sabotageakten. Die Treffpunkte und Treffen sind in der Öffentlichkeit (Buswartehäuschen), in Gaststätten, auf Sportplätzen oder in Jugendclubs; andere Cliquen/ Gruppen ziehen die Privatheit vor, dafür stehen Bauwagen und andere »eigene« Räumlichkeiten zur Verfügung. Zur sozialen Zusammensetzung der Gruppen, zu den konkreten Lebensumständen (wie Familienverhältnisse, schulische Bildung, Ausbildungs-,

Arbeitssituation) und Motiven der Jugendlichen und jungen Erwachsenen (als ihre medienvermittelte und erfahrungsstimulierte Wahrnehmung und Auseinandersetzung mit der sozialen Welt) lassen sich aus dem Material keine auswertbaren Antworten geben.

Erkenntnisse aus der Forschung und von der Polizei zeigen für die Mehrheit der fremdenfeindlichen Täter im Westen wie im Osten, daß sie nicht unmittelbar von Arbeitslosigkeit betroffen sind; sie kommen meist aus dem Milieu der jungen Arbeiter und Auszubildenden, der unteren Angestellten mit einem eher niedrigen Bildungsgrad. Vermutlich gehören auch die hier erfaßten Cliquen und Gruppen in diese Sozialstruktur. Ebenso zeigen Studien, daß junge Gewalttäter durch ein ausländerfeindliches Umfeld – vielfach mit entsprechenden Einstellungen in Familien – geprägt sind. Die Befragung war jedoch nicht so angelegt, daß Aufschlüsse zum erwachsenen Umfeld und »rechten« Einstellungen von Eltern gegeben werden können.

Eine Reihe von Studien bestätigt die Bedeutung von Cliquen und die Cliquenorientierung der männlichen Jugendlichen als Versuche, ihre Lebenserfahrungen in ihren Orten (als sozialräumliche Gelegenheitsstrukturen, die Besetzung von Terrains) zu verarbeiten und die Adoleszenz erlebnisintensiv, probehandelnd und auch provokativ zu bewältigen. Dies steht in der Tradition der geradezu magischen Verbundenheitsgefühle, der männlichen »Wir-Gefühle«, von jungmännerbündischen Gesellungsformen (und Männergesellschaften), die als Ausdruck ihrer Gleichgestimmtheit wie auch zur Beschwörung ihrer inneren Kohärenz einen Bestand an Ritualen, spezifischen Normen, Sprechweisen, Bildwelten, quasi-erotischen Gefühlen, Symbolen, Liedern wie auch Begegnungsorten brauchen. Sie tragen mit einem ausgeprägten Männlichkeitsgehabe und aggressiv-überhöhten Männerbildern (Konstruktionen) im Alltag konkret dazu bei, kaum durchschaubare Realitäten, Zeiten der Zerrissenheit und des Umbruchs emotional zu verarbeiten, zu stilisieren, umzubiegen und zu ästhetisieren; hier wird der pubertierende und adoleszente (für prägende Einflüsse offene) Heranwachsende in seiner Mentalität, Tugendorientierung und Gefühlswelt in spezifischer Weise männlich (fundamentalistisch) konditioniert. Hier wären die »Produktionen der Phantasie« (Freud) weiter zu untersuchen, in denen vorgestellte Befriedigungen »ehrgeiziger, großsüchtiger, erotischer Wünsche« (Freud) gedeihen, weil Jugendliche mit der »kargen Befriedigung«, die sie in der Wirklichkeit finden, nicht bereit sind auszukommen.

3. Einige der Gruppen stehen in Verbindung mit in Hessen wohnenden »Größen« der rechten Szene (z.B. Manfred Roeder), sie sympathisieren mit rechtsextremen Parteien oder werden von diesen instrumentalisiert; vereinzelt wird auch von vernetzten Gruppen und überregionalen Kontakten berichtet. Insgesamt gibt es zehn Hinweise auf solche Kontakte: Eine Gruppe Skinheads hat Kontakt zu einem NPD-Mitglied, eine zur DVU und NPD, es gibt Interesse an einer »DVU-Ortsgruppe«, ein ehemaliger Abgeordneter einer »rechten Partei« versucht Jugendliche zu erreichen, berichtet wird von Kontakten zu »Röder« und »Godenau«, zu den »Grauen Wölfen«, über »gute überregionale Kontakte« und den »Besuch von rechten Veranstaltungen«. Diese Entwicklungen lassen den Schluß zu, daß es durchaus Vernetzungskontakte gibt, aber von einer erkennbar vernetzten hessischen »rechten« Jugendszene oder systematischen Kontakten zwischen »Jugendszenen« und dem organisierten Rechtsextremismus kann nach den Hinweisen und Mitteilungen (noch?) keine Rede sein.
Es ist zu vermuten, daß solche, sich geradezu »normalisierenden« Entwicklungen, kein regionales Phänomen sind, sondern daß Studien in anderen (neuen und alten) Bundesländern zu ähnlichen Ergebnissen kommen würden. Hier ist vor allem auf die Diskussion und Berichte über die »rechten Cliquen« sowie auf die auffällig vielen Cliquenstrukturen und Milieueinbindungen (mit ihren peer-group-artigen, adoleszenten Vergemeinschaftungsformen, ihren ritualisierten Verhaltensweisen und Selbst-Inszenierungs-Realitäten) vor allem in den neuen Bundesländern (insbesondere in Brandenburg, Mecklenburg-Vorpommern, Sachsen-Anhalt) hinzuweisen. Von da gibt es wiederholt Berichte über Orte, in denen eine »braune Alltagskultur« (mit einem geistigen Klima, in dem solch ein Denken gedeihen kann) zum kommunalen Leben gehört, wie auch über Gruppen, die (kulturelle) Hegemonie in der Jugendszene in Kommunen und Schulen anstreben und mit dem

Stichwort »national befreite Zonen« verbunden werden; so wird aus Brandenburg im Frühjahr 1999 von etwa 40 bekannten »rechten Cliquen« berichtet.[7]

Über die rechte Jugendszene in den östlichen Bundesländern wird mit Überschriften wie »Der braune Alltag« (in: *Der Spiegel*, 23/1999) oder »Vernünftige junge Leute« (*Die Zeit*, Nr. 24/1999) und »Wo rechts gilt« (*Die Zeit*, Nr. 27/1999) berichtet. Damit wird eine Entwicklung angedeutet, mit der über einen langjährigen Zeitraum Stadtteile bzw. Siedlungen (abgesteckte Zonen), in Jugendclubs und -treffs ostdeutscher Städte rechtsradikalen Jugendlichen bzw. ihrer Dominanz überlassen werden; sie »sich im braunen Alltag eingerichtet haben« (*Der Spiegel*, 23/1999). Im Dossier von *Die Zeit* (Nr. 27/1999) wird ausführlich über einen Jugendtreff in der Kreisstadt Wurzen berichtet – für die extreme Rechte als Stadt ein »Modell einer gelungenen lokalen Kulturrevolution« –, zu dessen Stammpublikum »kahlköpfige junge Männer zwischen 16 und 30« aus der rechten Szene gehören.

Diese Strategie der extremen Rechten, kulturelle Dominanz zu gewinnen, bzw. herzustellen, kann aus der Mischung von Verhaltensweisen abgelesen werden, die sich folgendermaßen darstellt: szenetypische und politische Dominanz (»National befreite Zonen«), gesellschaftlich anerkannter Ordnungsfaktor (gegenüber Politik, Polizei), normaler Ansprechpartner (für Politik, Behörden), Mitarbeit in Vereinen (Schützenvereine) und bei der Pflege rechter Traditionen (Kriegerdenkmale) und sozialarbeiterisch-helfender Partner im sozialen Umfeld (als ordentliche, anständige deutsche Jugend). In autoritären Gehorsamsstrukturen wird »Volksgemeinschaftsideolgie« propagiert und Gewalt instrumentell eingesetzt.

4. Die Analyse der Daten zeigt, daß es in Hessen einige lokale und regionale »Zentren« gibt; so kommen aus einigen Landkreisen der drei Regierungsbezirke mehrere Nennungen: Aus dem Main-Kinzig-Kreis und dem Schwalm-Eder-Kreis sind es jeweils fünf, dann kommen vier Hinweise aus dem Landkreise Marburg-Biedenkopf und jeweils drei aus den Landkreisen Darmstadt-Dieburg und Hersfeld-Rotenburg. Ein Blick in die 40 Mitteilungen der Städte und Gemeinden sowie der Jugendringe zeigt gleichzei-

tig, daß sie insgesamt durch ganz Hessen gestreut sind (siehe Hessenkarte).
Der Blick auf die Gemeindegrößen zeigt, daß 36 Prozent der Mitteilungen von Stadtjugendpflegen aus Orten mit weniger als 20.000 Einwohnern kommen. Da diese jedoch fast dreiviertel des Samples ausmachen, muß der Schluß, es handele sich primär um ein Problem von kleineren Städten und ländlichen Gemeinden, relativiert werden; ein eindeutiges Stadt-Land-Gefälle ist daraus nicht ableitbar. Ferner ist davon auszugehen, daß die Jugendpflegen in kleineren, überschaubaren Gemeinden und Städten solche Entwicklungen eher wahrnehmen bzw. wahrnehmen können; nur in einer Stadt (Hanau) wurden – auf Initiative des Jugendamtes – auch Jugendtreffs/-clubs der Stadtteile in die Befragung mit einbezogen. Nur eine solche Befragungsstrategie hätte für die größeren Städte ein differenziertes und realitätsgerechtes Bild ergeben.

5. Die hier skizzierten Cliquen und Gruppen lassen nach Rückhalt und Ressource für Prozesse der Identitätsbildung (Männlichkeitsstereotype), nach Aktivitäten und Treffpunkten für das experimentelle Austesten und Codieren von gesellschaftlichen Möglichkeiten (auch der Regulierung von Affekten und von Aggressivität), nach den sozialisatorischen Bedingungen, dem So-Gewordensein, den prägenden Sozialisationserfahrungen/-faktoren in der Pubertät und Adoleszenz, der Ausbildung von – auch längerfristigen – Mentalitäten (und Männlichkeitsentwürfen) fragen. Weitere Fragen sind: Ob und in welchem Ausmaß gestalten die Individuen die soziale Wirklichkeit mit, an der sie im Falle von »Gewalt und Rechtsextremismus« dann scheitern? Haben wir es mit schädlichen regressiven Phänomenen, mit einem »gewissen Maß von Entwicklungshemmung« (Freud) zu tun, weil es keine entwickelten Formen (Freud spricht von »höheren Stufen«) gibt, »Befriedigungsziele« zu erreichen? Haben solche – möglicherweise einzigen, vielleicht dominanten – Gesellungsformen, Erfahrungen und mentalen Prägungen von Jugendlichen eher einen vorübergehenden Charakter, weil sie als passagere Verhaltensepisode der Jugendphase angehören? Sind sie damit Übergangserfahrungen/-phänomene (im Sinne von Winnicott) in der Ausbildung von (Geschlechter-)Identität (Männlichkeits- und

Weiblichkeitsbilder), die sich mit dem Erwachsenwerden und der Einbindung in die Erwachsenengesellschaft (in Arbeit, Einkommen, Beziehung, Familie, Eigentum etc.) biographisch verändern und auflösen? Oder sind sie »Einstiege«, Schleusen und »Durchlauferhitzer« für längerfristige, sich verfestigende mentale Haltungen und Orientierungen, deren Entstehung, Ausprägung und Folgewirkung (in mentalitätsgeschichtlicher und struktureller Perspektive) bisher kaum im Blick sind? Werden die so geprägten Jugendlichen – in weiteren Einstiegs-, Radikalisierungs- und Verfestigungsprozessen – dann mit aggressivem Habitus und völkischem Denken zu Unterstützern oder gar Trägern einer »neuen rechten Kultur«, von deren Organisationen und Milieus? Welche Nachwirkungen (Langzeitwirkungen) können solche emotional-ästhetischen Prägungen, Sehnsuchtsmotive und konkreten Erlebnisqualitäten »bis ins hohe Alter« haben?

6. Für eine demokratische Jugendpolitik und -pädagogik ist zu klären, ob und wie sie solche Jugendliche erreichen kann, was ihr konstruktiver Beitrag sein soll und kann, diese in demokratischer, prosozialer und autonomiefördernder Absicht aufklärend und emotional zu »beeinflussen«, Deeskalations- und Ausstiegsprozesse zu fördern bzw. zu ermöglichen. Für diese Perspektive – die Jugendliche vor allem auch moralisch und ethisch beeinflussen will – bedarf es des politischen Wollens und finanzieller »Rückendeckung« sowie eines Investitionsdenkens für präventive (im Sinne entwicklungsfördernder) Angebote; ferner bedarf es einer geduldigen pädagogischen Alltagspraxis (dem »Bohren dicker Bretter mit Leidenschaft und Augenmaß«) mit einem positiven Interaktionsklima, einer kontinuierlichen Kommunikation sowie einer deutlichen Markierung der Grenzen von Pädagogik und Jugendarbeit. Diese sind nur ein bescheidener – wenn auch bedeutsamer – Teil von politischen und gesellschaftlichen und vor allem auch emotionalen Sozialisationsprozessen, der Entwicklung von Deutungen sowie von Problemlösungen, die auf soziale Integration, kulturelle Pluralität und eine tolerante, Ambivalenzen aushaltende demokratische Kultur zielen; die gleichzeitig danach fragen, auf welche Weise Heranwachsende zu Mitgliedern einer Gesellschaft werden und wie sie sich entwickeln. Dabei wer-

den Sozialisationsprozesse nicht nur als Formung und Bildung einer Persönlichkeit durch äußere Einflüsse verstanden, die den Individuen als Akteuren keinen eigenen, aktiven und realitätsverarbeitenden Part beimessen. Ein solches interaktives Verständnis der Entwicklung des Subjektes bedeutet (als Verhältnis von Individuum und Umwelt) hier, daß Jugendliche sich alltagspraktisch in »rechten« Cliquen, sozialen Interaktionen und Prozessen »bilden« und sozialisieren, deren Wirkungen für die Persönlichkeit bisher empirisch nicht erforscht und deren sozialisationstheoretischer und -politischer Kontext – als spezifische Strukturierung der Realität durch das Subjekt – kaum diskutiert sind.[8]
Unter dem Blickwinkel der Prävention sind Bildungs- und Jugendhilfeeinrichtungen – neben der Familie – die einzigen gesellschaftlichen Institutionen, die der Ausbreitung männlich-jugendlicher Gewalt und rassistischer, rechtsextremer Orientierungen mit Hoffnung auf Wirksamkeit entgegentreten können. Der Beantwortung der Fragen nach den Chancen der prägenden (Nach-) Sozialisation bei existentiellen Verunsicherungen (materieller und sozialer Ausgrenzung), von Emotionen (Mitgefühl, Empathie), von Mitverantwortung, Werten, Regeln und Regelverständnis bzw. emotionalen Schemata, sowie von Wertschätzung, sozialer Anerkennung und Gemeinschaftsbindungen in Beziehungsstrukturen und Lebenskontexten der Familie, Schule und Jugendhilfe, wird dabei eine besondere Bedeutung zukommen.

7. Die Befragung hat gezeigt, daß die »rechte Szene« mit ihren Gesellungsformen und Aktivitäten ein sehr heterogenes Feld ist; das zeigen auch die Expertenbefragungen und Recherchen von Bernd Wagner (1999) für die neuen Bundesländer. Solchen differenzierten Betrachtungen und empirischen Typologien haben pädagogische Überlegungen zu folgen, »sie sind Voraussetzung für den praktischen Zugang zu Gruppierungen und für ein differenzierendes Verständnis im Bereich der Polizei und dem der Justiz sowie für Ziele demokratischer Initiativen«.[9] Hier gilt es an die – vielfach beschriebenen – Klärungen und vorliegenden Erfahrungen aus den letzten Jahren anzuknüpfen, die mit den Stichworten »niedrigschwellige Jugendarbeit« (Koch/Behn), »(cliquen)akzeptierende Jugendarbeit« (Krafeld), »konfrontative Pädagogik« und

»Anti-Aggressionstraining« oder auch Begründungen in der Denktradition einer »Kultur der Anerkennung« (Honneth) ausgewiesen sind. Konzeptionell-praktische Angebote der Jugendarbeit begründen sich aus erlebnis-, kultur-, bewegungs- und körperbezogenen Konzepten sowie aus neuen Formen der (pädagogischen) Vernetzungen in der Jugendhilfe, mit der Schule und anderen Institutionen, Einrichtungen und Trägern.

8. Neben der praktischen Ebene von erziehenden, bildenden und beratenden Angeboten in der Schule und der Jugendarbeit, die sich als moralische Einrichtungen in ihrem Alltag, in ihrer alltäglichen Praxis (und nicht »nur« curricular und in besonderen Projekten) glaubwürdig mit den Entwicklungen, konkreten Vorfällen und agierenden Jugendlichen auseinanderzusetzen und »Störungen einer menschenwürdigen Praxis« (Oevermann) zurückzuweisen haben, scheint ein weiteres Angebot von Bedeutung zu sein. Hier geht es um Gesprächs- und Bildungsmöglichkeiten für Eltern, die Entwicklungen (wie Outfit, Aufnäher, Sprüche, Kontakte, Treffen, Einbindung) meist bei ihrem Sohn bzw. einem ihrer Söhne zu registrieren; neben Desinteresse, Unkenntnis (oder auch Sympathie) verweist ein weiterer Umgang von Eltern mit ihren Kindern auf Unsicherheit, Verunsicherung und Ratlosigkeit. Die Jugendlichen werden bisher weitgehend mit »ihren Problemen« allein gelassen.[10] Der konkrete Bedarf verweist – neben der Agenda kommunaler Politik und Öffentlichkeit, republikanischem Mut, der Einrichtung von »runden Tischen« und Präventionsräten, Kriseninterventionsteams in Schulen, Aktionsprogrammen (wie »Aktion Courage e. V.«, »Schule ohne Rassismus«, »Tolerantes Brandenburg«, »Für ein demokratisches und weltoffenes Sachsen-Anhalt«) – auf Angebote von Austausch und Reflexion, die von Pädagoginnen und Pädagogen aus der Jugendpflege/-bildung, aus der Erwachsenenbildung, von Kirchen und Schulen ausgehen und initiiert werden könnten und – mit Blick auf die Eltern der Jugendlichen – in der Tradition von Elternarbeit, von Selbsthilfe- und Beratungsgruppen im Stadtteil stehen könnten.[11]

Anmerkungen

1 Angeschrieben wurden alle 206 dem Landesjugendamt Hessen vorliegenden Kreis-, Stadt- und Gemeindejugendpflegen; bei der Auswertung wurden die angeschriebenen Außenstellen und Kreisjugendpflegen den jeweiligen »Zentralen« zugerechnet; das gilt auch für Mitteilungen aus Stadtteilen. Mehrere Jugendpflegen haben ihre dezentralen Einrichtungen (insb. Jugendhäuser/-clubs) in die Untersuchung einbezogen. In die Auswertung gehen insgesamt 209 Jugendpflegen ein, weil sich drei weitere beteiligt haben, deren Anschriften zunächst nicht vorlagen. Die Adressen der Kreis-, Stadt- und Ortsjugendringe wurden vom Hessischen Jugendring e.V. zur Verfügung gestellt. Vereinzelt gab es Mitteilungen von freien Trägern der Jugendarbeit (vor allem von Kirchengemeinden), die nicht in die Untersuchung einbezogen waren; ihnen waren »keine Gruppen/Cliquen, Treffpunkte und Aktivitäten bekannt«.

2 Alle Prozentzahlen sind gerundet.

3 Stadtjugendpflege meint hier alle kreisfreien Städte und alle kreisangehörigen Städte und Gemeinden.

4 Neuere Erkenntnisse und Berichte aus pädagogischen Projekten mit Fußballfans verweisen auf eine »neue Qualität des Rechtsextremismus«, auf eine aggressive Zurschaustellung von fremdenfeindlichen und rechtsextremistischen Symbolen, auf eine Tendenz zu codierten Symbolen und Ritualen, auf »rechtsgerichtete Einstellungen«, auf modische Attitüden, »rechts zu sein« und auf die »jünger werdenden Täter« in den neuen und alten Bundesländern (so u.a. berichtet beim zehnten BAG-Jahrestreffen der Fan-Projekte am 10. März 1999 in Duisburg). In der BAG arbeiten 28 Fan-Projekte zusammen.

5 Vgl. hierzu: Armgard Schnöckel, Rainer Dollase, Susanne Schulz, Sind Lokalpatrioten fremdenfeindlich?, in: Rainer Dollase, Thomas Kliche, Helmut Moser (Hg.), Politische Psychologie und Fremdenfeindlichkeit, Weimar und München 1999, S. 131–148.

6 Die neue rechte Jugendkultur wird für die neuen Bundesländer anschaulich von Bernd Wagner beschrieben. Er differenziert das heterogene Feld nach den sechs Merkmalen: soziale, altersmäßige Zusammensetzung; geschlechtsmäßige Zusammensetzung, Aktivitätsrichtungen und -intensitäten, Ideologievorrat und Internalisierungsfolien von Ideologiesequenzen; Gewaltausprägung, den Umgang mit Gewalt; Grad der Einbindung in rechtsextreme Strukturen. Für die Kommunen bietet er zwölf Strukturtypen – von »losen« bis hin zu »paramilitärischen« Gruppen – an. Vgl. Bernd Wagner, Rechtsextreme Milieus im Osten, in: Jens Mecklenburg (Hg.), Braune Gefahr, Berlin 1999, S. 238–267. Im Verfassungsschutzbericht 1998 (Bonn 1999) heißt es u.a.: »Schwerpunkte der Skinheadszene finden sich in den neuen Ländern – hier vor allem in Ost- und Südthüringen, in Südbrandenburg und Westsachsen – sowie in Ballungsräumen und den Großstädten Frankfurt/Oder und Berlin. An einzelnen regionalen Brennpunkten gibt es inzwischen Bereiche (z.B. Jugendzentren), in denen Rechtsextremisten faktisch den Ton angeben: meistens in Form von Drohungen oder körperlicher Gewalt.Vor allem die Medien bezeichnen diese Orte häufig als ›befreite Zonen.‹« Interessant wären in der weiteren Forschung auch vergleichende Betrachtungen zwischen »westlichen« und »östlichen« Cli-

quen, Biographien, Treffpunkten und Aktivitäten. Zur Einschätzung der rechtsextremen Parteien vgl.: Hans-Gerd Jaschke, Die rechtsextremen Parteien nach der Bundestagswahl 1998: Stehen Sie sich selbst im Wege?, in: Oskar Niedermayer (Hg.), Die Parteien nach der Bundestagswahl, Opladen 1999, S. 141–157.

7 Für die neuen Bundesländer kommt Wilhelm Heitmeyer zu der Einschätzung: »Die ›erfolgreichste‹ politische Sozialisation und das effektivste Handeln von Jugendlichen läuft m. E. derzeit in Dörfern und Kleinstädten Ostdeutschlands, insbesondere Brandenburgs ab, in denen rechtsextremistische Jugendgruppen mit dem ›Konzept‹ der ›National befreiten Zonen‹ operieren, vielfach auch nur darüber faseln«, S. 192, Vgl.: ders., Ist der rückständige Rechtsextremismus zukunftsträchtig?, in: Rainer Dollase u. a., ebda., S. 187–197. Die Hinweise von Christian Pfeiffer verweisen für die Delikte in den neuen Bundesländern vor allem auf den Cliquenbezug, sie werden »fast durchweg aus Gruppen heraus« begangen. Dies stellt er u. a. in den – umstrittenen und kontrovers diskutierten – Zusammenhang des emotional (»zu kurz gekommen«) und mental (»aufeinander verlassen können und Anerkennung in der Gruppe«) folgenreichen DDR-spezifischen Erziehungssystems bzw. Erziehungsschicksalen von Kindern und Jugendlichen, wie auch einer als intolerant und ausländerfeindlich erlebten Familienkultur (Debattenbeitrag in: *Der Spiegel*, 12/1999, S. 60 - 66). Vgl. zu den jugendpolitischen und -pädagogischen Erfahrungen in den neuen Bundesländern auch die von Jürgen Fuchs, Dieter Kreft und Rolf-Peter Löhr herausgegebenen fünf Bände, die das AgAG-Programm der Bundesregierung dokumentieren, Münster 1997; siehe auch Reinhard Koch/Sabine Behn, Gewaltbereite Jugendkulturen, Weinheim und Basel 1997. Die Zunahme der Mitglieder im Bereich des organisierten Rechtsextremismus im Jahre 1998 geht vor allem auf die neuen Mitgliedschaften von jungen Männern zurück; insgesamt ist die Mitgliederzahl nach Angaben des Bundesamtes für Verfassungsschutz gegenüber 1997 (mit 48.400) um 10,7 Prozent auf 53.600 gestiegen. Rund 46 Prozent der 11.049 Straftaten »mit erwiesenem und zu vermutendem rechtsextremistischen Hintergrund« wurden in den neuen Bundesländern registriert. Im Bericht für das Jahr 1998 heißt es: »Der überproportionale Anteil der Gewalttaten in Ostdeutschland dürfte auf ein relativ ausgeprägtes Skinheadmilieu zurückgehen.«

8 Zu neueren subjekt- und identitätstheoretischen Überlegungen vgl. die Beiträge in: Hans Rudolf Leu/Lothar Krappmann (Hg.), Zwischen Autonomie und Verbundenheit, Frankfurt/M 1999. U. a. werden von Leu vier Identitätszustände (Typen) diskutiert: die »übernommene Identität«, die »diffuse Identität«, das »Moratorium« und die »erarbeitete Identität« , S. 81f.

9 Wagner 1999, S. 253.

10 Der Bedarf wurde auch aus Hinweisen im Rahmen des Untersuchungsprojektes deutlich; es gab Anrufe von Erwachsenen (Eltern, Pfarrern), die nach Möglichkeiten der Beratung und Hilfe für »betroffene Eltern« gefragt haben.

11 In den Programmen und Aufrufen finden sich vielfältige Hinweise – vom einzelnen Bürger bis hin zu Institutionen –, der rechtsextremen Gewalt entgegenzuwirken.

Weitere Literaturhinweise im Text

Sigmund Freud, Gesichtspunkte der Entwicklung und Regression. Ätiologie (22. Vorlesung), Die Wege der Symptombildung (23. Vorlesung) in: ders., Vorlesung zur Einführung in die Psychoanalyse, Bd. I, Frankfurt/M. 1969, S. 333–366

Axel Honneth, Kampf um Anerkennung, Frankfurt/M. 1998

Franz Josef Krafeld, Die Praxis Akzeptierender Jugendarbeit, Opladen 1996

Ulrich Oevermann, Zur soziologischen Erklärung und öffentlichen Interpretation von Phänomenen der Gewalt und des Rechtsextremismus bei Jugendlichen. Zugleich eine Analyse des kulturnationalen Syndroms, in: Hans-Dieter König (Hg.), Sozialpsychologie des Rechtsextremismus, Frankfurt/M. 1998, S. 83–125

Donald W. Winnicott, Kind, Familie, Umwelt, (5. Auflage) München 1992

Christoph Butterwegge

Möglichkeiten und Grenzen sozialpädagogischer Intervention bzw. Gewaltprävention

Jugendarbeit zwischen Antifaschismus, Ausgrenzung und Akzeptanz

Ein wesentliches Defizit der Diskussion über Strategien zur Eindämmung des Rechtsextremismus und fremdenfeindlicher (Jugend-)Gewalt während der letzten Jahre bestand in ihrer Fokussierung auf die (sozial)pädagogischen Ansätze. Demgegenüber kamen andere gesellschaftliche Bereiche, vor allem die Verantwortung der Politik und ihrer unterschiedlichen Handlungsfelder (angefangen bei der Außen- und Außenwirtschafts- über die Wirtschafts- und Sozial-, Bildungs-, Kultur- und Jugendpolitik bis zur Kommunalpolitik), viel zu kurz. Michael Schaller sieht in der Überbetonung sozialpädagogischer Momente eine »Verdrängung von notwendigen inhaltlichen Widersprüchen und Auseinandersetzungen zugunsten kompensatorischer Komponenten«, die höchst gefährlich sei.[1]

Die akzeptierende Jugendarbeit – ein akzeptables Konzept zur Eindämmung von Gewalt?

In der (Medien-)Öffentlichkeit fand das Konzept der »akzeptierenden Jugendarbeit« die größte Aufmerksamkeit. Es gilt als praktische Konsequenz aus der »Modernisierungsverlierer«-Theorie, die in gewaltbereiten Jugendlichen weniger Täter als Opfer (der »Risikogesellschaft«) zu sehen glaubt.[2] Entwickelt wurde dieser Ansatz in Auseinandersetzung mit Formen antifaschistischer Jugendarbeit, die man kurzerhand für gescheitert, hilflos und überholt erklärte. Antifaschismus sei reaktiv angelegt und schon vom Begriff her nicht auf das Positive, sondern negativ ausgerichtet,

konstatiert etwa Franz Josef Krafeld,[3] der diese Aktivitäten gleichzeitig als defensiv kritisiert.
Demgegenüber betont Johannes Klotz das utopische Potential des Antifaschismus, der sich seiner Zielsetzung nach keineswegs auf das Hier und Jetzt beschränke. »Antifaschismus ist (...) nicht bloß Gegenentwurf, sondern gleichzeitig Entwurf einer demokratischen Gesellschaft, der durch die Negation der gesellschaftlichen Strukturen bestimmt wird, die den Faschismus ermöglichen und sich positiv durch strukturverändernde Eingriffe in die kapitalistische Ordnung im Spiegel verschiedener Sozialismusbilder äußert.«[4] Durch den (von oben) »verordneten Antifaschismus« (Ralph Giordano) zu DDR-Zeiten diskreditiert, ist er als politischer Kampfbegriff höchstens noch partiell tauglich, erst recht jedoch nicht als Konzept für die Jugend(bildungs)arbeit,[5] auch wenn Georg Auernheimer die Notwendigkeit unterstreicht, der Herausforderung durch Neonazis mit dieser adäquaten Methode zu begegnen: »Solange sich rechtsextreme, rassistische Gruppen in Deutschland – Rassismus ist ein Kernelement rechtsextremer Ideologie – in Formen artikulieren, die an die Nazi-Ideologie erinnern – sie brauchen sich gar nicht direkt darauf zu berufen –, solange wird antirassistische Erziehung auch antifaschistische Erziehung sein müssen.«[6]
Umgekehrt erscheint die akzeptierende Jugendarbeit vielen Kritikern als resignativ, weil sie nicht mehr daran glaubt, Aufklärungsprozesse in Gang setzen und die Positionen ihrer Klientel durch eine rationale, Andersdenkende überzeugende Argumentation beeinflussen zu können. Vielmehr geht es ihr vorrangig um »personenbezogenen Austausch« statt um »sachbezogenes Überzeugen«, wie der Begründer dieses Konzepts bemerkt.[7] »Der Ansatz stellt die *Beziehungsarbeit*, die auf Akzeptanz und gegenseitigem Vertrauen basiert, in den Vordergrund.«[8] Im persönlichen Umgang miteinander sollen die Lebenssituationen gewaltbereiter Jugendlicher geordnet, nicht deren Schlußfolgerungen aus solchen Schwierigkeiten durch politisches Handeln bekämpft werden: »Akzeptierende Arbeit bedeutet damit, das einzelne Subjekt mit seinen authentischen Bedürfnissen in den Mittelpunkt der Arbeit zu stellen, dabei die jugendszenischen Selbstinszenierungen (z.B. als Skinhead) als subjektive Lebenssteigerungsversuche

zu sehen und auf dieser Basis eine Atmosphäre der Kooperation anzustreben.«[9]

Man konzentriert sich auf die Betreuung, Beratung und Befriedung gewaltbereiter Jugendlicher, ohne deren Einstellung gegenüber Ausländern, Frauen, Homosexuellen, Behinderten und anderen Minderheiten zu problematisieren oder ihre rechte Gesinnung explizit zu thematisieren, was dem Vorwurf einer Entpolitisierung der Jugend-, Bildungs- und Sozialarbeit (durch Subjektorientierung und Betroffenheitspädagogik), wie ihn beispielsweise Christian Glaß erhebt,[10] neue Nahrung gab.

Wenn die akzeptierende Jugendarbeit bei Jugendlichen überhaupt eine politische Wirkung erzielt, dann nur über die persönlichen Beziehungen. Sie grenzt nach rechts tendierende und gewalttätige Jugendliche nicht mehr aus, sondern bemüht sich um ein Vertrauensverhältnis zu ihnen, ohne sie belehren oder gar »bekehren« zu wollen. Ansatzpunkt solcher Projekte sind nicht Probleme, die rechte Jugendszenen *machen*, vielmehr Probleme, die sie *haben*. Die Jugendlichen werden an- und ernstgenommen, wie sie sind: mit ihren politischen Auffassungen, rassistischen und sexistischen Sprüchen, ihrer Aggressivität und Gewaltbereitschaft, ihrem Hang zur Provokation sowie ihrer Alkohol- und Drogenabhängigkeit.

Die Kritik entzündete sich am Begriff der Akzeptanz, durch den sich selbst Sozialpädagog(inn)en provoziert fühlen, die dem damit bezeichneten Konzept positiv gegenüberstehen, was unter seinen Befürwortern intensive Diskussionen darüber auslöste, ob sie das Reizwort fallenlassen sollten. Der in Anlehnung an die »akzeptierende Drogenarbeit« gewählte Terminus läßt offen, *was* akzeptiert werden soll: die Personen mit einer rechten, nationalistischen bzw. rassistischen Orientierung oder diese Orientierung selbst.[11] Der terminologische Analogieschluß vernebelt wahrscheinlich mehr, als er verdeutlicht, zumal die Übernahme rechter oder rechtsextremer Einstellungen nichts mit einer Krankheit gemein hat: Faschisten sind keine Fixer, Skinheads keine Junkies und Hooligans keine Heroinsüchtigen!

Den konservativen Grundzug der akzeptierenden Jugendarbeit betonend, kritisiert Werner Helsper, daß die Veränderung zum

Positiven nur ein »Abfallprodukt der Akzeptanz« sei, aber genausogut ausbleiben könne, wenn sich die Jugendlichen gegenüber »empathischem Verstehen« als resistent erwiesen oder mit solchen pädagogischen Settings gar »instrumentell« umgingen: »Prinzipielle Akzeptanz wird wie eine pädagogische Zauberformel gegen die Kontingenz des pädagogischen Prozesses gesetzt.«[12]

Das Verständnis für von Identitäts- und Orientierungsproblemen heimgesuchte Jugendliche hilft, mit diesen ins Gespräch zu kommen, sie kennenzulernen und ihnen neue Handlungschancen zu eröffnen, andere Erfahrungen zu machen und gewaltfreie Lösungen für manche Konflikte zu finden. Verständigungs- und Verständnisbereitschaft dürfen freilich nicht bis zur Komplizenschaft oder Kumpanei reichen. Das im ersten Moment plausible Argument, die Betreuer/innen gewaltbereiter Jugendlicher dürften sich ideologisch nicht weit von diesen entfernen, überzeugt letztendlich nicht: »Würde man diesen Grundgedanken auf die Drogenarbeit übertragen, müßte man Drogenabhängige einstellen, um Menschen vom Drogenkonsum abzubringen. (...) Jugendarbeit mit ›rechten‹ Jugendlichen durch ›rechte‹ Sozialarbeiter führt zu einer Verfestigung der diffusen ideologischen Vorstellungen der Jugendlichen.«[13] Zwar wäre es sicher falsch, auf jede Annäherung organisierter Neonazis sofort mit dem Abbruch eines Projekts zu reagieren, aber selbst wenn akzeptierende Jugendarbeit nicht alles akzeptiert, sondern nur einzelne Personen ernst nimmt, ohne die von ihnen vertretenen Positionen gutzuheißen, kann sie zum Einfallstor für rechtsextreme Ideologeme werden.

In den neuen Bundesländern machten viele Träger aus der Not eine Tugend: Da weder entsprechend qualifizierte Sozialarbeiter/innen noch Mittel für ihre Entlohnung zur Verfügung standen, begnügte man sich meist mit fachfremden, professionell überforderten Arbeitskräften, die improvisieren und sich auf primitive Formen der Beziehungsarbeit kaprizieren mußten, zumal ihre mentale, politische und ideologische Verunsicherung durch die DDR-»Wende« keine inhaltliche Auseinandersetzung mit rechten Jugendlichen erlaubte. Was das 1992 bis 1994 vom Bundesministerium für Frauen und Jugend finanzierte und zwei weitere Jahre zusammen mit ostdeutschen Ländern und Gemeinden fortgeführte »Aktionsprogramm gegen Aggression und Gewalt« (AgAG)

seinen wissenschaftlichen Begleiter(inne)n als »interessantes fachpolitisches Beispiel« und »Lernfeld für Innovation und neues Denken« erscheinen läßt,[14] war in Wirklichkeit die Nebenfolge einer unzureichenden Ausstattung und der fehlenden Einbettung in die Strukturen einer funktionierenden Jugend(sozial)arbeit vor Ort. Bernd Bremen beklagt denn auch die »Ressourcenumschichtung von der Regel-Jugendarbeit hin zu fragwürdigen Sonderprogrammen für Problemgruppen« und hebt zu Recht die Notwendigkeit einer kontinuierlichen Förderung von langfristigen Perspektiven und Planungssicherheit der Jugend- und Sozialarbeit hervor.[15]
Eine kritische Bilanz der im AgAG-Rahmen geleisteten Jugendarbeit kommt darüber hinaus fast zwangsläufig zu dem Schluß, »dass eine Konzentration auf Problemgruppen einer präventiven und allgemeinen Zielsetzung weichen muss, um der Tatsache Rechnung zu tragen, dass die Anfälligkeit für rechtsextremistische und rassistische Orientierungen sich quer durch alle Bevölkerungsgruppen zieht und sich oft in die Unauffälligkeit der nicht nur jugendlichen Biedermänner – mögen diese auch weiblichen Geschlechts sein – hüllt«.[16]
Zuwendung, Beziehungsarbeit und persönliche Wärme sind schwerlich geeignet, die rechte Gewalt zu unterbinden. Vielmehr läuft die akzeptierende Jugendarbeit aufgrund ihrer Täterfixierung und ihrer Konzentration auf die Beziehungsebene leicht Gefahr, mit dem prekären Selbstwertgefühl von (potentiellen) Gewalttätern auch deren politische Überzeugungen zu stabilisieren. Die vorläufige Bilanz der akzeptierenden Jugendarbeit ist ernüchternd: Zwar wurden Verhaltensänderungen bei Fangruppen und Skinheadszenen erreicht;[17] ihre Befürworter räumen jedoch ein, daß es nur selten gelang, die rechte Weltanschauung bei den Jugendlichen zu überwinden.[18]

Deutlich unterschieden werden muß zwischen dem *Konzept* der akzeptierenden Jugendarbeit, das nicht pauschal abzuqualifizieren, sondern differenziert zu beurteilen ist, sowie seiner *Umsetzung.*
Besonders in den ostdeutschen Bundesländern war die Kinder- und Jugendhilfe häufig überfordert. Ludger Klein bemängelt, daß

Einrichtungen »akzeptierender Jugendarbeit« zu Häusern der offenen Tür wurden und ihre eigentliche Klientel – zu rechter Gewalt und Kriminalität neigende Cliquen – immer weniger erreichten.[19] Teilweise wurden jedoch Mitarbeiter beschäftigt, die mit der rechten Jugendszene sympathisierten und kooperierten.[20] Manchmal ging die jeglicher kritischer Distanz entbehrende »Kameraden- und Kumpelpädagogik« so weit, daß in Bezug auf eine Unterwanderung von rechts von »Nationalsozialarbeitern« gesprochen wurde, die mit Neofaschisten gemeinsame Sache machten und ihnen die Türen bestimmter Jugendtreffs öffneten. Sehr kritisch beurteilt der Berliner Journalist Burkhard Schröder die akzeptierende Jugendarbeit nach der »Wende« im Herbst 1989: »Die Sozialarbeit in den neuen Bundesländern krankt insgesamt daran, daß ihr die Politik ausgetrieben wurde. Nur wenige Sozialarbeiter, die in der rechtsextremistischen Szene arbeiten, sind willens und in der Lage, den Hintermännern ihrer Klientel ideologisch, moralisch und fachlich Paroli zu bieten.«[21] Auch der DVU-Aussteiger Jörg Fischer führt die Erfolge rechtsextremer Gruppen dort hauptsächlich auf die Hilflosigkeit der Sozialarbeit/-pädagogik in Ostdeutschland zurück. »Einige Jugendzentrumsleiter gaben zu, daß ihr Konzept der ›akzeptierenden Jugendarbeit‹ den organisierten Rechtsextremisten letztlich geholfen hat, ihre Basis auszubauen und Jugendzentren in rechtsradikale Treffpunkte und Rekrutierungsforen zu verwandeln.«[22]
Daher sollten die Möglichkeiten der akzeptierenden Jugendarbeit nicht überschätzt, ihre Grenzen immer wieder von neuem abgesteckt werden. Nur wenn sich die akzeptierende Jugendarbeit der durch gesellschaftliche Rahmenbedingungen, strukturelle Probleme und beschränkte Ressourcen gesetzten Schranken bewußt bleibt, kann sie einen Beitrag zur Verringerung rechter und rassistisch motivierter Gewalt leisten. Die meisten Projekte werden als »Prototyp des Billigmodells von Jugendsozialarbeit« mißbraucht, wohingegen ihren fachlichen Forderungen (z. B. nach Räumen für rechte Jugendliche) in den seltensten Fällen entsprochen wird.[23]
Ob eine Konfrontations- statt der Akzeptanzpädagogik, verbunden mit einer »Didaktik des Gegen«, wie sie Manfred Büttner empfiehlt,[24] die bessere Alternative darstellt, muß sich erst noch erweisen. Die pädagogische Gretchenfrage, ob rechte Gewalttäter

von Jugendarbeiter(inne)n ausgegrenzt oder einbezogen werden sollten, ist differenziert zu beantworten: »Eine Ausgrenzung von Funktionären und Führern rechtsextremer Organisationen und Bewegungen mag sinnvoll sein, die Ausgrenzung orientierungsuchender Jugendlicher zeitigt kontraproduktive Wirkungen und läuft darauf hinaus, die Jugendlichen kampflos den rechten Wortführern und Aktionisten zu überlassen.«[25]

Abenteuer- bzw. Erlebnispädagogik: Nutzen und Nachteile modischer Konzepte der Jugendarbeit

Eng verwandt mit und manchmal Teil der akzeptierenden Jugendarbeit ist die Abenteuer- bzw. Erlebnispädagogik.[26] Sie setzt aber noch mehr auf körperbezogene Aktivitätsangebote, Abenteuer, Spiele, Sport und spektakuläre Gruppenerlebnisse (Kanutouren, Kletterpartien, Segeltörns, Safaris), statt den Schwerpunkt auf die zwischenmenschliche Kommunikation und die Beziehungspflege zu legen. Ursprünglich ein reformpädagogisches Konzept, wird sie von der tendenziell zunehmenden Vermarktung ihrer Grundidee durch kommerzielle Anbieter beeinflußt und läuft sogar Gefahr, »rechte« Werte wie Maskulinität, Mut, Selbstdisziplin, Kraft, Heimatgefühle oder Nationalstolz zu fördern: »Im Extrem wird sie zu einer Art ›Tarzan-Pädagogik‹, die nur noch auf kurzatmige ›thrill-Einheiten‹ setzt und ihr Vorbild in der Erlebnisindustrie findet.«[27]

Richard Münchmeier hat auf solche Implikationen der Abenteuerpädagogik in aller Deutlichkeit hingewiesen: »Nicht immer sind erlebnispädagogische Maßnahmen frei von einem ›geheimen Lehrplan‹ konservativ-männlicher Tugenden: Härte gegen sich selbst, Selbstdisziplin, Beherrschung negativer Gefühle, Bereitschaft, sich in gegebene Strukturen einzuordnen, Suche nach archaischen (gefährlichen) Umwelten (Abenteuern).«[28] Der gewichtigste Einwand betrifft die Geschlechtsspezifik vieler, früher sogar sämtlicher Angebote der Erlebnispädagogik.[29] Im Unterschied zu vielen anderen Theorie- und Praxisfeldern der Pädagogik, die feministische Problemstellungen berücksichtigen, wird das Geschlechterproblem in der Erlebnispädagogik nicht thematisiert und reflektiert. Damit hinkt die Erlebnispädagogik hinter der allgemeinen gesellschaftlichen Entwicklung her. »Sie muß sich fragen lassen, ob sie nicht in einer ›Flucht nach hinten‹ anachronistische Männlichkeitsbilder konserviert, die Jungen bei der Entwicklung der erforderlichen neuen, anderen Geschlechtsidentität behindern. Sie muß sich fragen lassen, ob die durch Wagnis und Abenteuer erzogenen Jungen nicht in einem Identitätsmodell bestärkt werden, das angesichts der veränderten gesellschaftlichen Bedingungen wie auch der gewandelten Frauenrolle längst nicht mehr realitätstüchtig ist.«[30]

»Abenteuerpädagogik«, die rechten Skinheads beispielsweise durch Mountain-Biking, Bungee-Jumping, Free Climbing, Inline-Skating, Sky-Diving oder River-Rafting bei der Freizeitgestaltung hilft, dabei jedoch Heldenmythen kultiviert, also Männlichkeitswahn und Stärkekult stabilisiert, hat ihr Ziel verfehlt. Sie ist Opfer der »Ambivalenz des Abenteuers« in der Jugenderziehung geworden und der Herausforderung, Erlebnis und »action« auf emanzipatorische Weise in die Angebotspalette einer subjektbezogenen Pädagogik zu integrieren,[31] nicht gewachsen. Sport, Spiel und Spannung können die Langeweile vertreiben, aber nicht das Problem der zum Teil gewalttätigen Ausgrenzung von ethnischen Minderheiten beseitigen. »Abzulehnen sind von daher solche ›Erlebnisangebote‹ und erlebnispädagogischen Konzepte, die sich ›selbstgenügsam‹ auf das isolierte ›action machen und erleben‹ reduzieren und wegen ihres geringen und instabilen Befriedigungswertes die *regressive* Tendenz zu immer mehr ›Abenteuern‹ (und z.T. immer brutaleren Gewalttaten) nahelegen. Einen wirklichen Beitrag zur Förderung des eigenen Körpergefühls und -bewußtseins leisten nur solche Konzepte, die von der Grundeinsicht ausgehen, daß es im Gesamtprozeß der Lernentwicklung immer auch spezifische Formen körperlicher Widerständigkeit gibt, deren Überwindung Moment des weiteren Lernfortschritts ist.«[32]

Falsch ist eine *Täter*fixierung der Jugend- und Sozialarbeit, die das Problem rechter Gewalt als ein bloßes Rand(gruppen)phänomen begreift und seine Verwurzelung in der Gesellschaftsentwicklung übersieht. Neben der Erweiterung um die Opferperspektive und einer Durchdringung der inneren Dialektik des Täter-Opfer-Komplexes, wie sie etwa Andreas Buderus fordert,[33] ist ein gesamtgesellschaftlicher Reformprozeß notwendig. Denn jede Form der (Sozial-)Pädagogik muß scheitern, wenn sich die Politik nicht ändert. Kurt Möller konstatiert, daß eine rein pädagogisch-sozialarbeiterische Lösung der Gewaltproblematik illusionär wäre: »Zu tief sind ihre Ursachen in sozio-ökonomischen Entwicklungsprozessen angelegt, zu stark von politischen Regulierungen abhängig, zu breit in kulturellen Mustern eingelagert und damit letztlich zu fest im Zentrum der Gesellschaft verhaftet.«[34]

Durch interkulturelle Pädagogik staatliche Grenzen überwinden oder in den Köpfen reproduzieren?

Ein wichtiger Ansatz ist das Konzept des »interkulturellen Lernens«, freilich nur dann, wenn es sich nicht darin erschöpft, daß Städtepartnerschaften, Jugendbegegnungen und Schüleraustausche über Staatsgrenzen hinweg organisiert, vielmehr die unterschiedlichen sozialen Bedingungen, schlechtere Arbeits- und Lebensverhältnisse »der anderen« zum Gegenstand gemacht werden. Krise, Konflikt, Interessengegensätze und Solidarität bilden Schlüsselkategorien des interkulturellen Lernens.[35]

Frank-Olaf Radtke warnt vor einer interkulturellen Erziehung, die – gegen ihre eigene Intention – ethnische Differenzen durch deren (dauernde) Thematisierung zu perpetuieren drohe. Solcherart überakzentuierte Unterschiede zwischen den »Kulturkreisen« könnten nämlich als Ressourcen in der Auseinandersetzung bzw. Konkurrenz zwischen Jugendlichen mißbraucht werden. Angesetzt werden sollte seiner Meinung nach nicht an den Personen, die rassistische Vorurteile hegen, vielmehr an den Situationen, daraus erwachsenden Handlungsoptionen und Strukturen, die sie begrenzen.[36] Auch für Albert Scherr bildet interkulturelle Pädagogik in erster Linie die Antwort auf eine falsch gestellte Frage. »Für eine kritische Weiterentwicklung der Programmatik einer interkulturellen Pädagogik ist es (...) erforderlich, nicht naiv davon auszugehen, daß Migranten Fremde sind, die man verstehen muß, um Konflikte angemessen bewältigen zu können, sondern sowohl die Wahrnehmung von Fremdheit als auch darauf bezogene Verstehensbemühungen sind selbst im Kontext der durch ökonomische, rechtliche und politische Ungleichbehandlung sowie manifeste Diskriminierung hergestellten Konfliktsituation zu analysieren. Als Lerngegenstand sind also nicht die Migranten als Fremde, sondern gesellschaftliche Konstruktionen von Fremdheit, ihre Voraussetzungen, Formen und Folgen, zu konzipieren.«[37]

Kontakte zwischen deutschen und ausländischen Jugendlichen machen außerdem nur dann Sinn, wenn ihnen ein pädagogisches Konzept zugrunde liegt, das längerfristige Kooperationsbeziehungen schafft. »Ob tatsächlich rege und intensive Kontakte zwischen Deutschen und Ausländern entstehen, hängt wesentlich vom geistigen Klima ab.«[38] Nicht jede Fahrt ins Ausland und nicht jedes Treffen mit jungen Ausländer(inne)n bauen Vorurteile ab oder erleichtern die Kommunikation zwischen Jugendlichen unterschiedlicher Nationalität; bei unklarer Konzeption und schlechter Vorbereitung kann auch das Gegenteil passieren. Es reicht nicht aus, durch das gegenseitige Kennenlernen von »Land und Leuten« Mißverständnisse »zwischen den Kulturen« ausräumen zu wollen: »Macht und Herrschaft, ökonomisches Gefälle und Privilegien aufgrund des Passes, der sozialen Herkunft oder der Hautfarbe sind unmöglich als – womöglich kulturelles – ›Mißverständnis‹ zu analysieren und zu klären.«[39]

Als besonders wichtig erweisen sich Gemeinsamkeiten der interagierenden Gruppen, wie etwa gleiche soziale Kontexte, Herkunftsmilieus, Erfahrungshintergründe, Problemlagen und Hobbys, woraus die Chance erwächst, (vermeintliche) kulturelle Unterschiede über ein »gemeinsames Schicksal« zu relativieren: »Die vorher als Fremdgruppenmitglieder kategorisierten Personen werden so immer mehr als Individuen, als eigenständige Handlungszentren wahrgenommen und bewertet. Ihnen werden Eigenschaften, Fähigkeiten und Fertigkeiten zugeschrieben, die sich weder hinsichtlich der Bewertung (positiv – negativ) noch hinsichtlich des Differenzierungsgrads (individuell – gleichförmig) von den bei Eigengruppenmitgliedern beobachteten unterscheiden.«[40]

Ein originelles Konzept liegt dem Projekt »Internationales Lernen« zugrunde, das die vergleichende Jugendforschung mit Jugendbildungsarbeit (auch in Form internationaler Begegnungen) sowie einer Beratungs- bzw. Unterstützungspraxis für Jugendarbeiter/innen und -bildner/innen kombiniert.[41] Vergleiche mit der Situation anderer Länder dienen dazu, Probleme im Heimatstaat zu erkennen, differenzierter zu beurteilen und Lösungsmöglichkeiten ausfindig zu machen. Nur so läßt sich verhindern, daß Reiseaktivitäten von den Ursachen für die rassistische Gewalt ablenken und deren Bekämpfung in den Hintergrund drängen. »Internationale Begegnungsreisen dürfen kein Ersatz werden für die Auseinandersetzung mit den Bedingungen, die Fremdenfeindlichkeit in unserer Gesellschaft entstehen lassen.«[42] Letztlich reicht die interkulturelle Pädagogik genausowenig aus wie der Multikulturalismus. Notwendig sind vielmehr eine antirassistische Erziehung und Politik, die Vorurteile nicht zu »widerlegen« oder »auszutreiben« suchen, sondern ihre sozialökonomischen und politischen Grundlagen in Frage stellen.[43]

Anmerkungen

1 Siehe Michael Schaller, Etwas tun gegen Rassismus? – Zu Möglichkeiten, Ansätzen und Grenzen in der (Bildungs-)Arbeit mit Jugendlichen, in: Rudolf Leiprecht (Hg.), In Grenzen verstrickt. Jugendliche und Rassismus in Europa. Ergebnisse vergleichender Jugendforschung, Duisburg 1995, S. 299.

2 Vgl. beispielsweise Wilhelm Heitmeyer, Rechtsextremistische Orientierungen bei Jugendlichen, Weinheim/München 1987; ders. u. a., Die Bielefelder Rechtsextremismusstudie, Weinheim/München 1992; ders. u. a., Gewalt. Schattenseiten der Individualisierung bei Jugendlichen aus unterschiedlichen sozialen Milieus, Weinheim/München 1995; zur Kritik: Birgit Rommelspacher, Rechtsextremismus und Dominanzkultur, in: Andreas Foitzik u.a. (Hg.), »Ein Herrenvolk von Untertanen«. Rassismus – Nationalismus – Sexismus, Duisburg 1992, S. 81ff.; Christoph Butterwegge, Rechtsextremismus, Rassismus und Gewalt. Erklärungsmodelle in der Diskussion, Darmstadt 1996, S. 79ff.

3 Vgl. Franz Josef Krafeld, Die Praxis Akzeptierender Jugendarbeit. Konzepte – Erfahrungen – Analysen aus der Arbeit mit rechten Jugendcliquen, Opladen 1996, S. 24f.

4 Johannes Klotz, Antifaschismus und politische Bildung. Fragmentarische Überlegungen, in: Frank Deppe u. a. (Hg.), Antifaschismus, Heilbronn 1996, S. 526.

5 Vgl. Peter Dudek, Antifaschismus: Von einer politischen Kampfformel zum erziehungstheoretischen Grundbegriff?, in: *Zeitschrift für Pädagogik* 3/1990, S. 353ff.

6 Georg Auernheimer, Ist antifaschistische Erziehung heute überholt?, in: Frank Deppe u.a. (Hg.), Antifaschismus, a.a.O., S. 520.

7 Siehe Franz Josef Krafeld, Die Praxis Akzeptierender Jugendarbeit, a.a.O., S. 18.

8 Rüdiger Wurr/Irene Dittrich, Straßensozialarbeit und Jugendgewalt. Erfahrungen und Schlußfolgerungen aus Modellprojekten in Schleswig-Holstein, Kiel 1997, S. 73.

9 Gunda Heim u.a., Jugendarbeit mit rechten Jugendcliquen. Handlungsansätze aus der Praxis, in: Franz Josef Krafeld (Hg.), Akzeptierende Jugendarbeit mit rechten Jugendcliquen, Bremen 1992, S. 30.

10 Vgl. Christian Glaß, Politische Bildungsarbeit vs. Gewaltbereitschaft und Rechtsextremismus Jugendlicher, in: *Sozialwissenschaftliche Literatur Rundschau* 37 (1998), S. 70.

11 Vgl. Wolfgang Witte, Jugendarbeiter können nicht mit jeder Gruppe arbeiten, in: *Sozial Extra* 2/1993, S. 4.

12 Werner Helsper, (Sozial-)Pädagogische Programme gegen jugendliche Gewalt. Theoretische Reflexionen in praktischer Absicht, in: Wilfried Breyvogel (Hg.), Lust auf Randale. Jugendliche Gewalt gegen Fremde, Bonn 1993, S. 223.

13 Thomas Mücke/Judy Korn, Miteinander statt Gegeneinander. Neue Wege in der Jugendarbeit – Dialogversuch mit rechtsextrem orientierten Jugendlichen, in: Hubertus Heil u.a. (Hg.), Jugend und Gewalt. Über den Umgang mit gewaltbereiten Jugendlichen, Marburg 1993, S. 111.

14 Siehe Irina Bohn, Jugend – Gewalt – jugendpolitischer Umgang. Eine Bilanz des Aktionsprogramms gegen Aggression und Gewalt, in: Aus Politik und Zeitgeschichte. Beilage zur Wochenzeitung *Das Parlament* 31/1998, S. 45.

15 Siehe Bernd Bremen, Projekte gegen Ausländerfeindlichkeit und Gewalt – eine kritische Bilanz, in: *Deutsche Jugend* 11/1995, S. 481f.

16 Siehe Ute Schad, Vorurteile über den alltäglichen Rassismus. Rechtsradikale Jugendliche im großen Strom, in: *Deutsche Jugend* 11/1998, S. 483.

17 Vgl. Albert Scherr, Vom Antifaschismus zur »Heitmeyerei«? – Antikritisches zur Auseinandersetzung um eine Pädagogik mit rechtsorientierten Jugendlichen, in: ders. (Hg.), Jugendarbeit mit rechten Jugendlichen, Bielefeld 1992, S. 36.

18 Vgl. Monika Czernin, Arbeit mit rechten Jugendlichen, in: *Die Neue Gesellschaft/Frankfurter Hefte* 4/1993, S. 340.

19 Vgl. Ludger Klein, Maßnahmen gegen Rechtsextremismus und Fremdenfeindlichkeit. Eine kritische Bestandsaufnahme, in: Konrad Schacht u.a. (Hg.), Hilflos gegen Rechtsextremismus?, Ursachen – Handlungsfelder – Projekterfahrungen, Köln 1995, S. 112.

20 Vgl. Klaus Ness, Alles nur »Einzeltäter und verwirrte Jugendliche«? – Rechte Jugendszene, organisierter Neonazismus in Ostdeutschland, in: Hubertus Heil u.a. (Hg.), Jugend und Gewalt, a.a.O.

21 Burkhard Schröder, Im Griff der rechten Szene. Ostdeutsche Städte in Angst, Reinbek bei Hamburg 1997, S. 10f.

22 Jörg Fischer, Ganz rechts. Mein Leben in der DVU, Reinbek bei Hamburg 1999, S. 150.

23 Vgl. Andreas Buderus, Fünf Jahre Glatzenpflege auf Staatskosten. Jugendarbeit

zwischen Politik und Pädagogik, Bonn 1998, S. 124.

24 Vgl. dazu: Manfred Büttner, Projekt »Nationalsozialismus und Rassismus heute«, in: ders. (Hg.), Braune Saat in jungen Köpfen. Grundwissen und Konzepte für Unterricht und Erziehung gegen Neonazismus und Rechtsgewalt, Baltmannsweiler 1999, S. 267ff.

25 Rüdiger Wurr/Irene Dittrich, Straßensozialarbeit und Jugendgewalt, a.a.O., S. 71.

26 Vgl. dazu: Bernd Heckmair/Werner Michl, Erleben und Lernen. Einstieg in die Erlebnispädagogik, 2. Aufl. Neuwied/Kriftel/Berlin 1994.

27 Jürgen Schiedeck/Martin Stahlmann, »Tarzan-Pädagogik« oder Der »thrill« als pädagogische Maßeinheit, in: *Neue Praxis* 5/1994, S. 397.

28 Richard Münchmeier, Statement zur Podiumsdiskussion, in: Andreas Bedacht u.a. (Hg.), Erlebnispädagogik: Mode, Methode oder mehr? – Tagungsdokumentation des Forums Erlebnispädagogik, München 1992, S. 31.

29 Vgl. Frank Düchting, Alles was lebt, erlebt was. Das interessante Verhältnis von »Erlebnispädagogik« und Jugendarbeit, in: *Neue Praxis* 5/1994, S. 408.

30 Lotte Rose, Abenteuer und Geschlecht. Anregungen für eine neue Debatte in der Erlebnispädagogik, in: *Sozial Extra* 3/1993, S. 6.

31 Vgl. Benno Hafeneger, Der politische Mißbrauch des Abenteuers. Wie Rechtsextreme sich erlebnispädagogische Ansätze zu eigen machen – Fünf Thesen zur Ambivalenz einer »neuen Pädagogik und Jugendarbeit«, in: *Sozial Extra* 3/1993, S. 12f.

32 Karl-Heinz Braun, Antifaschismus als unabschließbare Aufgabe einer pädagogischen Verantwortungsethik. Gedanken zur Aktualität und Aktualisierung von Theodor W. Adornos »Erziehung nach Auschwitz«, in: Frank Deppe u.a. (Hg.), Antifaschismus, a.a.O., S. 543.

33 Vgl. Andreas Buderus, Fünf Jahre Glatzenpflege auf Staatskosten, a.a.O., S. 143.

34 Kurt Möller, Gewalt und Rechtsextremismus. Konturen – Erklärungsansätze – Grundlinien politisch-pädagogischer Konsequenzen, in: ders./Siegfried Schiele (Hg.), Gewalt und Rechtsextremismus. Ideen und Projekte für soziale Arbeit und politische Bildung, Schwalbach im Taunus 1996, S. 35.

35 Vgl. Hendrik Otten, Multikulturelle Gesellschaft – oder: »Wer hat Angst vorm Schwarzen Mann?«, Anregungen für die politische Bildung, in: Bundeszentrale für politische Bildung (Hg.), Umbrüche in der Industriegesellschaft. Herausforderungen für die politische Bildung, Bonn 1990 (Schriftenreihe, Bd. 284), S. 290.

36 Vgl. Frank-Olaf Radtke, Multikulturalismus. Ein postmoderner Nachfahre des Nationalismus?, in: *Vorgänge* 117 (1992), S. 205.

37 Albert Scherr, Die Konstruktion von Fremdheit in sozialen Prozessen. Überlegungen zur Kritik und Weiterentwicklung interkultureller Pädagogik, in: *Neue Praxis* 1/1998, S. 56.

38 Nihat Öztürk, Der Umgang mit Rassismus und Fremdenfeindlichkeit. Zwischen Bagatellisierung und hilflosem Aktionismus, in: Peter Kühne u.a. (Hg.), Gewerkschaften und Einwanderung. Eine kritische Zwischenbilanz, Mit einem Vorwort von Jochen Richert, Köln 1994, S. 116.

39 Athanasios Marvakis, Ist der internationale Jugendaustausch eine Strategie gegen Rassismus und Nationalismus?, in: Rudolf Leiprecht (Hg.), In Grenzen verstrickt, a.a.O., S. 316f.

40 Alexander Thomas, Können interkulturelle Begegnungen Vorurteile verstärken?, in: ders. (Hg.), Psychologie und multikulturelle Gesellschaft. Problemanalysen und Problemlösungen. Ergebnisse des 14. Workshop-Kongresses der Sektion Politische Psychologie im Berufsverband Deutscher Psychologen (BDP) in Regensburg, Göttingen/Stuttgart 1994, S. 233.

41 Vgl. Rudolf Leiprecht/Josef Held, Vergleichende Jugendforschung als internationale Kooperation: das Projekt »Internationales Lernen«, in: Rudolf Leiprecht (Hg.), In Grenzen verstrickt, a.a.O., S. 8ff.

42 Annette Scheunpflug, Interkulturelle Begegnungen – eine Möglichkeit zum Abbau von Fremdenfeindlichkeit?, in: Heike Knortz (Hg.), Fremdenfeindlichkeit in Deutschland. Ein interdisziplinärer Diskussionsbeitrag, Frankfurt am Main 1994, S. 161.

43 Vgl. Eduard W. Kleber, Rassismus und Gewalt im Leben der Kinder, in: Fritz Böversen (Hg.), Den Umgang mit Fremden neu lernen. Ansätze zur Überwindung der Gewalt, Bielefeld 1997, S. 265.

Politische Bildung

Tanja Berg/Julika Bürgin/
Barbara Schäuble/Erik Weckel

Selbstverständlichkeiten in den Blick nehmen

Nicht-rassistische Bildungsarbeit als Seminarprinzip

»Jeder dritte Bürger der Europäischen Gemeinschaft bezeichnet sich selbst als ›ziemlich oder sehr rassistisch‹«, meldete die EU-Kommission zum Ende des »Europäischen Jahres gegen Rassismus« 1997. Eine Studie von Emnid stellt eine starke Ablehnung der BundesbürgerInnen gegenüber nichtchristlichen Religionen fest. Jede/r dritte hegt Bedenken gegen eine Lebensgemeinschaft mit einem Muslim/einer Muslimin, jede/r fünfte lehnt diese glatt ab (30 Prozent in Ostdeutschland). Hindus stoßen auf ähnlich hohe Abneigungen. JüdInnen werden ebenfalls zurückgewiesen.
Lange glaubten die Gewerkschaften, von der Rechtsentwicklung in der Gesellschaft ausgenommen zu sein. Bereits 1995 stellten Held/Horn/Marvakis[1] jedoch fest, daß gewerkschaftlich organisierte Jugendliche rassistische, nationalistische und ausgrenzende Orientierungen sogar stärker befürworten als unorganisierte. Mit der Studie »Das rechtsextreme Wählerpotential bei Gewerkschaftsmitgliedern«[2], die das Institut dimap infratest im Auftrag des WDR durchführte, wurde dieses Ergebnis auch für die Gruppe der Erwachsenen bestätigt. Sieben Prozent der Befragten, die nicht Mitglied einer Gewerkschaft sind, gaben an, bei der Bundestagswahl 1998 »sicher« oder »vielleicht« die DVU oder die Republikaner zu wählen. Bei den Gewerkschaftsmitgliedern betrug dieser Anteil elf Prozent. In der Gruppe der 18- bis 24jährigen ist der Unterschied am stärksten und das Ergebnis am erschreckendsten: 32 Prozent der Gewerkschaftsmitglieder und 17 Prozent der Nichtmitglieder würden DVU oder REP wählen – nach der NPD wurde dabei noch nicht einmal gefragt.
Aus derartigen Untersuchungsergebnissen müssen Schlüsse gezogen werden, darüber besteht innerhalb der Gewerkschaften weit-

gehende Einigkeit. Welche Schlüsse jedoch zu ziehen sind, und welche Reichweite diese haben sollen, ist nach wie vor nicht bestimmt. Daß die gewerkschaftliche Bildungsarbeit gegen Rassismus ernster genommen wird und verstärkt werden soll, ist eine ebenso positive, wie auch eingeschränkt-weitreichende Schlußfolgerung, da sie die gewerkschaftliche Tagesordnung zunächst unangetastet läßt.
Zu den Ansätzen der gewerkschaftlichen antirassistischen Bildungsarbeit gehört ein Konzept, das den Anspruch formuliert, eine Auseinandersetzung mit rassistischen Strukturen zum Prinzip aller Seminare zu machen. Dieses Konzept wurde im August 1998 veröffentlicht: der *Baustein zur nicht-rassistischen Bildungsarbeit* des DGB-Bildungswerks Thüringen e. V.[3]

Im folgenden soll die Ausrichtung dieses Konzeptes beschrieben und auf Chancen und Grenzen von Bildungsarbeit gegen Rassismus hingewiesen werden. Eines muß dabei den weiteren Überlegungen vorangestellt werden: Bildungsarbeit ist nur eine von vielfältigen Handlungsmöglichkeiten, die notwendig sind, um Rassismus zu bekämpfen. Bildungsarbeit kann viele andere antirassistische Ansätze, insbesondere das Ringen um rechtliche Gleichstellung aller Menschen, das Zeigen von Zivilcourage und das aktive couragierte Entgegentreten bei rassistischen Angriffen und Aufmärschen nicht ersetzen.

Baustein zur nicht-rassistischen Bildungsarbeit: Die konzeptionelle Idee

Der Vorstand des DGB-Bildungswerks Thüringen e. V. beschloß im Jahre 1992, daß Bausteine zur antirassistischen Bildung erstellt werden sollten. Sechs Jahre dauerte es bis zur Realisierung des Projektes, dessen erklärtes Ziel es war, keine Antirassismus-Seminare zu konzipieren, sondern Ansätze zu entwickeln, wie mit dem zunehmenden Rassismus in normalen, z.B. Betriebsräte- oder Arbeitsrechtsseminaren umgegangen werden kann. Der Auftrag erforderte Umdenken. Es sollte nicht darum gehen, KollegInnen anzusprechen, die ohnehin antirassistisch eingestellt sind, sondern das Thema Rassismus dort einzubeziehen, wo es üblicherweise kein oder ein Thema der abendlichen Biertische ist. Zielgruppe des Projektes waren außerdem nicht – wie meistens – Jugendliche, sondern es sollte ausdrücklich um Bildungsarbeit mit Erwachsenen gehen (wobei allerdings die Jugendlichen nicht ausgeschlossen werden sollten). In einem langen Prozeß der Diskussion mit ehrenamtlichen TeamerInnen, mit ExpertInnen aus dem Bereich der antirassistischen Arbeit und nach Erprobung unserer Ideen in Pilotseminaren entwickelte sich die konzeptionelle Idee des *Bausteins zur nicht-rassistischen Bildungsarbeit.*

Lernen, um die Welt zu verändern

Jeder antirassistischen Handlungsstrategie liegt explizit oder implizit eine Theorie zu Grunde, die Ursachen, Träger und Reichweite des Phänomens Rassismus bestimmt und die daraus Handlungsansätze entwickelt.

Der *Baustein zur nicht-rassistischen Bildungsarbeit* geht davon aus, daß Rassismus komplexe historische, ökonomische, gesellschaftliche und individuelle Ursachen hat und folglich mit einer mehrdimensionalen Herangehensweise analysiert und bearbeitet werden muß. Einige wesentliche Überzeugungen sollen hier skizziert werden.

1. Rassismus ist nicht vorrangig ein Problem falscher individueller Einstellungen, sondern ein Problem gesellschaftlicher Strukturen, die hinterfragt und für die Veränderungsmöglichkeiten entworfen werden müssen.
2. Eine Gesellschaft wird nicht durch eine andere Bildung oder Erziehung vom Kopf auf die Füße gestellt. Bildung verändert Gesellschaft nicht, aber Bildung spielt eine wichtige Rolle dabei, wie Menschen die Welt und ihren eigenen Platz darin interpretieren und in welche Richtung sie sie verändern wollen. In diesem Sinne kann Bildungsarbeit gegen Rassismus als Beitrag verstanden werden, die Welt und ihre Konflikte anders als rassistisch zu interpretieren und zu verändern.
3. Rassistische Orientierungen stehen selten allein, sondern sind mit anderen Elementen eines rechten Weltbildes verbunden, die ebenfalls in der Bildungsarbeit thematisiert werden müs-

sen. Dazu gehören z.B. Autoritarismus, Nationalismus, Eurozentrismus, Leistungschauvinismus und Anti-Feminismus.

4. Rassismus ist nur eins von vielen Macht- und Herrschaftsverhältnissen. Eine Auseinandersetzung mit Rassismus muß mit der Analyse anderer Herrschaftsverhältnisse, wie Antisemitismus, Sexismus, Kapitalismus, Heterosexismus und Behindertenfeindlichkeit, verbunden werden.
5. Ob die Impulse der (gewerkschaftlichen) Bildungsarbeit tatsächlich etwas verändern, hängt nicht zuletzt davon ab, ob die SeminarteilnehmerInnen auch (gewerkschaftliche) Handlungsangebote erfahren, die »gegen den Strom« rassistischer Alltagspraxis schwimmen.

Antirassistische Bildung ohne Ausländer?

In Ostdeutschland begegnen wir oft dem Argument: »Bei uns gibt es keinen Handlungsbedarf, denn es gibt hier gar keine Ausländer.« Rassismus ist jedoch kein Problem, das mit der Anwesenheit von AusländerInnen zu tun hat, sondern ein Problem der deutschen Mehrheitsgesellschaft. Die Diskriminierung und Abwertung bis hin zur wahnhaften Verfolgung von AusländerInnen stellt den demokratischen Gehalt der Mehrheitsgesellschaft in Frage, nicht den der Minderheiten. Statt die Erklärung für Rassismus – dann doch! – bei den »anderen« zu suchen, will der *Baustein zur nicht-rassistischen Bildungsarbeit* auch konzeptionell zu einer Beschäftigung mit »uns selbst« auffordern.

Die niedrige Ausländerquote in den neuen Bundesländern wirft andere Fragen auf: Warum gibt es in den meisten Betrieben nicht wenige, sondern keine ausländischen Beschäftigten? Warum versuchen die meisten AsylbewerberInnen, in den Westen zu gelangen?

Aus den niedrigen Ausländerzahlen sollte kein kleiner, sondern im Gegenteil ein hoher Handlungsbedarf gegen Diskriminierung und rechte Normalität abgeleitet werden.

Rassistische Selbstverständlichkeiten sichtbar machen

Die Arbeit gegen Rassismus beginnt mit dem Hinterfragen von Selbstverständlichkeiten. Sie beginnt nicht mit der entsetzten Reaktion auf einen Seminarteilnehmer mit ultrakurzen Haaren,

einen rassistischen Witz oder auf die Forderung »Deutsche zuerst auf dem Arbeitsmarkt«.
Rassismus ist nicht nur eine Haltung der kahlgeschorenen jugendlichen Neonazis. Rassismus liegt versteckt in den Selbstverständlichkeiten des Alltags in der Bundesrepublik. Diese Selbstverständlichkeiten sind der Grund dafür, daß rassistische Witze funktionieren. Die dreiste Selbstverständlichkeit der Parole »Deutsche zuerst« appelliert an einen weitverbreiteten Konsens, der selbstverständlich die Rechte von Deutschen und Nichtdeutschen hierarchisch unterscheidet. Dies bedeutet, daß die Deutungs-, Bewertungs- und Wahrnehmungsmuster der hegemonialen Kultur rassistisch strukturiert sind und folglich in den Blick geraten müssen, um Rassismus zu bekämpfen.
Bildungsarbeit bietet einen Raum für die Analyse gesellschaftlicher – »selbstverständlicher« – Macht- und Herrschaftsverhältnisse und der eigenen Position darin. Der *Baustein* beleuchtet selbstkritisch die eigene Kultur – nimmt also eine intrakulturelle Perspektive ein – und hinterfragt rassistische Selbstverständlichkeiten und Quasi-Naturalisierungen.

Augen auf

Der *Baustein* will Hilfestellung beim Umgang mit Rassismus in der gewerkschaftlichen und politischen Bildungsarbeit geben. Viele Konflikte, die in der Bildungsarbeit auftauchen, sind jedoch auch Bestandteil alltäglicher politischer Praxis jenseits des Seminarkontextes. Dazu gehört die Frage danach, wie man reagiert, wenn man im Alltag mit rassistischem Verhalten, Witzen, Sprüchen und Vorurteilen konfrontiert ist. BildungsarbeiterInnen können sich der Auseinandersetzung mit rassistischen Sprüchen und Strukturen im Seminar nicht durch Weggehen oder Ignoranz einfach entziehen, sondern müssen diesen schnell, überlegt und deutlich entgegentreten. Der *Baustein* greift Probleme aus Seminaren auf und bietet inhaltliche und methodische Vorschläge für einen pädagogisch sinnvollen und gleichzeitig offensiven Umgang mit Rassismus. Die Vorschläge zum reinen Re-Agieren haben jedoch im *Baustein* (entgegen vielen Erwartungen) kein hohes Gewicht, da die Möglichkeiten, rassistische Äußerungen im Seminar produktiv zu bearbeiten, sehr begrenzt sind:

- Wenn wir rassistische Äußerungen zum Anlaß für eine Lerneinheit über Rassismus nehmen, geraten wir in eine unglückliche Situation: Auf einmal geht es im Seminar nicht mehr um die Themen der TeilnehmerInnen, sondern diejenigen, die die Äußerung gemacht haben, werden nun selbst zum Gegenstand – zum Problem – des Seminars. Daß die TeilnehmerInnen sich dem Versuch, ihre Einstellungen zu verändern, verweigern, ist einleuchtend.
- Diese »zusätzlichen Lerneinheiten« signalisieren, daß es sich beim Thema Rassismus um ein »zusätzliches Thema« handelt, das mit dem »eigentlichen Thema« nichts zu tun hat.
- Bei überzeugten rechten TeilnehmerInnen können die »zusätzlichen Lerneinheiten« dazu führen, daß nun die TeamerInnen auf die Probe gestellt werden: »Können wir auch hier (wie im Jugendclub, Wohnumfeld etc.) das Thema bestimmen?«, »Schaffen wir es, dem Team das Seminarkonzept aus der Hand zu nehmen?«

Diese Einwände sind kein Plädoyer dafür, auf rassistische Äußerungen nicht zu reagieren. Ein klarer persönlicher Standpunkt der TeamerInnen ist im Gegenteil eine Voraussetzung nicht-rassistischer Bildung. TeamerInnen müssen sich positionieren, gegebenenfalls einen Reibungspunkt bieten. Sie müssen damit rassistische Standpunkte der vermeintlich nicht-politischen Diskussion entziehen und sie zum Gegenstand der Auseinandersetzung machen. Politisch rechte Auffassungen sind politische Standpunkte, sie dürfen nicht als unpolitisch bagatellisiert werden.
Als Faustregel gilt: TeamerInnen sollten auf diskriminierende Äußerungen deutlich, aber persönlich und argumentativ reagieren. Also nicht: »In unserem Seminar wird Rassismus nicht geduldet«, sondern z.B. »Ich finde deine Äußerung unerträglich, weil ...«. Argumente werden nicht stärker, wenn sie mit Macht verknüpft werden, sondern schwächer, da der wirkungsvollste, nämlich an Argumenten interessierte Diskurs aufgekündigt wird.
Das reine Re-Agieren hat jedoch seine Grenzen. Re-Agieren greift oft zu kurz und überfordert die TeamerInnen. Darüber hinaus läßt sich an individuellen Äußerungen der gesellschaftliche Charakter von Rassismus nur unzureichend erkennen und fast nicht bearbeiten.

Nicht nur das Re-Agieren sondern sämtliche Konzepte gewerkschaftlicher Bildungsarbeit gegen Rassismus finden ihre Grenzen, wenn es TeilnehmerInnen gelingt, das Seminar zum Forum ihres rechtsextremen Weltbildes zu machen. Dann sollten die Betreffenden vom Seminar ausgeschlossen werden.

Nicht-rassistische Bildung als Seminarprinzip

Will man vom Re-Agieren zum Agieren gelangen, ist es notwendig, das Thema Rassismus bei der Seminarplanung zu berücksichtigen – ebenso wie andere relevante Inhalte, die auch nicht erst dann thematisiert werden, wenn ein »dummer Spruch« fällt!
Begreift man Rassismus nicht als individuellen Fehler, dann kann der Schlüssel zur Auseinandersetzung mit Rassismus weniger bei einzelnen rassistischen Äußerungen von TeilnehmerInnen liegen, sondern er muß bei gesellschaftlichen Themen betrachtet werden, die im Seminar verankert sind und die mit dem Problem Rassismus in einen Zusammenhang gebracht werden können.
Ziel des Konzeptes ist es, nicht-rassistische Bildung als Prinzip für alle Seminartypen einzuführen. Dies bedeutet weniger und gleichzeitig mehr, als ständig über Rassismus zu reden. Die vorliegenden Materialien sollen anregen, bereits existierende Seminarkonzepte zu überprüfen und anhand des Kriteriums zu überarbeiten, Rassismus nicht zu reproduzieren, sondern abzubauen.

Die eigenen Konzepte überprüfen

Der *Baustein* will auch korrektiv sein, damit gewerkschaftliche Bildungsarbeit nicht strukturell dazu beiträgt, Rassismus zu reproduzieren. Bei näherer Betrachtung sind viele gewerkschaftliche Bildungsangebote nicht Teil der Lösung, sondern Teil des Problems. Hierarchien innerhalb der Arbeitswelt oder innerhalb des Weltmarktes werden als gegeben hingenommen und verfestigen damit die unterschiedlichen Wertigkeiten, die an Menschen vergeben werden. Wenn nach Handlungsansätzen von Gewerkschaften gefragt wird, so steht dahinter häufig unbewußt eine Norm, die die Belange derer, die nicht deutsch, männlich, weiß und in ein reguläres Beschäftigungsverhältnis integriert sind, in den Hintergrund treten läßt.

Was stört MICH am Rassismus?

Zu den Grundlagen gewerkschaftlicher Bildungsarbeit gehört der Erfahrungsansatz. Hinter diesem Ansatz steckt die Idee, daß in den individuellen Erfahrungen die gesellschaftlichen Verhältnisse eingeschrieben sind, und daß es folglich möglich ist, inhaltlich und methodisch an die Erfahrungen der TeilnehmerInnen anzuknüpfen und diese als Teil gesellschaftlicher Strukturen zu analysieren. Das heißt, daß in der Analyse individueller Erfahrungen, die als gesellschaftliche begriffen werden, sowohl gesellschaftliche Macht- und Herrschaftsverhältnisse als auch die individuelle Position darin herausgearbeitet werden können.

Weiße deutsche Männer und Frauen unterliegen in der Regel nicht nur selbst bestimmten gesellschaftlichen Machtverhältnissen, beispielsweise als abhängig Beschäftigte, sondern sie profitieren auch von gesellschaftlichen Machtverhältnissen, z.B. von Rassismus. Nicht-rassistische Bildungsarbeit mit weißen deutschen Männern und Frauen bedeutet folglich auch die Analyse der eigenen Privilegien in rassistischen Machtverhältnissen. Bildungsarbeit kann sich nicht darauf beschränken, Rassismus theoretisch zu analysieren und rassistische Strukturen allerseits zu denunzieren, sondern muß Anknüpfungspunkte suchen, an denen Individuen bereit sind, sich gegen Rassismus zu engagieren und dafür möglicherweise auch eigene Privilegien aufzugeben.

Wie kann bei den TeilnehmerInnen ein Interesse dafür geweckt werden, sich kritisch mit Rassismus auseinanderzusetzen? Wir wissen, daß Menschen nur lernen, wenn sie Interesse am Lerngegenstand haben. Klaus Holzkamp und Ute Osterkamp haben vielfach darauf aufmerksam gemacht, daß dieser Grundsatz auch in der antirassistischen Bildung gilt.

Ein Interesse am Lernen gegen Rassismus, d.h. eine antirassistische Haltung, kann durch drei Gründe motiviert sein. Erstens durch ethische Grundsätze, beispielsweise dem der Gleichheit aller Menschen, die einer rassistischen Diskriminierung entgegenstehen; zweitens durch potentielle eigene Betroffenheit von Diskriminierung; drittens durch die Erkenntnis, daß die Voraussetzung für meine Befreiung die Befreiung aller ist.

Nicht-rassistische Bildungsarbeit muß folglich mehrere Ansätze verfolgen.

- Sie muß individuelle Erfahrungen des Beteiligtseins in gesellschaftlichen Machtverhältnissen diskutierbar machen und eine Analyse der eigenen Position und Handlungsmöglichkeiten darin ermöglichen. Sie muß sich um die Nachvollziehbarkeit dessen bemühen, was Rassismus für das Leben derer bedeutet, die von ihm betroffen sind, oder welchen Gewinn Rassismus für die bedeutet, die von ihm profitieren.
- Sie muß versuchen, durch das Heben der Erfahrungen eigener Unterdrückung mögliche Transfer- und Empathieleistungen zu befördern, die eine Solidarisierung mit denen provoziert, die hier »unten« stehen.
- Sie muß deutlich machen, daß Rassismus häufig eigenen ethischen Grundsätzen zuwiderläuft.
- Sie kann die Erkenntnis befördern, wie Rassismus oder einzelne Strukturelemente rassistischer Diskurse oder anderer Ideologien der Ungleichheit funktionieren.
- Sie muß deutlich machen, daß Rassismus die Menschen spaltet und daß eigenes Mitwirken an rassistischen Machtverhältnissen dazu beiträgt, ein System von Unterdrückungen aufrechtzuerhalten, das einem selbst schadet.
- Sie muß den Individuen eine Analyse der gesellschaftlichen Verhältnisse ermöglichen, die ihnen ihre eigene selbstschädigende Unterwerfung unter diese Verhältnisse offenlegt.
- Sie muß deutlich machen, daß die Sündenbockfunktion von Rassismus eine identitätsstiftende innere Homogenisierung der Gesellschaft produziert, die die Interessen der Beteiligten unsichtbar macht.
- Sie muß nachvollziehbar machen, wie gesellschaftliche Regeln entstehen und wie sie alternativ demokratisch formuliert werden können, und ermöglichen, daß politische Beteiligung an die Stelle von Unterwerfung tritt.

Klaus Holzkamp sieht in der Stigmatisierung von Minderheiten als Menschen minderen Wertes und Rechtes, über die man als Mehrheit verfügen kann, den Kern des institutionell-rassistischen Diskurses und gleichzeitig den zentralen Ansatzpunkt antirassistischer Pädagogik, die folgendes Ziel verfolgen soll: »Die Vermittlung der Einsicht, daß – wer sich dergestalt bestechen läßt und dadurch von den jeweils Herrschenden Vorteile oder auch nur Schonung erkaufen will – selbstschädigend an der Reproduktion eines Netzes verinnerlichter Fremdkontrolle und -disziplinierung mitwirkt, durch die auch man selbst klein gehalten und entmächtigt wird.«[4]

Auch weiße christliche Deutsche sind immer wieder – und das nicht nur als Frauen, SozialhilfebezieherInnen, Straffällige, Kranke, Alte etc. – mit der Frage konfrontiert, ob sie noch dazugehören, ob sie selbst eigentlich noch der Norm entsprechen. Bildungsarbeit kann offenlegen, daß sich, wenn wir zulassen, daß Normen definiert werden, die den Ausschluß von Versorgung und von der Gesellschaft als Ganzes regeln, diese Normen nicht erst morgen, sondern bereits heute alltäglich auch gegen uns richten können. Der Gedanke, daß die Angehörigen der Mehrheitsgesellschaft sich nicht nur durch Bevorzugung und Machtausübung gegenüber den Angehörigen von Minderheitengruppen einerseits ermächtigen[5], andererseits aber durch die Aufgabe ihrer Bündnisfähigkeit gleichzeitig entmächtigen, ist zentral für den Ansatz des *Bausteins*.

Wir denken, daß gewerkschaftliche Seminare geradezu vorbildliche Voraussetzungen bieten, um diese Einsicht nicht nur theoretisch zu vermitteln (Spaltung der Beschäftigten), sondern auch, um alternative Handlungsmöglichkeiten zu erfahren, die uns im Bündnis mit anderen ermächtigen (Arbeitskämpfe, kollektiver Widerstand). Insbesondere in die Analyse- und Handlungsphase der gewerkschaftlichen Seminare soll deshalb Rassismus als Aspekt einbezogen werden, der die gewerkschaftliche Handlungsfähigkeit und menschliche Bündnisfähigkeit beschränkt und uns (als abhängig Beschäftigte und Arbeitslose) deshalb schadet.

Die Projektgruppe des *Bausteins* fordert ein, diese Diskussion bis zu dem Punkt fortzusetzen, an dem die rassistisch begründete eigene Bevorteilung tatsächlich in Frage gestellt wird: bis zur Forderung, die Bevorzugung von Deutschen gegenüber AusländerInnen im SGB III aufzuheben oder AusländerInnen mit Deutschen rechtlich tatsächlich gleichzustellen. Die Einsicht, daß mir Rassismus schadet, ist also nicht »billig zu haben« – darauf müssen vor allem Bildungsträger und TeamerInnen achten.

Die eigenen Ziele klären

Bildungsarbeit gegen Rassismus erfordert von den TeamerInnen eine Auseinandersetzung mit den eigenen Standpunkten und Zielen: »Wo beginnt für mich Rassismus?« »Will ich etwas gegen Diskriminierung tun?« »Will ich ein Gewaltproblem lösen?« »Will ich meinem Bildungsträger demonstrieren, daß meine Seminare ›clean‹ sind?« Der *Baustein* enthält Hintergrundmaterialien für TeamerInnen, die möglichst umfassend informieren, wie und wann eine Methode eingesetzt werden kann, welche Inhalte damit vermittelt werden können und wo es Schwierigkeiten geben kann. Die Auswahl der Methoden und Texte und diskussionsleitenden Fragen reflektiert die theoretischen Positionen der Projektgruppe des *Bausteins*. Nicht alle, die seither mit Bausteinen aus dem Konzept arbeiten, teilen in allen Bereichen die inhaltlichen Positionen der Projektgruppe, sondern arbeiten mit den Angeboten, die ihnen geeignet erscheinen.

Praxiserfahrungen mit dem Baustein

»Alle Schafe waren weiß, bis auf eines, das kleine schwarze Schaf«

Im folgenden wird exemplarisch eine Seminareinheit dargestellt, die mittels einer Handpuppe – einem schwarzen Schaf – eingeführt wird. Mit Hilfe dieser Methode werden Möglichkeiten aufgezeigt, individuelle und gesellschaftliche Bedingungen, unter denen Ausgrenzung und Gruppenzugehörigkeit, Diskriminierung, Unterdrückung und Rassismus sich im Alltag darstellen, spielerisch zu thematisieren und zu analysieren. Diese Lerneinheit nimmt die Erfahrungen der TeilnehmerInnen zum Ausgangspunkt. Ihre Erfahrungen stehen also im Zentrum des Lernens. Hierbei steht die Idee im Vordergrund, daß die Analyse der individuellen Erfahrungen ebenso wie die Reflexion gesellschaftlicher Strukturen auf Widersprüche aufmerksam machen und den Wunsch wecken kann, die eigenen Handlungsmöglichkeiten zu erweitern. Das Seminar bietet einen geschützten Rahmen, um mit Handlungsalternativen zu experimentieren und gemeinsame Erkenntnisprozesse herbeizuführen.

Zur Hebung der Erfahrungen können verschiedene Methoden zum Einsatz kommen: Bilder, Maskencollagen, Zeichnungen, Karikaturen, Theatermethoden ... Letztere bieten sich besonders an, um über die Visualisierung hinaus die Erfahrungen auch körperlich-gegenständlich auszudrücken und in Szene zu setzen.
Am Beginn der ausgewählten Seminareinheit wird die Handpuppe des schwarzen Schafes durch das Team als fiktive Gesprächspartnerin eingeführt. Das schwarze Schaf – verknüpft mit: »black is beautiful« – ist im *Baustein* Symbol für die Forderung nach uneingeschränkter Anerkennung und Gleichberechtigung aller Menschen.
Mit Hilfe dieses Symbols können konkrete Stereotype über Individuen und Gruppen abgefragt werden. Gängige Assoziationen sind dabei beispielsweise Außenseiter, Ausgegrenzte und Ausgestoßene, aber auch das in der christlichen Tradition verankerte Bild vom Sündenbock, bis hin zu Vorurteilen über Kriminalität, Verbrecher und die Mafia.
Das schwarze Schaf kann aber auch mit aktivem widerständigem Verhalten assoziiert werden. Im Positiven provoziert es die Gesellschaft, indem es ihre Widersprüche und Defizite spiegelt, Bestehendes in Frage stellt, zu Veränderungen auffordert, nach neuen Wegen sucht. Diese zahlenmäßig wesentlich weniger ins Gewicht fallenden positiven Assoziationen können im Seminar ein guter Ansatz sein, um Auseinandersetzungen mit gesellschaftlichen Normen und Werten anzustoßen.
Die Erfahrungshebung mit Hilfe der Handpuppe wird in der Seminargestaltung durch theaterpädagogische Methoden aufgegriffen und in die Analyse- und Handlungsphase transformiert, denn auch in diesen Phasen stehen Alltagserfahrungen im Mittelpunkt der ausgewählten Methoden. Die Assoziationsketten, die durch das Symbol des schwarzen Schafs offengelegt wurden, dienen nun u. a. als Vorlagen für eine schauspielerische Auseinandersetzung mit Situationen von Ein- und Ausgrenzung, Über- und Unterordnung, Macht und Ohnmacht.
Statuen- und Forumtheater sind Methoden, die dem »Theater der Unterdrückten« von Augusto Boal entnommen sind.[6] Boal hat dieses Theater für die spezifische Situation in den Slums von Brasilien entwickelt. Sein Ziel war ein emanzipatorisches und bil-

dungspolitisches, nämlich mittels des Theaters die »Unterdrückten« oder Rechtlosen in ihrem Selbstbewußtsein zu stärken und ihnen eine eigenständige Ausdrucksform zur politischen Aktion anzubieten. In Seminaren der politischen Bildung in Deutschland sind die gesellschaftlichen, politischen und sozialen Verhältnisse vollkommen anders als in Brasilien. Das Theater kann hier dazu dienen, die Verstrickung in Strukturen zu analysieren, in denen die je eigene Situation eher unklar, weniger durch einen eindeutigen Opferstatus geprägt, ist: mächtig als Deutsche, unterdrückt als Frau, mächtig als Mann, unterdrückt als Lohnabhängiger.

Die Prinzipien des Statuen- und Forumtheaters beinhalten auch für die reichen Länder große Chancen:

- Beim Statuentheater sollen die Spannungen zwischen Aus- und Eingrenzung, Gewalt zwischen Personen, das Schlechte und das Gute usw. dargestellt werden. Theoretisch steckt in jeder aufgebauten menschlichen Statue eine Dialektik von Unterdrückung und Befreiung. Durch diese Methode erhalten die TeilnehmerInnen die Chance, sowohl in die Rolle der Unterdrückten, der Zuschauenden, als auch in die der Unterdrücker zu schlüpfen. Es ist möglich, durch Veränderungen der Haltung, Mimik und Gestik die Szene so zu verändern, daß neue Situationen entstehen, die Ausdruck erfolgreichen Widerstands, des couragierten Eingreifens oder der Stärkung der Stellung der Unterdrückten bewirken. Es besteht also die in der Realität seltene Gelegenheit, die Unterdrückten zu stärken oder gar zu befreien und eine idealtypische Gleichheit zu erzeugen.
- Das Forumtheater bietet noch stärker als das Statuentheater eine Plattform, um neue Handlungsmöglichkeiten zu erproben. In den dargebotenen Szenen kann sowohl visualisiert werden, wie Sündenböcke gemacht werden, als auch welche Möglichkeiten andere GruppenteilnehmerInnen haben, sich gegen diesen Prozeß zu stellen. Durch die Möglichkeit, als »ZuschauerInnen« selbst handelnd ins Geschehen einzugreifen, lassen sich – ohne pädagogischen Zeigefinger – die unterschiedlichen Umgangsweisen mit Strukturen der Unterdrükkung analysieren und Handlungsoptionen dagegen erproben.

Lernen im Vorwärtsgehn – Erste Erfahrungen

Seit der Erarbeitung des *Bausteins* begleitete die Projektgruppe zahlreiche Seminare, in denen Elemente des Konzeptes ausprobiert und weiterentwickelt wurden. Darunter waren klassische Gewerkschaftsseminare, einige Seminare für MultiplikatorInnen sowie Projekte mit Kulturgruppen und Schulen. Die Projektgruppe wurde bestätigt in ihrem Optimismus, daß der Ansatz zu einer insgesamt (selbst-)kritischen und lebendigen Lernatmosphäre beitragen würde, und in ihrem Pessimismus, daß neue Konflikte in den Seminaren hervortreten würden, in denen die Bildungsarbeit teilweise an ihre Grenzen stößt. Deutlich wurde, daß das Prinzip nicht-rassistischer Bildung nach einer spezifischen Neustrukturierung der (gewerkschaftlichen) Bildungskonzepte verlangt.
Hier einige Beispiele (alle Seminare wurden in »gemischten Teams« durchgeführt, zusammengesetzt aus Teams der jeweiligen Organisationen und der *Baustein*-Projektgruppe):

In einem *Jugend II-Seminar* der Deutschen Postgewerkschaft (DPG) knüpften wir bei den Interessen von Jugendlichen und den Hinderungsgründen für ihre Durchsetzung an. »Wie im richtigen Leben«, eine im *Baustein* beschriebene Methode, wurde eingesetzt, um im Übergang vom Orientierungs- zum Analyseteil des Seminars zu reflektieren, wie die Verwirklichung der eigenen Zukunftswünsche von den Ausgangsbedingungen abhängt. TeilnehmerInnen und TeamerInnen waren von diesem Spiel einhellig begeistert. Die TeilnehmerInnen waren aufgrund ihrer eigenen Situation (hohe Wahrscheinlichkeit von Erwerbslosigkeit wegen Nicht-Übernahme nach der Ausbildung) sensibilisiert dafür, daß Nicht-Anerkennung und Ausschluß ihre Gründe nicht im Verhalten des Individuums haben. Von dort aus war die Parallele zum Rassismus schnell gezogen.
Die DPG nutzt zur Vermittlung ökonomischer Grundlagen unserer Gesellschaft ein »Gummibärchenspiel«, das wir kurzerhand um weitere Rollen ergänzten. Ungleiche Bezahlung und Diskriminierung (Auszubildende – Ausgelernte, Frauen – Männer, MigrantInnen – Deutsche) zogen zusätzlich in das Spiel ein. Unternehmerische Interessen an Migration und Rassismus im Kontext kapitalistischer Machtverhältnisse wurden deutlich. Das Gummi-

bärchenspiel der DPG hat uns so gut gefallen, daß wir es mit leichten Veränderungen in den *Baustein* aufnahmen.

In einem *BetriebsrätInnenseminar* der Gewerkschaft Handel, Banken und Versicherungen (HBV) zu personellen Einzelmaßnahmen nutzten wir die Einstiegsphase, um die TeilnehmerInnen mit ihren eigenen und anderen Identitäten zu konfrontieren und so für bestehende Unterschiede zu sensibilisieren und diese zum Gegenstand der Arbeit zu machen. In der Orientierungsphase analysierten wir die Betriebs- und Beschäftigtenstruktur sowie die Personalplanung, beginnend mit der Untersuchung der Anteile von Behinderten im Betrieb, sowie der Frauen und Menschen anderer Herkunft und Nationalität. Wer befindet sich auf welcher Hierarchieebene und besetzt welche Positionen? Wie können die BetriebsrätInnen das Betriebsverfassungsgesetz nutzen, um Diskriminierungen und Ausgrenzungen zu benennen und ihnen entgegenzuwirken? Welcher rechtliche Schutz gegen Rassismus besteht und kann für den (betrieblichen) Alltag herangezogen werden?

Es zeigte sich, daß es vielfach zu Ablehnungen seitens der TeilnehmerInnen kam, in Folge dessen auch zu Unsicherheiten im Team. Die Ablehnung setzte bereits auf einer sehr niedrigen Schwelle an: So wurde teilweise schon die spezifische Berücksichtigung der Interessen von Behinderten abgelehnt, weil diese doch sowieso schon so viele Vorteile und Schutzmaßnahmen genießen würden. Mit der Diskussion über internationale Schutzrechte und die Perspektive von Anti-Diskriminierungsgesetzen gewann die Privilegierung »unserer Leute« als Selbstverständlichkeit deutlich an Gewicht – sollte jedoch nicht thematisiert werden. Ein BetriebsrätInnenseminar sei kein politisches Seminar, so die Mehrheit der TeilnehmerInnen! Trotz (oder wegen) dieser »zusätzlichen« Konflikte im Seminar entwickelten sich für viele KollegInnen völlig neue Fragestellungen und Arbeitsaufträge für ihr künftiges Handeln.

Mit *MultiplikatorInnen* wurden die Grundlagen unseres *Bausteines* bearbeitet und überlegt, wie diese in die regelmäßige Seminararbeit einfließen können. Weit fortgeschritten sind derzeit die IG Metall und die IG Medien. In beiden Gewerkschaften sind die ehrenamtlichen TeamerInnen in die konzeptionellen Debatten

einbezogen, bzw. sind sogar federführend. Dominierend ist nach wie vor die Jugendbildungsarbeit.
In der IG Metall finden in mehreren Bezirken MultiplikatorInnenschulungen unter Nutzung des *Bausteins* statt, um zum einen Erfahrungen mit ihm zu sammeln und andererseits zu überlegen, wie die Anforderung des Seminarprinzips Umsetzung finden kann. So wird beispielsweise unter dem Titel »Ideologien der Ungleichheit« der Zusammenhang von Rassismus, (Hetero)Sexismus, Nationalismus und Leistungsideologie im Kontext der Entwicklung kapitalistischer Gesellschaften diskutiert und es werden verschiedene Methoden ausprobiert, vom Kennenlernen (z.B. Fremd- und Selbstwahrnehmung), über Wahrnehmung von Ausgrenzung und Einschluß bis zur Verabschiedung.
Die IG Medien führte eine Jugendbildungsarbeitstagung durch, auf der der *Baustein* vorgestellt und das eigene JAV I-Konzept überprüft wurde. Als Ergebnis wurden Anforderungen entwickelt, wie das Seminarkonzept überarbeitet werden muß. Eine erste Überarbeitung ist inzwischen erprobt. Entsprechend dem Seminarprinzip beginnen die TeilnehmerInnen mit Wahrnehmungsübungen zu eigener und fremder Identität (»Wir testen unsere Menschenkenntnis«), beschäftigen sich mit rassistischen Aspekten des Arbeitsmarktes, mit Saison- und VertragsarbeiterInnen in der Bundesrepublik bzw. der ehemaligen DDR und mit der weltweiten Verstreuung »Deutscher« durch die Migration. Innerbetriebliche Diskriminierungen und rechtliche Mittel dagegen sind ebenso Thema für die Jugend- und Auszubildendenvertretungen wie die Einbeziehung von Rassismus als Faktor zur Erhöhung der Ausbeutungsrate im Ökonomie-Teil. Und die »BeispielkollegInnen« in den Materialien heißen in Zukunft nicht mehr nur »Hans« und »Lise«.

Der Werkzeugkasten

Der Mehrzahl der Konzepte der gewerkschaftlichen Bildungsarbeit liegt ein Phasenmodell zugrunde, das ein Seminar in verschiedene Seminarphasen teilt, für die unterschiedliche Prozesse geplant und erwartet werden.

Die erste Phase wird hier als »Orientierungsphase« bezeichnet, in der die Überleitung aus dem Alltag ins Seminar und das erste Kennenlernen der Seminargruppe stattfindet. In einer zweiten Phase, der Erfahrungshebungsphase, werden mit offenen, kreativen und auf Visualisierung ausgerichteten Methoden auf das Seminarthema bezogene individuelle Erfahrungen gesammelt. Die dritte Phase, die Analysephase, soll eine Analyse der individuellen Erfahrungen als Ausschnitte gesellschaftlicher Verhältnisse ermöglichen und diese durch zusätzliche Informationen erweitern. Schließlich sollen in einer vierten Phase, der Handlungs- und Abschlußphase, nach der gemeinsam erstellten Analyse Handlungsmöglichkeiten entwickelt und erprobt werden, die gesellschaftliche Verhältnisse verändern und darüber hinaus ein Transfer von Seminarerfahrungen in den Alltag nach dem Seminar gewährleistet werden.
Der *Baustein* ist eine Art Werkzeugkasten, aus dem je nach Seminartyp und -dauer, Seminarphase und Thema einzelne Werkzeuge verwendet werden können. Für die einzelnen Seminarphasen enthält der *Baustein* Vorschläge, wie bestehende Konzeptionen ergänzt und überarbeitet werden können. Der *Baustein* orientiert sich am Einsatz in gewerkschaftlichen Seminaren, die meisten Inhalte und Methoden sind aber auch für die Bildungsarbeit anderer TrägerInnen geeignet.
Nicht alle Seminarteile lassen eine tiefere analytische Durchdringung von Rassismus zu. Aber alle »Bausteinchen« zielen darauf, nicht die TeilnehmerInnen, sondern den Rassismus zu entlarven. Ziel ist es, ein Interesse an Widersprüchen zu wecken und dabei nicht individuelle, sondern gemeinsame Fehlschlüsse in den Mittelpunkt zu stellen.
Neben den Seminarphasen-orientierten Methoden enthält der *Baustein* themenorientierte phasenübergreifende Materialien zu folgenden Schwerpunkten: Identität, Diskriminierung, Vorurteile, Sprache, ungleiche Arbeit, Ökonomie, Sozialabbau, Sicherheit/Gewalt/Kriminalität, Migration, Rechtsextremismus sowie Rassismus und Geschlecht. Die Themen- und Methodenvorschläge können, je nach Inhalt des Seminars und Gruppenzusammensetzung, miteinander kombiniert oder auch einzeln eingesetzt werden.

Für die Umsetzung gibt es folgende Hilfestellung:

- Gestützt auf unsere Erfahrungen aus Pilotseminaren, in denen der *Baustein* erprobt wurde, unterbreiten wir Vorschläge, wie Elemente aus dem *Baustein* in die Seminarkonzepte eingebaut werden können.
- Wir haben neben Materialien, die für den Einsatz in Seminaren geeignet sind, auch Hintergrundtexte zusammengestellt, mit deren Hilfe sich TeamerInnen ohne allzu großen Aufwand wesentliche Kenntnisse aneignen können.
- Der Inhalt ist nach Seminarphasen und seminarphasenübergreifenden Themen gegliedert. Durch den Index (Stichwortverzeichnis) können inhaltliche und methodische Informationen zu zahlreichen Suchbegriffen gefunden werden. Alle Aktivitäten, Arbeitspapiere und Hintergrundtexte sind ebenfalls in einer Übersicht alphabetisch zu finden.
- Ein ausführlicher Anhang beinhaltet nützliche Adressen sowie Verweise auf Ausstellungen und Filme. Das strukturierte Literaturverzeichnis gibt Anregungen zum Weiterlesen.

Die Projektgruppe des *Bausteins* bietet darüber hinaus Beratung an, wie Teile des *Bausteins* in ein konkretes Seminar integriert werden könnten. Angeboten wird auch Mitarbeit im Team von Seminaren, die mit dem *Baustein* arbeiten; und auf Anfrage Teamerqualifizierungs-Seminare zur Weiterbildung.

DGB-Bildungswerk Thüringen e.V.
Rudolfstr. 47 / E 2, 99092 Erfurt
Tel.: 03 61-21 72 70
Fax: 03 61-217 27 27
e-mail: bwt@dgb-bwt.de
Internet: www.dgb-bwt.de

Anmerkungen

1 »Politische Orientierungen jugendlicher ArbeitnehmerInnen und ihre subjektiven Begründungen im Kontext gesellschaftlicher Veränderung« von Josef Held, Hans-Werner Horn und Athanasios Marvakis. Die Autoren verweisen auf drei wesentliche Gründe für die stärkere Ausgrenzungsorientierung gewerkschaftlich organisierter Jugendlicher. Erstens werden Gewerkschaften weniger

als politische, sondern zunehmend als Versicherungsinstitutionen begriffen, von denen erwartet wird, daß sie ihre Mitglieder nach nationalen Kriterien schützen. Zweitens fühlen sich gewerkschaftlich organisierte Jugendliche stärker durch Arbeitslosigkeit bedroht, als andere Gleichaltrige. Drittens erkennen sie die sozialen Positionierungen im Betrieb, die vielfach bereits rassistische Hierarchisierungen beinhalten. Sie gehen davon aus, daß sich an bestehenden Hierarchien nicht viel ändern wird und fordern ihre eigene Privilegierung ein.

2 Infratest dimap, »Das rechtsextreme Wählerpotential bei Gewerkschaftsmitgliedern«, Untersuchung im Auftrag von WDR 2, Köln, 2. 9. 98.

3 Tanja Berg/Julika Bürgin/Thomas Rausch/Barbara Schäuble/Erik Weckel, Das schwarze Schaf. Baustein zur nicht-rassistischen Bildungsarbeit, Hg.: DGB-Bildungswerk Thüringen e.V., Erfurt 1998, S. 345.

4 Klaus Holzkamp, Antirassistische Erziehung als Änderung rassistischer »Einstellungen«?, in: ders., Schriften I. Normierung, Ausgrenzung, Widerstand, Hamburg/Berlin 1997.

5 Ute Osterkamp, Rassismus als Selbstentmächtigung, Berlin 1996.

6 Augusto Boal, Theater der Unterdrückten. Übungen und Spiele für Schauspieler und Nicht-Schauspieler, Frankfurt/Main 1989. Auf die nähere Darstellung der Methoden muß hier verzichtet werden. Wir verweisen auf den Baustein, sowie: Jutta Heppekausen, Antirassistische Theaterworkshops, in: Petra Wlecklik (Hg.), Frauen und Rechtsextremismus, Göttingen 1995, S. 14–153; Annita Kalpaka, Theaterworkshops zum Thema »Macht – Ohnmacht – Alltagsrassismus« als selbstreflexive Lernform, in: Siegfried Jäger (Hg.), Aus der Werkstatt: Anti-rassistische Praxen. Konzepte – Erfahrungen – Forschung, Duisburg 1994, S. 104–133.

Christoph Butterwegge

Mit politischer Bildung gegen Rechtsextremismus, Rassismus und Standortnationalismus?

Pädagogik kann Politik gegen Rechtsextremismus, Rassismus und (Jugend-)Gewalt nicht ersetzen, muß sie aber ergänzen, damit Erfolge möglich werden. Grundvoraussetzung wirkungsvoller Maßnahmen gegen die rechte Gewalt ist eine zutreffende Analyse von deren Ursachen, woraus sich die Zielrichtung, Handlungsprioritäten sowie geeignete Schritte zu deren Implementierung ableiten lassen. Denn guter Wille allein reicht keineswegs aus, um das Problem der Rechtsentwicklung in unserer Gesellschaft zu lösen. Vielmehr muß sich dem moralischen Anspruch die wissenschaftliche Erkenntnis, wie das Phänomen zu bewerten und einzudämmen ist, hinzugesellen.

Rechtsextremismus und fremdenfeindliche Gewalt nehmen im vielbeschworenen »Zeitalter der Globalisierung« eher zu, weil sie als spezifische Formen der Ausgrenzung gegenüber ethnischen Minderheiten, Flüchtlingen und Arbeitsmigrant(inn)en fungieren, die aufgrund einer Polarisierung der Weltökonomie, Pauperisierung und Marginalisierung von Millionen Menschen im Süden und Osten für die (potentiellen) »Modernisierungsopfer« im entwickelten Westen bzw. Norden eine scheinbare Gefahr bilden, zumindest Sündenböcke und »Blitzableiter« für rechtsextreme Demagogie abgeben. Die deutsche »Globalisierungshysterie«, fußend auf einer neoliberalen Hegemonie, die auch nach dem Regierungswechsel im Herbst 1998 fortdauert,[1] begünstigt Ausgrenzung und rassistische Gewalt: »Die Marktchancen für rechtsextreme Gesellschaftsentwürfe sind insofern günstig. Als Reaktion auf Globalisierungsängste werden sie nationalistisch sein, als Reaktion auf die westliche liberale Weltgesellschaft autoritär, dies auch schon der eigenen Tradition wegen, und neu inspiriert durch die westliche Konkurrenzideologie sozialdarwinistisch.«[2]

Jutta Menschik-Bendele und Klaus Ottomeyer beobachten daher

einen Trend zum »hedonistisch-konsumistischen Sozialdarwinismus«, welcher im Gegenwartskapitalismus verstärkt um sich greift: »Nach dem globalen Sieg der Marktwirtschaft hat jenes Prinzip, demzufolge der Stärkere sich durchsetzt und das Schwache auf der Strecke bleibt, noch an Plausibilität gewonnen. Der aktuelle Rechtsextremismus und Rechtspopulismus beruht auf einer Brutalisierung, Ethnisierung und Ästhetisierung alltäglicher Konkurrenzprinzipien.«[3] Wo die Umverteilung von unten nach oben erfolgt und mit dem Hinweis auf den Globalisierungsprozeß – als für die Sicherung des »eigenen« Wirtschaftsstandortes notwendig – gerechtfertigt wird, entsteht ein gesellschaftliches Klima, das solche Tendenzen fördert: »Die Kehrseite des radikalen Neoliberalismus ist Sozialdarwinismus.«[4]
Hier geht es um die Möglichkeiten der politischen Bildung, dem verbreiteten Sozialdarwinismus, Wohlstandschauvinismus und Standortnationalismus entgegenzuwirken. Einerseits steht sie in Bezug auf Rechtsextremismus, Rassismus und Gewalt vor einer historischen Herausforderung, andererseits markiert das Problemfeld jene Krise, in der sich aufklärende Bildungsarbeit generell befindet.[5] Nicht nur haben die Bedeutung der politischen Bildung und die Bereitschaft der Verantwortlichen, ihr genügend Sach- und Personalmittel zu bewilligen, zuletzt drastisch abgenommen. Darüber hinaus ist kritisch festzustellen, »daß auch die Politische Bildung selbst teilweise eine Wendung hin zu verkürzter, politische Substanz schon in den Fragestellungen preisgebender Subjektorientierung und Betroffenheitspädagogik vollzogen hat«.[6] Nicht mehr nur in den ostdeutschen Bundesländern besteht die Gefahr einer »Entpolitisierung der politischen Bildung«, von welcher Rolf Schörken spricht.[7] Defizite manifestieren sich übrigens gerade dort, wo die politische Bildung am meisten gefordert wäre. Zwar hat die kaum mehr überschaubare Literaturflut zum Thema »Rechtsextremismus und Gewalt« zuletzt eine Fülle an Erklärungsmodellen bzw. Deutungsmustern geliefert.[8] »Dem steht aber ein fast schon an Abstinenz grenzendes Manko bei konkreten Handlungsvorschlägen der politischen Bildung/Didaktik gegenüber.«[9]

Von der Vereinigungseuphorie zur Globalisierungshysterie: Rechtsextremismus, Rassismus und Nationalismus im Wandel

Eine, vielleicht sogar *die* Schlüsselideologie des modernen Rechtsextremismus ist der Rassismus, der nicht nur biologische, phänotypische Unterscheidungsmerkmale (z.B. die Hautfarbe oder Gesichtsform) zwischen großen Menschengruppen hervorhebt, sondern kulturalistisch bzw. differentialistisch genannt wird, weil er auf solche Naturkategorien im Sinne eines »Rassismus ohne Rassen« (Etienne Balibar) verzichtet. Besonders virulent war der Rassismus stets in Krisen- und gesellschaftlichen Umbruchsituationen wie der gegenwärtigen, wo sich die Weltmarktkonkurrenz drastisch verschärft und der daraus im Konzept einer »Standortsicherung« erwachsende Leistungs- und Konkurrenzdruck »nach unten«, an die jeweils sozial Schwächeren, weitergegeben wird. Wenn der Rechtsextremismus unter solchen Bedingungen auf eine geistig-politische Tradition und – wie nach 1989/90 im vereinten Deutschland – auf gesellschaftliche Führungskräfte trifft, die das Überlegenheitsgefühl gegenüber anderen Völkern kultivieren und die ethnische Homogenität einer fiktiven Gemeinschaft beschwören, droht er aufgrund ihrer Unterstützung zu erstarken. Da die Basis des Sozialstaates bröckelt, bietet sich der Nationalstolz als Surrogat an, um das Auseinanderfallen der Gesellschaft zu verhindern und neue Identifikationsmöglichkeiten für (potentielle) Globalisierungs- bzw. Modernisierungsopfer zu schaffen.

Besonders im Rahmen der Standortdiskussion über die Gefährdung des »Wirtschaftsstandortes D« war »ein Trend zur Renationalisierung« zu beobachten,[10] und zwar nicht nur seitens der etablierten Politik, sondern auch und gerade seitens der veröffentlichten Meinung. Dabei modifizierte, modernisierte und differenzierte sich der Nationalismus aus: Deutlich zu unterscheiden ist zwischen völkischem bzw. Ethno- und Standortnationalismus, die nebeneinander, manchmal auch vermengt miteinander existieren. Helmut Kellershohn arbeitet sieben Kernideologeme des völkischen Nationalismus heraus,[11] die nur zu einem geringen Teil mit den Grundlagen des weniger mystisch-biologisch als ökonomisch-rational argumentierenden Standortnationalismus harmonieren. Letzterer zielt darauf ab, daß Deutschland als ökonomische Macht und politisches Kollektivsubjekt wieder Weltgeschichte schreiben kann, wenn es als Unternehmen begriffen, nach betriebswirtschaftlichen Erkenntnissen geführt und mit den modernsten Managementtechniken betrieben wird. Er bezieht die »Sorge um das deutsche Vaterland« auf den neoliberalen Fetisch »internationaler Wettbewerbsfähigkeit« und macht die Verteidigung des »eigenen« Wirtschaftsstandortes im Zeichen einer »Globalisierung der Märkte« zum Fixpunkt seines Handelns.

Zwischen dem Neoliberalismus und dem modernisierten Rechtsextremismus, verkörpert durch den Bund Freier Bürger – Die Offensive (BFB) oder die REPublikaner, aber mit Abstrichen auch durch Parteien wie die FPÖ oder den inzwischen gespaltenen Front National, gibt es fließende Übergänge. Wenn man so will, bildet die ultrarechte Programmatik nur eine weiter radikalisierte Variante des Marktfundamentalismus.[12] Für die REPublikaner unter Führung von Rolf Schlierer erwächst aus dieser Geistesverwandtschaft eine tendenziell größere Akzeptanz, die wiederum in Wahlerfolge auf unterschiedlichsten Ebenen münden kann: »Mit dem Rückgriff auf den Neoliberalismus liegt die extreme Rechte im allgemeinen gesellschaftlichen Trend, denn die ökonomischen Grundaussagen dieser Konzeption werden mittlerweile von den maßgeblichen politischen Kräften der Gesellschaft akzeptiert.«[13]

Aufgrund seiner Übernahme neoliberaler Ideologeme verfügt der organisierte Rechtsextremismus erstmals nach 1945 über eine Programmatik, die weitgehend dem gesellschaftlichen Mainstream entspricht sowie mit den Interessen (einfluß)reicher Gruppen und den Strategien politischer bzw. wirtschaftlicher Eliten korrespondiert. Obwohl ihr weiterhin das Image der »Ewiggestrigen« und der »Unbelehrbaren« anhaftet, versucht die sog. Neue Rechte, sich »an die Spitze des Fortschritts« zu setzen, was deshalb möglich ist, weil sie die negativen Konsequenzen von Marktradikalismus und Wettbewerbswahn im Unterschied zu etablierten Parteien nicht scheut, sondern die Devise »Noch mehr Markt, aber weniger Demokratie wagen!« ausgibt.

Gefahr droht weniger von einer Wiederbelebung völkischer Mystik durch Rechtsextremisten,[14] mag sich ein Teil der ultrarechten

»Szene« auch noch so oft auf dem Kyffhäuser treffen, zum Obersalzberg pilgern oder alljährlich nach Wunsiedel wallfahrten, als von einer wirtschaftsliberalen Gruppierung, die das marktradikale Konzept der »Standortsicherung« ohne Rücksicht auf seine unsozialen Folgen zuspitzt und dafür die Unterstützung seitens mächtiger Kreise der Industrie erwartet. Das geistige Bindeglied zwischen den genannten Kräften, die ihrer Herkunft und Bildung, ihrem Habitus und politischen Einfluß nach unterschiedlicher kaum sein könnten, stellt der Standortnationalismus dar.

Irrwege und Sackgassen politischer Bildungsarbeit im Kampf gegen die fremdenfeindliche Gewalt

Viele gutmeinende Politiker/innen, Publizist(inn)en und Pädagog(inn)en weisen auf demographische Probleme wie die drohende »Vergreisung« Deutschlands hin und leiten daraus ab, daß sich »unser« Lebensstandard ohne die Aufnahme junger, möglichst kinderreicher Migrant(inn)en zumindest auf Dauer nicht werde halten lassen.[15] Besonders im Gefolge der Globalisierung dürften Bemühungen zunehmen, die Fremdenfeindlichkeit dadurch abzubauen, daß man (bestimmte) Ausländer als Gewinn, als ökonomischen Aktivposten bzw. als positiven »Standortfaktor« für Deutschland darstellt. Eine Bildungsarbeit, die Ressentiments gegenüber Ausländer(inne)n zu verringern sucht, indem sie zeigt, daß diese den Wohlstand im Einwanderungsland erhöhen, verfehlt aber ihr Ziel, weil die für jeden Rassismus konstitutive Denkfigur, Personen nach ihrer Nützlichkeit für das »eigene« Kollektiv zu beurteilen, ungewollt zementiert wird. »Erst die Betrachtung des menschlichen Gegenübers unter Kosten-Nutzen- und Profitbzw. Vorteilsmaximierungsaspekten macht die Ausgrenzung des/der anderen als Nicht- bzw. Untermensch möglich.«[16]
Wer der politischen Bildung die Aufgabe einer »Rückbesinnung auf die positiven Traditionen der Nation und des Nationalstaates« zuweist,[17] übersieht oder unterschlägt bewußt die negative Wirkung des Nationalismus in einem Land, das auf der Grundlage dieser Ideologie zwei Weltkriege vom Zaun gebrochen hat. Vor

der Illusion, daß die politische Bildung den Nationalismus als Mittel bei der Erziehung zur Demokratie nutzbar machen könne, muß wegen seiner Affinität zum Rassismus und Rechtsextremismus ausdrücklich gewarnt werden. Gerade, weil sich viele Menschen heute wieder eher als Deutsche begreifen, sollte sich die politische Bildung davor hüten, nationale Mythen zu beleben und Emotionen wachzurufen. *Deutsch*nationalismus hat nun einmal kaum etwas mit dem amerikanischen oder französischen (Verfassungs-)Patriotismus, mit dem isländischen oder dem dänischen Nationalgefühl gemein. Außerdem kann die »Nation«, was immer die (west)europäische Integration davon übrigläßt, keine Antwort auf die Herausforderungen zur Jahrtausendwende sein.[18]
Wenn nicht die (deutsche) Nation, wird die (christliche) Religion als Bezugspunkt einer geistigen Umkehr empfohlen. Der Erziehungswissenschaftler Wolfgang Brezinka macht beispielsweise die Außerparlamentarische Opposition (APO) der 60er Jahre und ihre Nachwirkungen im Bildungswesen für den heutigen Rechtsextremismus verantwortlich: »Alle höheren Ideale wurden herabgesetzt; Ehrfurcht, Treue, Unterordnung, Gehorsam und selbstlose Dienstbereitschaft sind verspottet worden. Die folgenreichste Veränderung für die normative Kultur aber war das Absterben des christlichen Glaubens, der ›Tod Gottes‹ im Bewußtsein der meisten Menschen. Damit ist die stärkste Quelle für Geborgenheit und Grundvertrauen, für moralische Anstrengungsbereitschaft und für sicheres Rechts- und Unrechtsbewußtsein versiegt.«[19]
Häufig wird Jugendgewalt als Resultat mangelnder Erziehung thematisiert, gerade so, als stünde ihr eine Welt guterzogener und friedfertiger Erwachsener gegenüber.[20] Die deutsche Schule, heißt es im selben Kontext, brauche mehr »Mut zur Erziehung« und müsse wieder Werte statt bloßes Wissen vermitteln. Dem ist allerdings mit Erich Pommerenke folgendes entgegenzuhalten: »Werte können erstens nicht vermittelt werden, es kann allenfalls auf Werte hin erzogen werden. Zweitens hat sie nie aufgehört, das zu versuchen, und drittens hat dieser Versuch nur dann Aussicht auf Erfolg, wenn in der von den Kindern und Jugendlichen erlebten gesellschaftlichen Wirklichkeit diese Werte auch gelebt werden.«[21]
Weder die protestantische Ethik noch preußische Moralkodexe seligen Angedenkens sind geeignet, das friedliche und harmo-

nische Zusammenleben der Menschen im dritten Jahrtausend zu garantieren. Durch die »Wiederbelebung alter Werte«, wie sie von konservativer und wirtschaftsliberaler Seite gefordert wird,[22] ist der Rechtsextremismus nicht zurückzudrängen. Vielmehr bieten jene »deutschen Tugenden«, die Roland Tichy, enger Berater von Bundeskanzler Gerhard Schröder, als Trumpf im Globalisierungsprozeß begreift,[23] geradezu ideale Anknüpfungspunkte für ultrarechte Agitation und Propaganda.

Mit seiner oft publizierten These, wonach Belehrungen gegen Erfahrungen nicht ankommen,[24] hat Wilhelm Heitmeyer das Selbstverständnis der politischen Jugendbildungsarbeit tief erschüttert. Entscheidend sind aber nicht individuelle Erfahrungen, sondern die spezifische Art und Weise, wie sie verarbeitet werden. Diese hängt von der Verfügbarkeit entsprechender Interpretationsmuster ab, die rational begründet sein müssen und von der politischen Jugendbildung vermittelt werden können. Schließlich machen Jugendliche ihre Erfahrungen nicht im luftleeren Raum, sondern mittels Reflexionen, die auf Informationen und Impulsen der Umwelt basieren. »Subjektorientierung« der politischen Bildung sollte heißen, gesellschaftliche Hintergründe zu erhellen und Zusammenhänge herzustellen, die es Menschen mit einer völlig unterschiedlichen Biographie ermöglichen, persönliche Erlebnisse und Erfahrungen richtig zu deuten.

Die politisch-soziale Bildungsarbeit hat es weniger mit dem organisierten Rechtsextremismus selbst als vielmehr mit wissenschaftlichen Erklärungsmodellen, publizistischen Deutungsmustern und Legenden um ihn zu tun. Wilhelm Heitmeyer behauptet, wer Fremdenfeindlichkeit und Gewalt zu Themen einer Unterrichtsreihe mache, habe den Kampf dagegen bereits verloren.[25] Die politische Jugendbildung kommt jedoch nicht umhin, neben den sozialökonomischen Rahmenbedingungen für Rechtsextremismus diesen selbst, seine Kernideologien (Rassismus, Nationalismus, Militarismus, Sozialdarwinismus, Sexismus), Erscheinungsformen und Organisationsstrukturen zu thematisieren. Auch Diskussionen über Jugendgewalt, ihre Wurzeln und Möglichkeiten ihrer Beseitigung können aufklärend wirken, zum Nachdenken anregen und ein Schritt auf dem Weg zur Gewaltfreiheit sein.

Konzepte und Methoden emanzipatorischer Jugendbildung

Trotz produktiver Zweifel an ihrer Realisierung sollten kritisches Denken, Konfliktfähigkeit und -bereitschaft, solidarisches Verhalten, Möglichkeiten demokratischer Partizipation, Perspektiven gesellschaftlicher Emanzipation und Maßnahmen zur Integration von (ethnischen) Minoritäten im Zentrum der politischen Bildung stehen, die rationale Aufklärung betreiben und die bestehende Gesellschaft verändern will. Notwendig wäre eine Erziehung zur Empathie, Konfliktfähigkeit und Multiperspektivität, hier verstanden als zu erlernende Schlüsselkompetenz im Umgang mit Anderen, darüber hinaus jedoch als didaktisches Prinzip des (Schul-)Unterrichts und als Strukturmoment der Textgestaltung.[26] Die möglichst schon in früher Jugend anzustrebende Perspektivenübernahme sollte wechselseitig, bei der Mehrheitsgesellschaft wie bei ethnischen oder religiösen Minderheiten, und auf der argumentativen, der sozialen wie der emotionalen Ebene stattfinden: »Es gilt, die Argumente der Gegenseite zu verstehen, die Wirkung der eigenen Aktionen auf andere abschätzen und sich in die Ängste des Gegenübers einfühlen zu können.«[27]

Gegenwärtig herrscht Ratlosigkeit unter Pädagog(inn)en, was Emanzipation in einem emphatischen Wortsinn, also über die notwendige Gleichstellung von Frauen und Männern hinaus, überhaupt noch bedeuten kann, wofür Albert Scherr folgende Gründe nennt: »Nicht nur das Ende des sogenannten realen Sozialismus, auch die Verwandlung der ökologischen Bewegung in eine regierungsfähige Parteienpolitik sowie grundsätzliche Zweifel an einer politischen Gestaltbarkeit der Gesellschaft, insbesondere einer immer stärker weltmarktorientierten Ökonomie, sind für die Formulierung einer emanzipatorischen Politik und Pädagogik eher lähmend als befördernd.«[28] Scherr versteht unter Emanzipation in erster Linie die Subjektbildung und postuliert: »Emanzipatorische Jugendpädagogik hat demnach – normativ formuliert – Prozesse der Bildung zum Subjekt anzuregen, zu ermöglichen und zu fördern.«[29]

Aufklärung über die sich im Rassismus ausdrückenden Interessen und die Mechanismen, mit denen er sich innerhalb verschiedener Gesellschaftsbereiche durchsetzt, ist eine geistige Waffe im Kampf gegen den Rechtsextremismus. Wenn es nämlich gelingt, die Stigmatisierung ethnischer Minoritäten zu Menschen minderen Wertes und/oder Rechts als Instrument der Vereinnahmung eines Großteils der Mehrheitsgesellschaft für den Erhalt bestehender Machtverhältnisse zu problematisieren, kann darüber hinaus die Einsicht vermittelt werden, daß man durch Übernahme solcher diskriminierender Deutungsangebote zwangsläufig »an der Reproduktion eines Netzes verinnerlichter Fremdkontrolle und -disziplinierung mitwirkt, durch die auch man selbst kleingehalten und entmächtigt wird«.[30]

So wichtig mehr emotionale Bezüge in der politischen Bildungsarbeit sein mögen, so sinnvoll ist es, an der rationalen Aufklärung über die gesellschaftlichen Ursachen bestimmter Entwicklungen, die Hintergründe politischer Ereignisse und die Konsequenzen bestimmter Ideologien festzuhalten, was keineswegs bedeuten muß, in die erstarrten, von Heitmeyer überzeugend kritisierten Spielarten des traditionellen Antifaschismus zurückzufallen. »Jede Form der Betroffenheits- und Gefühlspädagogik, die nur die Erkenntnis des unmittelbar Erfahrbaren gelten lassen will und sich der Anstrengung des Begriffs verweigert, muß sich den Vorwurf gefallen lassen, mit ihrem eigenen Selbstverständnis den verschiedenen Formen des individuellen und gesellschaftlichen Irrationalismus Vorschub zu leisten, so menschenfreundlich sie sich auch gibt.«[31]

Soziale, politische und ökonomische Zusammenhänge müssen selbst dann verdeutlicht werden, wenn es zunächst so scheint, als stoße pädagogisches Bemühen beim Rechtsextremismus an die Grenzen seiner Wirkungsmöglichkeiten: »Solange politische Bildung an dem Ziel eines autonomen Subjekts festhält, kann sie auf rationale Aufklärung nicht verzichten.«[32] Selbst wenn die Aufklärung scheitert, erfährt man etwas über die vorhandenen psychischen Widerstände und kann sie präventiv einsetzen.[33]

In einer Abwandlung von Theodor W. Adornos berühmtem Diktum über Erziehung nach Auschwitz hat sich die politische Jugendbildung heute der Aufgabe zu stellen, daß Hoyerswerda sich nicht wiederhole. »Erziehung zur Mündigkeit« kann aber auch nach Mölln nur stattfinden, wenn Auschwitz nicht verleugnet, sondern mitsamt seinen Wurzeln zum Unterrichtsgegenstand gemacht wird. Dies muß in einer zeitgemäßen Form und so geschehen, daß fundamentale Unterschiede wie frappierende Gemeinsamkeiten zwischen Hitlerfaschismus und modernem Rechtsextremismus berücksichtigt werden. Die historisch-politische Bildung behält ihren Wert. »Abschreckungsdidaktik«, d.h. die Konfrontation junger Menschen mit Nazigreueln, ist allerdings keine sinnvolle Konzeption für den Politik- bzw. Geschichtsunterricht. Erinnerungsarbeit muß mehr sein als der Pflichtbesuch eines ehemaligen KZ, auf die prägende Wirkung von NS-Gedenkstätten gleichwohl nicht verzichten.[34] Konzentrieren sollte man sich weniger auf das Regime als vielmehr auf seine Volksgemeinschaftsideologie, deren Wirkungsweise, Funktionen und Momente von Kontinuität, also Bezüge zur Gegenwart.

Siegfried Schiele betont zu Recht, daß die Politische Bildung mit der ihr wieder einmal zugedachten »Feuerwehrfunktion« überfordert ist: »Wenn es irgendwo brennt, soll sie beim Löschen helfen. Sie muß, wenn sie ehrlich ist, in den meisten Fällen bekennen, daß sie gar kein Löschwasser hat. Was sie bei gesellschaftlichen und politischen Krisen relativ rasch verfügbar machen kann, das sind wichtige Informationen und erste Analysen, die ihr von der Wissenschaft zur Verfügung gestellt werden und die sie so weitergeben sollte, daß sie breiteren Kreisen in unserer Gesellschaft verfügbar sind.«[35]

Vieles deutet darauf hin, daß die Politische Bildung nach anfänglicher Verunsicherung, Ratlosigkeit und resignativen Stimmungen die Herausforderung durch den Rechtsextremismus angenommen hat und sich bemüht, ihr trotz knapper Haushaltsmittel und fehlender Ressourcen einigermaßen gerecht zu werden. Zumindest widmet sie dem Thema »Rechtsextremismus« heute mehr Aufmerksamkeit. So enthalten neuere Standardwerke zur politischen Bildung mehrere Beiträge über Möglichkeiten und Grenzen, mit diesem Problem fertigzuwerden.[36]

Auch innerhalb der Gewerkschaften hat die Debatte über neue, innovative Konzepte der politischen Bildung begonnen. Dort gibt es Ansätze zu einer betriebsnahen Jugendbildungsarbeit, für die Thomas von Freyberg wirbt, weil demnächst mit einem Anwachsen ethnischer Konflikte am Arbeitsplatz zu rechnen sei.[37] Je mehr sich die internationale Konkurrenz verschärft und je höher das Risiko des Arbeitsplatzverlustes für Millionen von Beschäftigten ist, desto leichter läßt sich die kulturelle bzw. ethnische Differenz politisch aufladen, desto eher dürften rassistische Ausschließungspraktiken und nationalistische Positionen grassieren.

In der Wahlentscheidung für REPublikaner, DVU oder NPD drückt sich nicht nur der Unmut vieler Menschen über die eigene soziale Lage und das Mißtrauen gegenüber den Volksparteien, sondern auch der Irrglaube aus, rechtsextreme Abgeordnete würden die Meinung des »kleinen Mannes« im Parlament (lautstark) vertreten. Deshalb müßten die Stimmbürger/innen über das (Fehl-)Verhalten rechtsextremer Parlamentarier besser informiert und dadurch desillusioniert werden, ohne daß der Eindruck entsteht, es handle sich bei diesen Abgeordneten um Dummköpfe. So würde nämlich die Gefahr einer Parlamentarisierung des Rechtsextremismus bagatellisiert, ein Solidarisierungseffekt produziert und der Homogenisierungs-, Intellektualisierungs- bzw. Professionalisierungsprozeß im »nationalen Lager« ignoriert.

Eine vernachlässigte Aufgabe der politischen Bildungsarbeit besteht folglich darin, Jugendliche und Erwachsene über die materielle Basis, die programmatischen Ziele und die (beschämende) Art ihrer parlamentarischen Umsetzung durch Abgeordnete rechtsextremer Parteien aufzuklären. Wolfgang Gessenharter sieht darin einen Grund für Wahlniederlagen der DVU, die eintraten, nachdem vor allem viele lokale bzw. regionale Medien über mangelnde Präsenz, Reden und Zwischenrufe von Landtagsabgeordneten berichtet hatten: »Die nüchterne Analyse etwa der von Frey aus München gesteuerten Parlaments- und Ausschußarbeit der DVU-Mitglieder in Bremen und Schleswig-Holstein in ihrer ganzen Mickrigkeit und das breite Ausstreuen der Ergebnisse dieser Beobachtungen in die Öffentlichkeit hat wahrscheinlich dieser Partei mehr geschadet als ihre routinemäßige Erwähnung in Verfassungsschutzberichten.«[38]

Auch wer diese Einschätzung nicht teilt oder als übertrieben erachtet, wird zugeben müssen, daß die Tätigkeit rechtsextremer Abgeordneter, wie sie unterschiedliche Fallstudien dokumentiert haben,[39] lehrreiches Anschauungsmaterial für die politische Bildungsarbeit liefern kann. Argumentationsmuster der Parlamentarier von DVU, NPD und REPublikanern weisen erschreckend viele Berührungspunkte zu Positionen der übrigen Abgeordneten und Parteien auf. Schnittstellen finden sich vor allem dort, wo Schlüsselelemente rechtsextremer Programmatik (z.B. Verschärfung der Ausländer- und Asylpolitik) auf soziale Problemfelder (Arbeitslosigkeit, Wohnungsnot, Kriminalität, Drogenmißbrauch usw.) bezogen und mit populistischen Forderungen verbrämt werden.

Der überwiegend argumentativ-rational verfahrende Unterricht ist um sinnlich-emotionale Formen, z.B. Rollen- und Planspiele, Zukunftswerkstätten, Projektarbeit, Dokumentationen, Videoarbeit, Besuche, Begegnungen und Gespräche mit Zeitzeug(inn)en, zu ergänzen, ohne daß die Vermittlung von politischen Informationen und Wissen darunter leiden darf: »Da ein politischer Unterricht das Attribut ›politisch‹ nicht nur als Fachetikett, sondern auch in einem handlungsorientierten und auf die Entscheidungszentren und die Veränderungspotentiale der Gesellschaft gerichteten Sinne begreifen soll, kommt es auch darauf an, seinen möglichen Entpolitisierungstendenzen entgegenzuwirken.«[40]

In der Diskussion über Fremdenfeindlichkeit und Gewalt, die nicht zuletzt der Selbstverständigung über die Zukunftsperspektiven des vereinten Deutschland diente, wurde die familiäre und schulische Erziehung häufig als Auslöser für die Rechtsentwicklung und hohe Gewaltbereitschaft von (meist männlichen) Jugendlichen identifiziert. Um so notwendiger erscheint die Entwicklung geeigneter Konzepte der politischen Bildung, mit denen man einer weiteren Ausbreitung sozialdarwinistischer, nationalistischer und rassistischer Ideologeme entgegenwirken kann.

Für eine Neuorientierung der politischen Bildung: Mit dem Sozialstaat stirbt die Demokratie – die Standortlogik widerlegen!

Untersuchungen der Jugendforschung belegen, daß sich sowohl Jungen wie Mädchen mehr für politische und gesellschaftliche Probleme interessieren, als gemeinhin angenommen wird, und zwar vor allem für »*global*politische« Themenbereiche: Umweltschutz, Friedenssicherung und Bildung rangieren ganz oben.[41] Da die Entwicklung des Rechtsextremismus mit den Weltmarktbedingungen und internationalen Machtkonstellationen zusammenhängt, bieten sich Didaktik und Methodik eines »Globalen Lernens« an.[42] Ausgehend von globalen Problemen (Welthunger, Epidemien, drohende Techno- und Naturkatastrophen), versucht dieser Ansatz, den »klassischen« Spartendisziplinen wie etwa Friedenspädagogik, Umweltbildung, Menschenrechtserziehung und entwicklungspolitischer Bildungsarbeit eine gemeinsame, sie alle übergreifende und verbindende Perspektive zu geben: »Der Begriff des Globalen Lernens (...) soll deutlich machen, daß dieses Konzept über nationale (oder gar nationalistische) Interessen hinausweist und sich mit den gesellschaftlichen, politischen und sozialen Entwicklungen und Zusammenhängen im globalen Raum und mit ihnen verbundenen pädagogischen Reaktions- und Handlungsmöglichkeiten beschäftigt.«[43]

Ein damit durchaus vereinbares Konzept liegt dem Projekt »Internationales Lernen« zugrunde, das die komparative Jugendforschung mit Jugendbildungsarbeit (in Form internationaler Begegnungen) sowie mit einer Beratungs- bzw. Unterstützungspraxis für Jugendarbeiter/innen und -bildner/innen verbindet.[44] Vergleiche mit der Situation anderer Länder sollen hierbei die Jugendlichen für Probleme in ihrem Heimatstaat sensibilisieren und gleichzeitig befähigen, sie differenzierter zu beurteilen und Lösungsmöglichkeiten ausfindig zu machen.

Anknüpfungspunkte findet die politische Bildungsarbeit im ausgeprägten Interesse der Jugendlichen an Zukunftsthemen. Fragen nach gesellschaftlichen Entwicklungsperspektiven (»Wie und in welcher Welt wollen wir leben?«) bilden eine geeignete Basis für Problemstellungen ökonomisch-sozialer, ökologischer und demokratischer Natur.[45] Hinterfragen könnte man beispielsweise internationale Machtkonstellationen, Konkurrenzverhältnisse und Leistungsansprüche, denen die Nationalstaaten und ihre Bürger/innen – in Zukunft stärker denn je – ausgesetzt sind. Die verschiedenen politisch-programmatischen Standpunkte, Interessengegensätze und Konfliktlösungsmodelle müßten in Unterrichtseinheiten behandelt werden, wobei zu bedenken ist, daß die kontinentale Dimension aufgrund der europäischen Integration in Zukunft wichtiger sein wird als die »nationale Identität«. Hinsichtlich der Binnenentwicklung unserer Gesellschaft stellt sich die Alternative, ob sie durch ein nationales Pathos oder durch ein soziales Ethos bestimmt sein wird, das die Bevölkerung nicht mehr in »Gewinner/innen« und »Verlierer/innen« des Modernisierungs- bzw. Globalisierungsprozesses spaltet.

Je mehr sich eine Gesellschaft neoliberalen Konzepten unterwirft, desto inhumaner wird sie. Daher gehört es zu den Hauptaufgaben der politischen Bildung, die Standortlogik zu widerlegen und den Blick auf sozialpolitische Alternativen zu lenken, die den inneren Frieden und die Sicherung der Demokratie ermöglichen.[46] Hierbei rückt das Interesse an einer für alle nutzbringenden Kooperation der Individuen und einer möglichst problemlosen Kommunikation über »Kulturschranken« hinweg in den Vordergrund, wohingegen das Konstrukt der »nationalen Identität«, auf welches sich politische Bildung während der 80er Jahre positiv bezog,[47] obwohl es als Einfallstor für Rechtsextremismus und Rassismus diente, kritisch hinterfragt wird. »Es gibt keine harmlose nationale Identität, nationale Identität ist immer schon mit dem Totschlag verschwistert. Zumal in Deutschland liegen unter einer dünnen Schicht demokratischer Verhaltensweisen alte Denk-, Gefühls- und Handlungsgewohnheiten bereit, die wiederbelebt werden, wenn man sich anschickt, das Deutsche hervorzukehren.«[48]

Arno Klönne betont zu Recht, daß die Interessen- und Konfliktorientierung in der politischen Bildung aufgrund einer mit dem Globalisierungsprozeß verbundenen »Rückkehr der sozialen Frage« wieder aktuell sei.[49] Folglich müssen Armut und Arbeitslosigkeit als *gesellschaftliches* Phänomen, nicht als individuelles Problem, das schuldhaft herbeigeführt und ein unabwendbares Schicksal ist, begriffen werden. Statt sich zu sehr mit »dem Fremden«, seiner furchteinflößenden Wirkung und möglichen Faszination zu beschäftigen, sollte die politische Bildung wieder mehr auf die eigene Gesellschaft, ihre ungleichen Verteilungsrelationen und fragwürdigen Machtverhältnisse gucken. Charakteristisch für den Standortnationalismus – wie für jede andere Spielart des Chauvinismus – ist die Betonung des staatsbürgerlichen »Innen – außen«-Gegensatzes. Aufgabe der politischen Bildung wäre es

m. E., die Bedeutung dieser Konfliktlinie dadurch zu relativieren, daß der innergesellschaftliche »Oben – unten«-Gegensatz schärfer konturiert wird.
Statt die soziale mit der nationalen Frage zu verbinden, wie es Rechtsextremisten bzw. -populisten tun, muß die demokratische mit der sozialen Frage verknüpft werden. Damit die Demokratie in einer (fast) alle befriedigenden Weise funktionieren kann, bedarf sie wohlfahrtsstaatlicher Fundamente. Je brüchiger diese aufgrund permanenter Leistungskürzungen für Bedürftige werden und je stärker sich die soziale Polarisierung in Arm und Reich manifestiert, um so akuter ist die Demokratie gefährdet. Ebensowenig, wie die Zuwanderung von sog. Gastarbeitern, Aussiedlern und Asylbewerbern nach dem Nutzen für das Aufnahmeland bzw. seine Bewohner/innen beurteilt werden darf, will man die weitere Ausbreitung des Rassismus unter diesen verhindern, darf der Sozialstaat nach dem Nutzen für den »Wirtschaftsstandort D« beurteilt werden, will man die Ausbreitung des Standortnationalismus verhindern.
Viel hängt davon ab, ob es gelingt, die politische Kultur des vereinten Deutschland – nicht zuletzt durch kritische Bildungsarbeit – in einem demokratischen Sinne zu beeinflussen. Hajo Funke sieht durchaus Chancen für eine Reformulierung des liberal-zivilen und sozialen Selbstverständnisses dieser Republik: »Aber es gehört zu den Bedingungen eines solchen Erfolgs, daß sich die Vertreter der politischen Eliten mit den Teilen der Bevölkerung – der Gegenöffentlichkeit – verbinden, die aus einem demokratischen und toleranten Selbstverständnis heraus sich in Initiativen um ein gegenüber Minderheiten faires und tolerantes Zusammenleben aktiv bemühen.«[50]
Nötig wäre eine neue Kultur der Solidarität, die aber nur zu entwickeln ist, wenn sich die politische Bildung mit geeigneten Konzepten daran beteiligt. Ein handlungsorientierter Politik-, Sozial- bzw. Gemeinschaftskundeunterricht versucht, in politische Willensbildungs- und Entscheidungsprozesse einzugreifen und Veränderungen herbeizuführen, die den Abstand zwischen Verfassungsnorm und gesellschaftlicher Wirklichkeit verringern. Bloß wenn Jugendliche merken, daß sie Verantwortung für die zukünftige Gesellschaftsentwicklung tragen, und lernen, Entscheidun-

gen zu treffen, bieten ihnen rechtsextreme Parteien keine attraktive oder gar exklusive Plattform, ihre Unzufriedenheit mit dem Status quo auszudrücken. »Gegen Erfahrungen von Entsolidarisierung, Desorientierung und Ohnmacht und die aus ihnen hervorgehende Gewalt müssen Lebenszusammenhänge angeboten werden, in denen der Erfolg solidarischer und selbstbestimmter Bewältigung gesellschaftlicher und individueller Probleme erfahrbar wird.«[51]

Wenn der Ethno- bzw. Standortnationalismus ein ideologischer Kristallisationskern aller Kräfte ist, die eine »andere Republik« errichten wollen, muß politische Bildung weiter ausholen und ihrerseits über den rechten Rand des Parteienspektrums hinausgreifen: »Die jugend- und schulpolitische Auseinandersetzung der Gegenwart hat sich jedenfalls nicht nur auf die Auseinandersetzung mit dem organisierten Rechtsextremismus, sondern auch und vor allem auf die fließenden Übergänge zwischen ›seriösem‹ Konservatismus und neuem Nationalismus/Rechtsextremismus zu beziehen.«[52]

Nirgends herrscht mehr Unklarheit und Verwirrung als hinsichtlich der Entstehungsursachen, der unterschiedlichen Erscheinungsformen und tiefgreifenden Folgen des Globalisierungsprozesses. Der frühere Arbeits- und Sozialminister Herbert Ehrenberg spricht von einer »großen Standortlüge«[53], die nach Gegeninformationen und -argumenten verlangt. Entgegen der herrschenden Meinung ist die ökonomische Globalisierung keine Naturkatastrophe, sondern von den mächtigsten Industriestaaten bewußt ins Werk gesetzt worden. Durch sie wird (Sozial-)Politik nicht unmöglich, sondern ist nur noch mehr als bisher gefordert, den »Turbokapitalismus« (Edward N. Luttwak) zu bändigen und eine nachhaltige Entwicklung der ganzen Welt zu sichern. Mit dem Wohlfahrtsstaat würde nämlich auch die moderne Demokratie sterben.

Die politische Bildung muß nicht nur die falschen Behauptungen und die Standardargumente der Standortdiskussion (beispielsweise die angeblich sinkende Wettbewerbsfähigkeit der deutschen Wirtschaft: diese exportiert nämlich – bezogen auf die kleinere Einwohnerzahl bzw. den einzelnen Industriebeschäftigten – ein Mehrfaches ihrer Hauptkonkurrenten USA und Japan) zu widerlegen suchen, sondern auch die Kardinalfrage aufwerfen, in welcher Gesellschaft wir eigentlich leben wollen: Soll es eine Konkurrenzgesellschaft sein, die Leistungsdruck und Arbeitshetze permanent erhöht, die Erwerbslose, Alte und Behinderte ausgrenzt, die Egoismus, Durchsetzungsfähigkeit und Rücksichtslosigkeit honoriert, sich jedoch über den Verfall von Sitte, Anstand und Moral wundert, oder eine soziale Bürgergesellschaft, die Kooperation statt Konkurrenzverhalten, Mitmenschlichkeit und Toleranz statt Gleichgültigkeit und Elitebewußtsein fördert? Ist ein ruinöser Wettkampf auf allen Ebenen und in allen Bereichen, zwischen Bürger(inne)n, Kommunen, Regionen und Staaten, bei dem Steuergerechtigkeit, Sozial- und Umweltstandards auf der Strecke bleiben, wirklich anzustreben? Eignet sich der Markt als gesamtgesellschaftlicher Regelungsmechanismus, obwohl er auf seinem ureigenen Terrain, der Volkswirtschaft, ausweislich einer sich verfestigenden Massenarbeitslosigkeit, gegenwärtig kläglich versagt? Darauf die richtigen Antworten zu geben heißt, den Neoliberalismus, sein zutiefst unsoziales Konzept der »Standortsicherung« und den Rechtsextremismus erfolgreich zu bekämpfen.

Anmerkungen

1 Vgl. hierzu: Christoph Butterwegge u.a., Sozialstaat und neoliberale Hegemonie. Standortnationalismus als Gefahr für die Demokratie, Berlin 1998.

2 Stefan Welzk, Globalisierung und Neofaschismus, in: *Kursbuch* 134 (1998), S. 42.

3 Jutta Menschik-Bendele/Klaus Ottomeyer, Sozialpsychologie des Rechtsextremismus. Entstehung und Veränderung eines Syndroms, Opladen 1998, S. 303.

4 Hajo Funke, Der aufhaltsame Marsch der neuen Rechten durch die Institutionen, in: *Blätter für deutsche und internationale Politik* 2/1998, S. 185.

5 Vgl. Klaus Ahlheim, Rechtsradikalismus und die Grenzen politischer Bildung, in: Mechtild M. Jansen u.a. (Hg.), Rechtsradikalismus. Politische und sozialpsychologische Zugänge, Frankfurt am Main 1992, S. 108.

6 Christian Glaß, Politische Bildungsarbeit vs. Gewaltbereitschaft und Rechtsextremismus Jugendlicher. Theoretische Festlegungen – Praxisreflexion – Trends, in: *Sozialwissenschaftliche Literatur Rundschau* 37 (1998), S. 70.

7 Siehe Rolf Schörken, Zur Ausgangslage der politischen Bildung in den neuen Bundesländern, in: Aus Politik und Zeitgeschichte. Beilage zur Wochenzeitung *Das Parlament* 9/1991, S. 37.

8 Vgl. den Überblick bei: Christoph Butterwegge, Rechtsextremismus, Rassismus

und Gewalt. Erklärungsmodelle in der Diskussion, Darmstadt 1996; Marcus Neureiter, Rechtsextremismus im vereinten Deutschland. Eine Untersuchung sozialwissenschaftlicher Deutungsmuster und Erklärungsansätze, Marburg 1996.

9 Klaus-Peter Hufer, Rechtsextremismus – Herausforderung für die politische Bildung, in: Dieter Schüpp u.a. (Hg.), Rechtsextremismus und Gewalt. Phänomene – Analysen – Antworten. Dokumentation einer Vortragsreihe am Fachbereich Sozialwesen der Fachhochschule Niederrhein, Mönchengladbach 1994, S. 175.

10 Siehe Dietmar Fricke/Jörg Meyer, Vom Sinn und Unsinn der Standortdebatte, in: Gotthard Breit (Hg.), Sozialstaatsprinzip und Demokratie, Schwalbach im Taunus 1996, S. 88.

11 Vgl. Helmut Kellershohn, Völkischer Nationalismus und seine Kernideologeme. Eine knappe Begriffsklärung, in: Siegfried Jäger u.a., Der Spuk ist nicht vorbei. Völkisch-nationalistische Ideologeme im öffentlichen Diskurs der Gegenwart, Duisburg 1998, S. 26ff.

12 Vgl. dazu: Herbert Schui u.a., Wollt ihr den totalen Markt? – Der Neoliberalismus und die extreme Rechte, München 1997.

13 Ralf Ptak, Wirtschaftspolitik und die extreme Rechte. Betrachtungen zu einer wenig behandelten Frage, in: Jens Mecklenburg (Hg.), Handbuch deutscher Rechtsextremismus, Berlin 1996, S. 909.

14 Vgl. dazu: Friedrich Paul Heller/Anton Maegerle, Thule. Vom völkischen Okkultismus bis zur Neuen Rechten, Stuttgart 1995.

15 Vgl. z.B. Roland Tichy, Ausländer rein!, Deutsche und Ausländer – verschiedene Herkunft, gemeinsame Zukunft, 3. Aufl. München/Zürich 1993; Harald Schumacher, Einwanderungsland BRD, 3. Aufl. Düsseldorf 1995.

16 Andreas Buderus, Fünf Jahre Glatzenpflege auf Staatskosten. Jugendarbeit zwischen Politik und Pädagogik, Bonn 1998, S. 139.

17 Siehe Günther Rüther, Politische Bildung und politische Kultur im vereinigten Deutschland, in: *Aus Politik und Zeitgeschichte* 34/1993, S. 11.

18 Vgl. Wolfgang Gessenharter, Herausforderungen zur Jahrtausendwende: Kann »Nation« die Antwort sein?, in: Christoph Butterwegge (Hg.), NS-Vergangenheit, Antisemitismus und Nationalismus in Deutschland. Beiträge zur politischen Kultur der Bundesrepublik und zur politischen Bildung, Mit einem Vorwort von Ignatz Bubis, Baden-Baden 1997, S. 141ff.

19 Wolfgang Brezinka, Gewalt, Staat und Erziehung, in: *Pädagogische Rundschau* 1/1995, S. 10f.

20 Vgl. Karl-Otto Richter/Bernhard Schmidtbauer, Zur Akzeptanz von Asylbewerbern in Rostock-Stadt. Empirische Ergebnisse aus dem Frühjahr 1992, in: *Aus Politik und Zeitgeschichte* 2-3/1993, S. 44.

21 Erich Pommerenke, Neuer Rechtsradikalismus. Herausforderung für die Politische Bildung, in: Georg E. Becker/Ursula Coburn-Staege (Hg.), Pädagogik gegen Fremdenfeindlichkeit, Rassismus und Gewalt. Mut und Engagement in der Schule, Weinheim/Basel 1994, S. 101.

22 Siehe z.B. Otto Graf Lambsdorff, Aufstand des Anstands. Mit einer neuen Wertediskussion gegen Gewalt, in: Reinhard Appel (Hg.), Wehret den Anfän-

gen! – Prominente gegen Rechtsextremismus und Fremdenhaß, Bergisch Gladbach 1993, S. 75.

23 Siehe Roland Tichy, Ab in die Neue Mitte! – Die Chancen der Globalisierung für eine deutsche Zukunftsgesellschaft, Hamburg 1998, S. 12f.

24 Vgl. Wilhelm Heitmeyer, Überlegungen zu Pädagogik und Fremdenfeindlichkeit: Je höher die Moralisierung, desto niedriger die Kommunikationschancen, in: Wilfried Schubarth/Wolfgang Melzer (Hg.), Schule, Gewalt und Rechtsextremismus, 2. Aufl. Opladen 1995, S. 193.

25 Vgl. ebd., S. 194.

26 Vgl. Klaus Peter Fritzsche, Multiperspektivität: eine Schlüsselkompetenz beim Umgang mit dem Fremden, in: Yves Bizeul u.a. (Hg.), Vom Umgang mit dem Fremden. Hintergrund – Definitionen – Vorschläge, Weinheim/Basel 1997, S. 191f.

27 Ders./Herbert Knepper, Die neue Furcht vor der Freiheit. Eine Herausforderung an die politische Bildung, in: *Aus Politik und Zeitgeschichte* 34/1993, S. 22.

28 Albert Scherr, Bildung zum Subjekt. Ideen für eine zeitgemäße emanzipatorische Jugendarbeit, in: *Deutsche Jugend* 5/1995, S. 216.

29 Ebd., S. 218.

30 Siehe Klaus Holzkamp, Antirassistische Erziehung als Änderung rassistischer »Einstellungen«? – Funktionskritik und subjektwissenschaftliche Alternative, in: Siegfried Jäger (Hg.), Aus der Werkstatt: Antirassistische Praxen. Konzepte – Erfahrungen – Forschung, Duisburg 1994, S. 27.

31 Klaus Ahlheim, Rechtsradikalismus und die Grenzen politischer Bildung, a.a.O., S. 113.

32 Ebd., S. 111.

33 Vgl. K. Peter Fritzsche/Herbert Knepper, Die neue Furcht vor der Freiheit, a.a.O., S. 21f.

34 Vgl. dazu: Cornelius Erf, Mündigkeit gegen Rechtsextremismus. Schulische Prävention durch politische und historische Bildung, in: Wilfried Schubarth/Wolfgang Melzer (Hg.), Schule, Gewalt und Rechtsextremismus, a.a.O., S. 213ff.; ein gelungenes Beispiel: Peter Krahulec u.a., Buchenwald – Weimar: April 1945. Wann lernt der Mensch?, Ein Grundlagenbuch für Gruppenarbeit und Selbststudium, Mit einem Begleitwort von Ralph Giordano, Münster/Hamburg 1994.

35 Siegfried Schiele, Die kurzen Arme politischer Bildung, in: Kurt Möller/Siegfried Schiele (Hg.), Gewalt und Rechtsextremismus. Ideen und Projekte für soziale Arbeit und politische Bildung, Schwalbach im Taunus 1996, S. 52.

36 Vgl. etwa Bernhard Claußen/Birgit Wellie (Hg.), Bewältigungen. Politik und Politische Bildung im vereinigten Deutschland, Hamburg 1995; Benno Hafeneger (Hg.), Handbuch politische Jugendbildung, Schwalbach im Taunus 1997.

37 Vgl. Thomas von Freyberg, Blinde Flecken gewerkschaftlicher Politik gegen Rassismus und Ausländerfeindlichkeit. Ein Plädoyer für eine betriebsnahe Bildungsarbeit gegen ethnische Diskriminierung am Arbeitsplatz, in: *Gewerkschaftliche Monatshefte* 8/1995, S. 481.

38 Wolfgang Gessenharter, Kippt die Republik? – Die Neue Rechte und ihre

Unterstützung durch Politik und Medien, München 1994, S. 182.

39 Vgl. zuletzt: Christoph Butterwegge u.a., Rechtsextremisten in Parlamenten. Forschungsstand – Fallstudien – Gegenstrategien, Opladen 1997; Matthias Schmidt, Die Parlamentsarbeit rechtsextremer Parteien und mögliche Gegenstrategien. Eine Untersuchung am Beispiel der »Deutschen Volksunion« im Schleswig-Holsteinischen Landtag, Münster 1997.

40 Klaus-Peter Hufer, Rechtsextremismus – Herausforderung für die politische Bildung, a.a.O., S. 185.

41 Vgl. Wolfgang Melzer, Jugend und Politik in Deutschland. Gesellschaftliche Einstellungen, Zukunftsorientierungen und Rechtsextremismus-Potential Jugendlicher in Ost- und Westdeutschland, Opladen 1992, S. 91f.

42 Vgl. zu den Varianten des »Globalen Lernens« vor allem Werner Wintersteiner, Pädagogik des Anderen. Bausteine für eine Friedenspädagogik in der Postmoderne, Mit einem Vorwort von Johan Galtung, Münster 1999, S. 288ff.

43 Günther Gugel/Uli Jäger, Globales Lernen. Eine Perspektive zur friedenspädagogischen Bildungsarbeit, in: Wolfgang R. Vogt/Eckhard Jung (Hg.), Kultur des Friedens. Wege zu einer Welt ohne Krieg, Darmstadt 1997, S. 171.

44 Vgl. Rudolf Leiprecht/Josef Held, Vergleichende Jugendforschung als internationale Kooperation: Das Projekt »Internationales Lernen«, in: Rudolf Leiprecht (Hg.), In Grenzen verstrickt. Jugendliche und Rassismus in Europa. Ergebnisse vergleichender Jugendforschung, Duisburg 1995, S. 8ff.

45 Vgl. dazu: Hans-Werner Horn, No time for losers. Rechte Orientierungen gewerkschaftlich organisierter Jugendlicher, in: *Gewerkschaftliche Monatshefte* 8/1995, S. 496.

46 Vgl. hierzu: Christoph Butterwegge, Wohlfahrtsstaat im Wandel. Probleme und Perspektiven der Sozialpolitik, Opladen 1999.

47 Vgl. z.B. Werner Weidenfeld (Hg.), Die Identität der Deutschen, Bonn 1983 (Schriftenreihe der Bundeszentrale für politische Bildung, Bd. 200); Bundeszentrale für politische Bildung (Hg.), Die Frage nach der deutschen Identität. Ergebnisse einer Fachtagung der Bundeszentrale für politische Bildung, Bonn 1985 (Schriftenreihe, Bd. 221).

48 Götz Eisenberg, Deutschland als Prothese. Wozu nationale Identität?, in: *Die Neue Gesellschaft/Frankfurter Hefte* 8/1996, S. 741.

49 Siehe Arno Klönne, Die Rückkehr der sozialen Frage. Die Konfliktorientierung wird in der sozialen und politischen Bildung wieder aktuell, in: Arbeit und Leben DGB/VHS, Landesarbeitsgemeinschaft NW (Hg.), Die Rückkehr der sozialen Frage. Zur Aktualität politischer Bildung, Schwalbach im Taunus 1998, S. 61 ff.

50 Hajo Funke, Unsere Gleichgültigkeit ist ihr Triumph. Für eine Renaissance der liberalen und sozialen politischen Kultur, in: Jens Mecklenburg (Hg.), Braune Gefahr. DVU, NPD, REP. Geschichte und Zukunft, Berlin 1999, S. 285.

51 Stefan Böckler, Wiedervereinigte Jugend. Die Aufgaben politischer Bildung in Deutschland, in: Karin Böllert/Hans-Uwe Otto (Hg.), Soziale Arbeit in einer neuen Republik. Anpassung oder Fortschritt, Bielefeld 1993, S. 128.

52 Benno Hafeneger, Rechtsextremismus: Herausforderung für Pädagogik, Jugendarbeit und Schule, in: Christoph Butterwegge/Horst Isola (Hg.), Rechts-

extremismus im vereinten Deutschland. Randerscheinung oder Gefahr für die Demokratie?, Mit einem Vorwort von Eckart Spoo, 3. Aufl. Bremen/Berlin 1991, S. 156.

53 Siehe Herbert Ehrenberg, Die große Standortlüge. Plädoyer für einen radikalen Kurswechsel in der Wirtschafts-, Finanz- und Sozialpolitik, Bonn 1997.

Burkhard Schröder

Ignore this sign!

I

Es wird angenommen, Lehrer seien in der Lage, Schüler zu erziehen. Diese Erwartung, ja, Hoffnung erweist sich häufig als trügerisch. Insbesondere in den neuen Bundesländern hegen Pädagogen noch die Erwartung, man könne Jugendliche »formen«, der heranwachsende Mensch sei eine Art Knetmasse, der die Schule eine moralische, sittliche, also vernünftige Gestalt zu geben habe. Leider schwebt dieser Anspruch nur als hehres Motto über dem Alltag. Kaum jemand macht sich Gedanken darüber, wie – jenseits des staatlich verordneten Lehr»plans« – Worte, Argumente, Ideen in die Köpfe der Klientel gelangen, was sie dort anrichten und – die schwierigste Frage – wie man falsche Ideen dort wieder heraus bekommen soll.

Zugunsten der Pädagogen sei gesagt, daß sie von niemandem Hilfe bekommen. Wie muß ein Lehrer sein und auftreten? Wie muß er oder sie argumentieren? Was kann falsch gemacht werden? Keine wissenschaftliche Disziplin, weder Pädagogik noch Psychologie geben Handreichungen, wie die ohnehin schon äußerst strittigen Fragen der Wirkungsforschung von Medien, der politischen Bildung, wie etwa die fachlichen Inhalte des LER-Unterichts (Lebenskunde, Ethik, Religion) konkret in der Schule umzusetzen seien.

Das gilt insbesondere für die Auseinandersetzung mit Rechtsextremismus. Die Schule als autoritäre Institution bestätigt nur vorhandene Einstellungen, sie beeinflußt sie wenig oder gar nicht. Wer glaubt, »vernünftige« Argumente änderten eine politische Meinung, Aufkärung klärte auf, hängt einem Ideal an, das zwar moralisch hochwertig, aber schon zu Zeiten Pestalozzis falsch war. In den neuen Bundesländern wiederholen sich die Fehler der aktuellen Sozialarbeit in der Schule: Man glaubt angesichts der Erfahrungen der DDR, es sei wenig hilfreich, die »richtige« Weltanschauung dreimal täglich zu präsentieren, womöglich mit dem

mahnenden und warnenden Zeigefinger, besonders dann, wenn es um antisemitische und rassistische Einstellungen der Schüler geht. Erziehung zur Moral – und nur um die geht es – kann jedoch nie unpolitisch sein. Wenn Lehrer glauben, sie könnten ihre eigene Meinung zu einem heiklen Thema verbergen, sie müßten »neutral« sein, heucheln sie – keinem Schüler wird das entgehen. Glaubwürdigkeit jedoch ist die Voraussetzung, um überhaupt eine Chance zu haben, mit der zu »erziehenden« Klientel ins Gespräch zu kommen. Glaubwürdigkeit setzt sich aus drei Faktoren zusammen: eine zuvor getroffene moralische *und* nachvollziehbare Entscheidung, Wissen über das, was man im Unterricht behandelt (Quizfrage für Lehrer und Rechtsextremismus-Experten: Was ist ein Renee?), die Fähigkeit, Moral und Wissen unterhaltsam, das heißt in Anlehnung an die Medienerfahrung heutiger Schüler, vermitteln zu können.
Jeder Mensch hat das Recht und die Möglichkeit, ein sittlich verkommenes Leben zu führen, Rassist und Antisemit zu sein, Gewalt gegen politische Gegner auszuüben, alle gesellschaftlichen Regeln zu verhöhnen – man darf sich nur nicht erwischen lassen oder an ein »Jüngstes Gericht« glauben. Wer sich nur als guter Mensch gibt, weil das ein hohes gesellschaftliches Ansehen garantiert (das vorherrschende Motiv bei »Prophylaxe« jedweder Art), ist nicht glaubwürdig: Das Motiv ist nicht hinreichend begründet. Wer ein guter Mensch nur deshalb ist, weil ihm der Schneid fehlt, ein grundlegend böser Mensch zu sein und auf Sitte und Anstand zu »pfeifen«, ist nicht glaubwürdig, sondern nur feige. Das Motto »Ich bin häßlich, brutal und gemein – und ich bekenne mich dazu!« fasziniert Jugendliche mehr, als Lehrer sich selbst eingestehen wollen. Ein Lehrer, dessen Freizeitgestaltung in Kegelabenden und im Genuß musikalischer Arrangements à la »Zillertaler Herzbuben« besteht, hat als Vorbild und in Konkurrenz zu dem »Thrill« von Randale am Wochenende oder zu »No Remorse«, »Elbsturm« oder »Skrewdriver« keine Chance, Aufmerksamkeit zu erregen.
Wie soll die Schule aber eine moralische Haltung durch »Sachunterricht« vermitteln? Ist der Mensch moralisch gut, weil ihm die Argumente, die dafür sprechen, vor seiner Entscheidung, kein böser Mensch zu sein, präsentiert wurden, womöglich mit Hilfe

von Overhead-Folien? Funktioniert das, oder ist das eine ebenso fromme Täuschung wie die Hoffnung, man könne »Drogenprophylaxe« betreiben?
Die Basis der »Rechtsextremismusprophylaxe« in der Schule besteht aus einem Sammelsurium kulturpessimistischer Vermutungen, vergleichbar mit der Werbebotschaft der deutschen Sportvereine: Wer sich nur irgendwie engagiert, hat recht, ganz gleich, um was es sich handelt. Am Anfang war der junge Mensch gut, dann lief etwas schief. Wir tun etwas, wir reparieren ihn, wir machen ihn fit gegen Drogen, Gewalt, Rechtsextremismus, Sekten (Zutreffendes bitte ankreuzen). Wir meinen es gut. Je nach politischer Überzeugung sind an Rechtsextremismus schuld: die fehlenden Väter, die alleinerziehenden Mütter, die angeblich weder Grenzen setzen noch Werte vermitteln können, die Arbeitslosigkeit, fehlende Lehrstellen, Langeweile, Destabilisierung sozialer Milieus, der Kapitalismus, der Werteverfall, der Staat. Irgendwie war früher alles besser: Wenn die Deutschen nicht mehr arbeiten dürfen oder können, werden sie beinahe automatisch AsylbewerberInnen-feindlich (um die euphemistische Begriffsverwirrung auf die Spitze zu treiben). Wie unsinnig diese Annahmen sind, beweist schon die Tatsache, daß sich bisher niemand erdreistet hat zu behaupten, auch nur eine der angeblichen Ursachen für Rechtsextremismus sei an den weit verbreiteten antisemitischen Vorurteilen unter Schülern und auch unter Erwachsenen schuld. Antisemitismus ist aber die wichtigste ideologische Klammer aller rechtsextremen Gesinnungssegmente seit Anfang dieses Jahrhunderts. Der Tenor der Bestrebungen in der Schule gegen »Rechtsextremismus« ist daher in der Regel mit einem »ungenügend – Thema verfehlt« zu bewerten.

II

Ortstermin in Sachsen: ein Gymnasium einer Kleinstadt im Muldentalkreis. Achtzig Schüler, die zehnten Klassen, warten in der Aula. Es soll jemand kommen, so sagten die Lehrer, der ihnen etwas zum Thema »Rechte Szene« erzählt. In der ersten Reihe sitzen rund ein Dutzend komplett uniformierter »Glatzen«, inklu-

sive Gauaufnäher, aber keines dieser Symbole ist, weil es sich um kluge »Glatzen« handelt, die sich informieren, verboten. Nur einer der Lehrer hat sich mit dem Thema beschäftigt, die anderen sind desinteressiert. Dieser Lehrer ist aus Freiburg eingewandert und beklagt sich darüber, daß er allein die Schule und den Direktor habe »beknieen« müssen, sich des Themas in Form einer öffentlichen Veranstaltung anzunehmen. Er fürchtet, die »Glatzen« würden provozieren. Die Vertreter des Lehrkörpers haben sich an den Rändern der unruhigen Masse plaziert, um diese notfalls kraft Autorität und mit Strafandrohung ruhigzustellen.
Schüler der neunten und zehnten Klassen sind nicht durch Inhalte korrumpierbar. Mag das Thema auch noch so moralisch hochwertig sein – wer auch nur eine Minute langweilt, fällt gnadenlos durch. Die ersten zwei oder drei Minuten entscheiden: Ist der da vorn glaubwürdig – oder zum Gähnen?
Gibt es jetzt zwei Stunden moralinsaure Traktate? Redet der wie ein Finanzbeamter oder gar wie ein Professor? Weiß der, wovon er redet? Was will der von uns? Ist der eitel? Hat der den unstillbaren Drang, sich unbedingt mitteilen zu müssen? Nimmt der sich selbst übermäßig ernst? Fragen, die Jugendliche sich stellen und die denen ähneln, die sich zu Beginn eines Videoclips ergeben, der in einem Musiksender läuft und bei dem man sich ebenso in Sekundenschnelle entscheidet, ob man ihn bewußt wahrnehmen will oder nur als Hintergrundgeräusch ablaufen läßt.
Was kann das Ziel einer Veranstaltung mit »aufklärerischem« Anspruch sein? Auf keinen Fall Aufklärung. Ein kleiner Test könnte das beweisen: Welche Informationen kann ein erwachsener Mensch einen Tag nach einem Vortrag im Rahmen politischer Bildung noch abrufen? »Er redete zu ihnen in Gleichnissen«, heißt es in der Bibel, die für Fortbildung in Propaganda und Rhetorik mancherlei nützliche Hinweise gibt. »Den Griechen bin ich ein Grieche, den Römern ein Römer, den Heiden ein Heide.« Moral läßt sich nur in Form von Geschichten vermitteln, die an der praktischen Alltagserfahrung Jugendlicher ansetzen. Man erzähle nicht »über«, sondern »von«. Die Erfahrung eines ganz konkreten Einwanderers mit rassistischer Gewalt bewirkt eher menschliche Regungen, wie Mitgefühl und Solidarität mit Schwächeren, als die unpersönlichen Schilderungen von bloßen Fakten. Zumin-

dest, wenn der Erzählende glaubwürdig ist. Das gilt auch für Angehörige der rechten Szene. Ein Lehrer kann und muß das ausnutzen.
Die »Glatzen« in der ersten Reihe unseres Gymnasiums geraten in die Defensive, obwohl keiner auch nur einen Laut von sich gibt. Sie »dürfen« nichts sagen, weil sie damit zugäben, daß sie das Gehörte interessiert. Sie dürfen auch deshalb nichts sagen, weil ihre Selbstinszenierung vorschreibt, in jeder Lebenslage »cool« zu sein. Sie dürfen auch nicht über ironische Bemerkungen zuungunsten der rechten Szene lachen oder grinsen. Die Körpersprache des Publikums ist eindeutig: In diesem Fall wenden sich Dutzende von Augenpaaren zu den Betreffenden, um deren Reaktion zu beobachten. Müssen die Rechten lachen, ist der Bann gebrochen. »Die Zecke« da vorn (»Zecke« ist ein Schimpfwort und der übliche Begriff für »Linke« oder allgemein für den politischen Gegner) kennt sich offenbar aus und hat ein paar glaubwürdige Gründe, kein Rechter zu sein. Das größte Kompliment, das die rechte Szene vergeben kann: In der Pause kommt der »Glatzenhäuptling« der Schule, den die anderen offenbar informiert haben, daß die Angelegenheit nicht zum Gähnen ist, und setzt sich demonstrativ und schweigend auf den Sitz, der dem Vortragenden am nächsten ist. Dummerweise beugt der Häuptling sich bald interessiert vor und vergißt, die Arme vor der Brust zu verschränken. Wer ihn beobachtet, merkt das, auch wenn die Reaktionen auf Gestik und Mimik größtenteils unbewußt ablaufen. Der Lehrer, der die Veranstaltung organisiert hat, fragt vorab besorgt, ob man den Häuptling hinauswerfen soll, weil er nicht zu den zehnten Klassen gehöre. Nein: Man muß den hingeworfenen Handschuh aufheben.
Ortstermin: eine Gesamtschule in einem sächsischen Ort, der durch seine Brauerei bekannt geworden ist. In einem Plattenbau ist übrigens das Sekretariat *immer* in der ersten Etage links. Ordnung, Disziplin, Sauberkeit und ein Preßlufthammer nebenan, der die Veranstaltung untermalt. Niemand trägt textile Ikonen der Rechten. Alle sind lieb und nett und schweigen unerbittlich. Die Lehrerin, die sich später als Aktivistin einer ostdeutschen Partei outet, erträgt die gespannte Stille nicht und platzt heraus: »Aber wir können doch nicht soviele Ausländer nach Deutschland las-

sen?!« Nach der Frage schaut sie sich kurz im Kreis ihrer Lieben um und nickt dabei, als wenn sie unsicher wäre, ob diese Frage erlaubt sei.

Die Frage *muß* man stellen, um kognitive Dissonanz zu erzeugen. Eine der wenigen Möglichkeiten, sowohl Aufmerksamkeit zu erregen als auch vorgefertigte Erwartungen positiv zu enttäuschen, ist, nichtssagende Worthülsen (»Ausländer« bzw. -»feindlichkeit«, »Gewalt«, »Extremismus«) zu vermeiden. »Dissonanz« – als rhetorischer Trick – bedeutet zum Beispiel zu behaupten, die Rechten seien nicht »gegen Ausländer«. »Rechts« sein heißt unstrittig, dänische Steuerberater, obzwar Ausländer, unbehelligt zu lassen, aber Deutsche mit einem afrikanischen Elternteil oder Türken mit deutschem Paß anzupöbeln. Neben Antisemitismus ist Rassismus die zweite conditio sine qua non jedweder rechten Weltanschauung. Wer das nicht begreifen will, sollte sich der Aufklärung über Ismen oder Gewalt möglichst enthalten. Wir wiederholen: Nicht Extremismus, nicht Gewalt, nicht »Feindlichkeit«, nicht »Ausländerhaß«, sondern: Rassismus – wie überall auf der Welt.

Ortstermin: eine Berufsschule in einem sächsischen Ort, der durch ein Pogrom bekannt wurde. Über hundert Schüler, aber niemand, auch nicht die Lehrer, weiß, warum sie in der Aula sind. Es gehe irgendwie um Jugendprobleme, raunt das Publikum. Im Sekretariat gibt es die Auskunft, man könne die Schüler nicht zum Thema Rechtsextremismus einladen, weil die Rechten sich dann verweigerten. Fazit: Man muß die Schüler austricksen, ja, belügen in der Hoffnung, daß der eingeladene Referent die guten und schönen Ideen zwangsweise und hinterrücks in die Köpfe transportiert.

Ortstermin: Leipzig-Grünau, Realschule. Auf dem Gang begegnet einem ein Farbiger im Anzug und mit Krawatte. Afrodeutscher? Amerikaner? Afrikaner? »Ein Hutu in Grünau« heißt das gut gemeinte Motto. Was lehrt uns das? Afrikaner, also Ausländer, handeln nicht immer mit Drogen, sondern wissen sogar, wie man einen Schlips bindet. Es gibt auch nette und gebildete Afrikaner. In Afrika ist es schön. Afrikaner lieben ihre Heimat. Sie lernen auch Deutsch, wenn sie hier leben. Die Begegnung mit Menschen anderer Hautfarbe verändert jedoch keine Vorurteile. Das bestätigen sowohl die Psychologie als auch die Ethnologie. Aber welcher gutmeinende Lehrer will davon etwas wissen? Vorurteile verändern sich nur ein einer Situation, in der diejenigen, die Vorurteile haben, auf diejenigen, gegen die sie diese hegen, angewiesen sind. Vorurteile verändern sich nur durch Erfahrungen. Ein Hutu in Grünau verändert ausschließlich das Vorurteil, daß alle Neger Bananenröckchen tragen. Der Hutu bleibt »Ausländer«, zu dem man eventuell höflich und nett ist. Aber Afrodeutsche sind weiterhin, wenn man die Rechten fragt, die dem Hutu die Hand gedrückt haben, ein Produkt der »Rassenschande«. Und es ist schier unmöglich, ein rationales Argument zu finden, das diese Idee »widerlegt«. Es liegt in der Natur von Vorurteilen, daß sie sich nicht »widerlegen« lassen.

Diejenigen, die den Afrikaner nicht sehen wollten, haben sich in einem Klassenraum versammelt. Als nicht ganz freiwillige Alternative zum Afro-Kontakt gibt es eine Veranstaltung über Rechtsextremismus. Eine verschüchterte Lehrerin mit Hartfaserfrisur und sechzehn männliche Schüler ohne Frisur, aber allesamt eindeutig gekleidet, mehr als die Hälfte mit einem »LoNSdale«-T-Shirt. Auf die Frage an die Lehrerin, was die Aufschrift bedeute, antwortet die: »Ich glaube, das ist heute so eine Mode unter den Jugendlichen.«

Ortstermin: ein Gymnasium in Dresden. Die Veranstaltung zum Thema ist freiwillig. Ein nach hinten aufsteigender Raum, der für den Physikunterricht gedacht ist, halb gefüllt, alle Schüler drängen sich auf den hinteren Sitzen. Drei Lehrer warten einsam und schweigend in der ersten Reihe. Die nicht besetzten Stühle sind auf die Tische gestellt, so daß der Referent zwischen den Stuhlbeinen auf sein Publikum blickt. Das pädagogische Personal macht keine Anstalten, diesen Zustand zu beenden, grüßt weder beim Anfang noch am Schluß der Veranstaltung, sondern verläßt ebenso schweigend den Raum. Die Schüler haben mehrfach über bestimmte Passagen des Vortrags gekichert und gelacht und sich offenbar amüsiert. Einige bedanken sich und meinen, das habe ihnen gefallen. Im Lehrerzimmer wird der Kommentar kolportiert, der Tonfall des Referenten »sei dem Thema nicht angemessen« gewesen.

Fazit: Schüler lernen wie kleine Kinder und Erwachsene: durch Imitation und Vorbild, nicht durch Analyse. Der Inhalt des mit aufklärerischem Pathos Gesagten ist nur zweitrangig, wichtig ist ein glaubwürdig vermitteltes moralisches Motiv, zum Beispiel kein Rassist oder Antisemit zu sein. Politische Einstellungen sind immer ein Resultat ganz persönlicher Erfahrungen und müssen, auch wenn sie schockierend und falsch sind, in diesem Sinn ernst genommen werden. Die falschen Ideen kommen nur so aus den Köpfen heraus, wie sie hineingekommen sind: Man lernt jemanden kennen, der besser ist als derjenige, den man sich bisher zum Vorbild genommen hatte. Es ist jedoch aussichtlos, einem Pädagogen, der in den Augen seiner Schüler ein verklemmter Trottel ist, per Curriculum befehlen zu wollen: Sei spontan und humorvoll! So etwas lernt man nicht in der Schule.

Historisch-politische Bildung

Ralf Melzer
Faschismus heute

Die Judensau wurde durchs Stadtzentrum getrieben. Das Ferkel, das unbekannte Täter im Oktober 1998 über den Berliner Alexanderplatz jagten, war mit einem blau-roten Davidstern und dem Namen Ignatz Bubis beschmiert. Das Grab von Bubis' Vorgänger im Amt des Vorsitzenden des Zentralrats der Juden in Deutschland, Heinz Galinski, ist innerhalb weniger Monate gleich zweimal Ziel von Sprengstoffanschlägen gewesen. Prominente jüdische Persönlichkeiten wie Inge Deutschkron, Michel Friedman oder Ralph Giordano beobachten seit geraumer Zeit, daß antisemitische Zuschriften anders als früher volle Absender tragen. Es vergeht kaum ein Tag ohne rassistisch motivierte Überfälle auf Menschen, die als fremd wahrgenommen und deshalb mißhandelt werden. Manche Opfer, wie der Algerier Omar Ben Noui, kommen nicht einmal mit dem nackten Leben davon: Er starb im Febraur 1999 in Guben an den Folgen einer Hetzjagd durch Rechtsextremisten. So richtig neu ist diese Entwicklung nicht mehr: Schon 1992 hatten in Dolgenbrodt, einem anderen brandenburgischen Dorf, Bürger Geld gesammelt, um einen oder mehrere Täter dafür zu bezahlen, das örtliche Asylbewerberheim anzuzünden. In der Nacht zum 1. November brannte das noch leere, aber schon bezugsfertige Gebäude nieder. Mit gutem Grund trauen sich inzwischen Berliner Schulklassen mit ausländischen Schülern bei Ausflügen kaum noch aus der Stadt. Schändungen von jüdischen Friedhöfen und Gedenkstätten wie in Sachsenhausen oder Buchenwald sind Nachrichtenalltag. Wer die Gedenkstätte Sachsenhausen besucht, muß damit rechnen, von Mitgliedern der rechten Szene in Oranienburg angepöbelt oder angegriffen zu werden.

Die Liste ließe sich beliebig lang fortsetzen: Deutschland, am Ende des 20. Jahrhunderts, inmitten des europäischen Einigungsprozesses.

Aktuelle empirische Untersuchungen zeigen, daß Wechselbeziehungen zwischen Xenophobie und Antisemitismus bestehen. Demzufolge habe sich in Teilen der deutschen Bevölkerung eine spezifische Ausländerfeindlichkeit entwickelt, die partiell Juden mit einschließe. Das heißt: Was in der Weimarer Republik und im »Dritten Reich« als sogenannte »Judenfrage« propagiert wurde, erscheint heute verallgemeinert als »Ausländerfrage«. Wen interessiert es, wie sich da Überlebende des Nationalsozialismus fühlen mögen? Welche Talkshow lädt sie ein? Welcher Protagonist deutscher Feuilletondebatten macht sich zu ihrem Sprachrohr?

Wer sich offenen Auges in die neuen Bundesländer begibt, kann unterdessen beobachten, wie eine »neofaschistische Jugendbewegung« (Micha Brumlik) bereits vielerorts das Straßenbild dominiert. Sogenannte »national befreite Zonen« werden ausgerufen; öffentliche Räume, die von – meist jungen – Rechtsextremisten beherrscht werden und in denen Ausländer, Punks, Linke, Juden, Behinderte, Homosexuelle oder Obdachlose um ihr Leben fürchten müssen. Die Nachbarn und Passanten, die scheinbar Unbeteiligten, sie schauen zu, oder sie schauen weg, oder sie spenden Beifall. Manche offen, viele verhohlen. »In Brandenburg machen sich Rechtsextreme breit«, schrieb der Berliner *Tagesspiegel* nach der tödlichen Hetzjagd von Guben, »weil ihnen niemand entgegentritt.« So ist es: Kein Aufschrei ist zu hören, weder vor Ort noch von der Landes- oder Bundespolitik. Stattdessen Gewöhnung, Gleichgültigkeit, Verharmlosung und Entschuldigungsmechanismen. Ohne eine Änderung des gesellschaftlichen Klimas aber wird eine Wende des allgemeinen Rechtstrends nicht zu erreichen sein.

Ambivalenz gegenüber rechtsradikalen Erscheinungsformen, dumpfe Vorurteile bis weit in die Wählerschaft demokratischer Parteien und ein zunehmend schroffer Nationalismus korrespondieren mit der Erosion des politischen Konsens der alten Bundesrepublik. Die Grenzen verwischen sich, eine Grauzone ist entstanden. Man kann das mit Thomas Assheuer einen »neuen Extremismus der Mitte« nennen, jedenfalls kommt die rechte Bedrohung hauptsächlich aus der Mitte unserer Gesellschaft, weniger von ihrem Rand.

Kein Wunder, könnte man sagen, wenn zum Beispiel der frühere Bundesinnenminister Manfred Kanther (CDU) ausgerechnet der

berüchtigten Zeitschrift *Junge Freiheit*, die sogar vom Verfassungsschutz dem Milieu des »intellektuellen Rechtsextremismus« zugerechnet wird, ein Interview gibt. Überhaupt zeigen die Rechtsausleger der Union keinerlei Berührungsängste gegenüber neurechten Kreisen. Als die *Welt am Sonntag*-Redakteure Heimo Schwilk und Ulrich Schacht Ende 1997 ein neues Buch präsentierten, beehrte sie der damalige Berliner Innensenator Jörg Schönbohm mit einer Rede. Die beiden sind nicht irgendwer, sondern die Herausgeber des berüchtigten, 1994 erschienenen Sammelbandes *Die selbstbewußte Nation*, der als Manifest der Neuen Rechten gelten darf. Schönbohm, für den Multikulti ein linker »Kampfbegriff« ist, löste im vergangenen Jahr eine heftige Debatte aus, als er die Wirksamkeit einer »deutschen Leitkultur« forderte. Ansonsten schlug er vor, »Ausländerghettos« aufzulösen und bei mangelnden deutschen Sprachkenntnissen den Betroffenen die Sozialhilfe zu kürzen. Es war Andreas Nachama, der Vorsitzende der Jüdischen Gemeinde zu Berlin, der die Vorstellungen Schönbohms mit der angemessenen Schärfe als das kennzeichnete, was sie sind: »brauner Muff«, »deutschtümelnd« und Ausdruck einer »Blut- und Boden-Ideologie«. Nachama hat ganz recht: Schönbohms Programmatik ähnelt in der Tat mehr »Germania 2000« als den Bedingungen einer modernen Weltstadt.
Doch noch etwas muß klar sein: Der von Schönbohm und anderen gegen die Realität unserer multikulturellen Gesellschaft gerichtete Frontalangriff zielt im Kern auf eine (Neu-) Definition der Bundesrepublik unter nationalem Vorzeichen ab. Hinter dem Wort von der sogenannten »deutschen Leitkultur« steckt das Konzept einer ethnisch homogenen Volksnation. Man sollte Schönbohm auch nicht auf den Leim gehen und sich auf unproduktive Begriffsdebatten einlassen. Im deutschen Kontext bedeutete »Multikulti« nämlich bislang keineswegs nur ein Nebeneinander, sondern ein sich wechselseitig befruchtendes Miteinander. Es bringt daher gar nichts, den US-amerikanischen Diskurs auf Deutschland zu übertragen und zum Beispiel den Begriff einer »multi-racial-society« zu bevorzugen. Dieser US-amerikanische Terminus ist im übrigen schon deshalb abzulehnen, weil es Menschenrassen gar nicht gibt, was nur leider noch keinen Eingang in Enzyklopädien und Schulbücher gefunden hat.

In seiner neuen Funktion als CDU-Chef in Brandenburg muß sich Schönbohm nun mit »Ausländerghettos« nicht mehr herumschlagen, da es im Osten bekanntlich zwar viel Ausländerfeindlichkeit, aber dafür kaum Ausländer gibt. Doch wir wissen schon länger, daß Leute mit antisemitischen Einstellungen herumlaufen, ohne je einem Juden begegnet zu sein, ebenso wie besonders heftige Fremdenfeindlichkeit gerade in Gegenden mit besonders wenigen Fremden zu finden ist. Und so traf denn die Unterschriftenaktion von CDU und CSU gegen die doppelte Staatsbürgerschaft nicht zuletzt im Osten unserer Republik auf regen Zuspruch, öffnete sie doch den latenten xenophobischen Einstellungspotentialen ein Ventil. Ipek C., eine in Deutschland aufgewachsene Studentin türkischer Herkunft, bekam zufällig die vorherrschende Stimmung zu spüren: »Wo kann ich hier gegen Ausländer unterschreiben«, fragten Passanten ungeduldig an einem der Unionsstände. »Ich hatte in diesem Moment das Gefühl«, erinnert sich Ipek, »daß die Leute ganz persönlich gegen mich unterschreiben.«

Vielleicht war dieser Eindruck gar nicht so falsch. Der Verfassungsrechtler und CDU-Bundestagsabgeordnete Rupert Scholz etwa kennzeichnete jüngst in einem Hörfunkinterview die Staatsbürgerschaft als eine »Schicksalsgemeinschaft«, in die man hineingeboren werde, aus der man im Grunde gar nicht entlassen werden könne und von der es schon gar nicht zwei geben dürfe. Der Schritt von der Schicksalsgemeinschafts- zur Blutsgemeinschaftsrhetorik ist nicht weit. Man muß Herrn Scholz fast dankbar sein ob seiner offenen Worte.

So nicht gegen rechts!

Was tun gegen rechts? Die Beantwortung dieser Frage beginnt damit, was nicht zu tun ist. Dazu nur einige Beispiele:

Die Formel, Fremdenfeindlichkeit sei am besten mit der Beseitigung von Arbeitslosigkeit zu bekämpfen, hieße, sich auf die von den Rechten betriebene »Ethnisierung der sozialen Probleme« (Benno Hafeneger) einzulassen. Außerdem schwingt dabei stets indirekt eine Art Rechtfertigung mit, so als sei eine fremdenfeindliche Haltung – ob gewalttätig oder nicht – eine adäquate oder zumindest verständliche Reaktion auf soziale Mißstände. Obendrein werden durch eine solche Verkürzung die vielen von Arbeitslosigkeit betoffenen Menschen beleidigt, die keineswegs zu Rassisten werden.

Das Problem herunterzuspielen, soviel ist sicher, hilft ebenfalls nicht. Das Landeskriminalamt Brandenburg stuft »gefühlsmäßige Ablehnung gegen Ausländer nicht als rechtsextrem« ein. Warum nicht? Vielleicht, weil dies das dominierende Einstellungspotential ist? Wie die latente Fremdenfeindlichkeit jederzeit in offene Pogromstimmung umschlagen kann, wissen wir jedenfalls spätestens seit den rassistischen Krawallen von Rostock-Lichtenhagen. Doch Politiker machen es sich gerne leicht. Sachsen-Anhalts Ministerpräsident Manfred Höppner etwa fiel noch im Herbst 1998 in Washington bei einem von der Friedrich Ebert Stiftung und B'nai B'rith organisierten Vortrag zu dem 13prozentigen Zweitstimmenanteil der DVU in seinem Land nicht viel mehr ein als der Ladenhüter von der »Protestwahl«.

Ganz eigene Wege geht, wie so oft, der Freistaat Bayern: Nach einem Bericht des Landesdatenschutzbeauftragten vom Dezember 1998 werden Sinti und Roma generell in Extradateien der Polizei ohne Anlaß und Rechtsgrund mit ihren Personalien, den Nummernschildern ihrer Autos und weiteren Daten erfaßt. Die Polizei rechtfertigt die Speicherung als »vorbeugende Verbrechensbekämpfung« und führt weiter aus, Sinti und Roma »könnten eine öffentliche Gefahr« sein. Eine solche Praxis dürfte kaum geeignet sein, etwas daran zu ändern, daß bis zu 68 Prozent der Deutschen antiziganistisch eingestellt sind. Aber das ist wohl auch nicht beabsichtigt.

Im brandenburgischen Görlsdorf griffen die Einwohner derweil zum Mittel des gewaltfreien Widerstandes, als in ein früheres Aussiedlerheim Asylbewerber einziehen sollten. Man gründete eine Bürgerinitiative und wollte sogar am 14. März 1999 mit einer Lichterkette demonstrieren: gegen Asylbewerber, für Rußlanddeutsche. Mit dabei, besonders fatal, auch der Bürgermeister Siegfried Petermann. Das Instrument der Lichterkette, unter anderem Vorzeichen bekannt und von Zynikern als Geste von »Gutmenschen« abgetan, sollte also umfunktioniert werden, um damit deutsche Volksgenossen heim nach Görlsdorf zu holen. Mit anderen Worten: Deutschstämmigen Ausländern stehen die Türen offen. Anderen nicht. Rassismus pur. Zwar ließen sich die Görlsdorfer in letzter Minute die Lichterkette ausreden, als Einsicht in der Sache dürfte das jedoch nicht zu interpretieren sein.

Solange die Beschwichtigungsspirale nicht gebrochen wird, werden Maßnahmen gegen rechts nur unzureichend greifen. Es ist höchste Zeit, eine doppelte Offensive einzuleiten: auf der Ebene der Verfolgung rassistisch motivierter Vergehen und nicht minder auf der Ebene der Erziehung zu Pluralismus, schon um noch nicht gefestigten Jugendlichen zu zeigen, daß es eine Alternative zur rechten Szene gibt. Zur gesellschaftlichen Ächtung trüge ebenfalls bei, bestehende strafrechtliche Instrumente endlich auszuschöpfen und – wo es geboten ist – sie zu erweitern bis hin zum Mittel des Verbots rechtsextremistischer Parteien. Schon im Mai 1998 hat das Anti-Defamation Forum (ADF) den Vorstoß des brandenburgischen Innenministers Alwin Ziel unterstützt, die Strafgesetze gegen Neonazis zu verschärfen. Dieser hatte unter anderem angeregt, »jede Form der Verbreitung, Verherrlichung oder Verharmlosung nationalsozialistischen Gedankengutes« künftig unter Strafe zu stellen sowie »die Durchführung einer Veranstaltung durch eine Gruppierung, deren Ziel es ist, nationalsozialistisches Gedankengut zu verbreiten«, mit Strafandrohung zu belegen. Bedauerlicherweise konnte sich Ziel mit seinen Vorschlägen in der brandenburgischen Landesregierung nicht durchsetzen. Gleichwohl existieren schon andere durchaus vielversprechende Ansätze, zum Beispiel das beim Bildungsministerium angesiedelte »Brandenburger Bündnis für Toleranz« oder das offensive, Dauerpräsenz zeigende Polizeikonzept »MEGA« (Mobile Einsatzeinheit gegen Gewalt und Ausländerfeindlichkeit), welches allerdings darunter leidet, daß diese Einheit personell völlig unterbesetzt ist.

Unterdessen ist zu beobachten, wie immer mehr ehemals linke oder liberale Intellektuelle und Politiker in die deutsche Schlußstrichmentalität einschwenken. Bewußt oder unbewußt verbreiten sie dabei antisemitische Denkmuster, wodurch wiederum der rechte Rand bestärkt wird. Martin Walser, der so dünnhäutige Großschriftsteller, der nicht immerzu erinnert werden möchte und sich von der »Auschwitzkeule« verfolgt fühlt, ist dafür zwar ein prominentes, aber eben nur ein Beispiel. Gleichzeitig grassiert die Banalisierung des Nationalsozialismus. Fernsehdokumentationen und Theaterinszenierungen entdeckten in letzter Zeit das Privat- und Sexualleben von Nazi-Führern als scheinbar bedeutendes Thema. Das »Berliner Ensemble« erkor gar Eva Braun zum »Mythos« und warb mit Radio-Spots: »Eva Braun is back in town«. Während Schauspielerin Corinna Harfouch die Öffentlichkeit darüber auf dem laufenden hielt, wie es zu ihrer Hochachtung für Eva kam, teilte Regisseur Stephan Suschke mit, wie »äußerst liebevoll« Hitler im Gegensatz zu Walter Ulbricht mit Kindern umgegangen sei. Die Verwirrung in den Köpfen ist groß. Ohne den Nationalsozialismus mit zu verwursten scheint für die meisten Ost-Intellektuellen eine Auseinandersetzung mit der DDR unmöglich zu sein, und beim Thema braune Gefahr wird in Ost wie West geradezu reflexartig der Linksextremismus ins Spiel gebracht, auch wenn es um den gerade überhaupt nicht geht. Die mit dem Extremismusbegriff verbundene (und gewollte!) Verwässerung, die nivellierende Gleichsetzung von »Drittem Reich« und DDR, oder anders gesagt: die Renaissance der Totalitarismustheorie, droht zum unhinterfragten »common sense« zu werden. Vernichtungskrieg und millionenfacher Völkermord geraten gleichsam zu Fußnoten eines auf »die beiden Diktaturen« gerichteten Geschichtsbildes.

Das Anti-Defamation Forum

Diesen Tendenzen entgegenzuwirken ist eine der selbstgesetzten Aufgaben des 1998 von B'nai B'rith-Mitgliedern in Berlin gegründeten Anti-Defamation Forums. Es versteht sich als eine Einrichtung, die pädagogische, wissenschaftlich-theoretische und dokumentarische Aufgaben sowie öffentliche Aktivitäten trägt, zusammenführt und koordiniert. Ziele sind die Stärkung demokratischer Strukturen, der Kampf gegen Rassismus und Antisemitismus sowie der interkulturelle bzw. interreligiöse Austausch. Die noch in der Aufbauphase befindliche Institution ist als Schnittstelle zwischen Wissenschaft, Öffentlichkeit und antirassistischer

(Jugend-)Arbeit konzipiert. Sie bildet eine Stätte interdisziplinärer Diskussion und einen Ort aktiver Begegnung. ADF ist Ansprechpartner für Medien und übernimmt Beratungsfunktionen für interessierte Organisationen und Gruppen. In Kooperation mit ADF wird auch das von der B'nai B'rith Youth Organization (B.B.Y.O.) initiierte multikulturelle Jugendprojekt Unite&Act fortgesetzt.

Bei der Beobachtung rechter Tendenzen und der Auseinandersetzung damit steht die komplexe Wechselwirkung zwischen Rechtsradikalismus und Entwicklungen im Zentrum der Gesellschaft im Mittelpunkt. ADF kooperiert mit Einrichtungen wie Yad Vashem, B'nai B'rith-International und B'nai B'rith-Europe und strebt ausdrücklich Vernetzung und Zusammenarbeit mit vorhandenen (wissenschaftlichen) Einrichtungen, Initiativen und Projekten in Deutschland und darüber hinaus an. Die Kräfte zu bündeln ist eine unerläßliche Strategie gegen rechts.

ADF richtet den Blick über Parteigrenzen und politische Lager hinweg, und nur am Rande bemerkt sei in diesem Zusammenhang, daß auch die Erscheinungsformen eines linken, sich antizionistisch gebenden Antisemitismus Beachtung finden. Neben Intervention und öffentlichen Aktivitäten (zum Beispiel die Ausrichtung von Vortrags- und Diskussionsveranstaltungen) sollen hauptsächlich geschichtspolitische Diskurse wie die Debatten um die Wehrmachtsausstellung, das Holocaust-Mahnmal, das *Schwarzbuch des Kommunismus* oder die Bubis-Walser-Kontroverse analysiert und dokumentiert werden. Der Kernpunkt in der Arbeit von ADF ist stets, daß Antisemitismus historisch wie gegenwartsbezogen als Teil der Rassismusproblematik insgesamt verstanden wird. Damit verbunden ist die Absicht, historische Rassismusforschung auszuweiten und mehr als bisher in der Öffentlichkeit zu etablieren. Ferner soll ein Beitrag für eine stärker koordinierte, kontinuierliche und kooperative Auseinandersetzung mit Rechtsradikalismus geleistet und ein Gegengewicht zum Ansatz der Extremismusforschung gebildet werden.

Den Rechtsradikalen den Rückhalt nehmen, die Mehrheitsgesellschaft im Hinblick auf rechte Denkmuster sensibilisieren, den demokratischen Rahmen klar definieren: Hier liegen die Schlüssel zur Gegenstrategie. Wieviel noch zu tun bleibt, zeigt sich exemplarisch in der Staatsbürgerschaftsfrage. Die 1999 verabschiedete Reform des Staatsbürgerschaftsrechts geht zweifellos in die richtige Richtung, markiert sie doch eine Abkehr vom Prinzip des ius sanguinis, des Blutrechts. Aber sie kann nur der erste Schritt gewesen sein, dem weitere, insbesondere in der Frage der Mehrstaatlichkeit, folgen müssen. Ob es dazu kommt, steht aber auf einem ganz anderen Blatt. Die Rücknahme des ursprünglichen, weitergehenden Gesetzentwurfes der rot-grünen Regierung wird mittelfristig noch verheerende Auswirkungen haben. Denn NPD, DVU und REPs fühlen sich als Etappensieger. CDU und CSU haben ihnen mit ihrer Unterschriftenkampagne gegen den Doppel-Paß die Arbeit abgenommen, der Volkszorn ist mobilisiert. Zudem geht die Staatsbürgerschaftsdebatte mit manchen Stimmen auch aus den Reihen der SPD einher, die der weitverbreiteten Auffassung das Wort reden, wonach die zumutbare Integrationsleistung der deutschen Bevölkerung erschöpft, das Boot also voll sei. Keine Partei scheint davor gefeit, Stimmungen, Ängste und Ressentiments in eigennütziger Weise zu funktionalisieren und dem vermeintlich »gesunden Volksempfinden« populistisch Avancen zu machen. Und doch spielt eine solche Politik am Ende immer den Rechten in die Hände.

Bis zu Bundeskanzler Gerhard Schröder hat sich das allerdings noch nicht herumgesprochen, redet dieser doch recht häufig über die Last der Einwanderung, aber nur selten über deren Bereicherung und schon gar nicht davon, daß eine jede Gesellschaft ohne Zuwanderung über kurz oder lang zugrunde geht. Aber der Bundeskanzler wünscht sich ja auch ein Holocaust-Mahnmal, zu dem man gerne geht. Solch ein Satz sitzt. Die Gnade der neuen Unbefangenheit sozusagen.

Überhaupt, das Holocaust-Mahnmal. Aufschlußreicher als die notwendige, allerdings selten fruchtbare und oftmals quälende Diskussion selbst ist die Debatte hinter der Debatte. Mit anderen Worten: die vorgeschobenen Argumente derjenigen, denen die ganze Richtung nicht paßt, für die Berlin nicht zur »Sühnehauptstadt« (Eberhard Diepgen) werden dürfe und die eben kein »Judenmahnmal am Potsdamer Platz« wollen (wie es aus Kreisen der Jungen Union hieß), sondern den Schlußstrich.

Aufschlußreich sind sodann die gutgemeinten Abstrusitäten: Of-

fensichtlich auf der Suche nach einer möglichst unspezifischen Inschrift für das Mahnmal war bekanntlich Richard Schröder das biblische Gebot »Du sollst nicht morden« eingefallen. Ein toller Plan, fanden viele, bis hin zu Edmund Stoiber, was Schröder zu denken geben sollte. Gar kein guter Plan, fand die Repräsentantenversammlung der Jüdischen Gemeinde zu Berlin, vor allem nicht wegen der Idee des Theologen, das Gebot in »großen hebräischen Lettern«, also anscheinend an die Opfer gerichtet (!), »zum Zentrum des Mahnmals zu machen«. Doch nein, Richard Schröder hat anderes im Sinn: »Das Mordverbot in der althebräischen Ursprache«, schrieb er dem Berliner Gemeindevorsitzenden, »sollte eine Referenz sein an den fundamentalen Beitrag des Volkes Israel und seiner Bibel zur europäischen Kultur«. Zum Glück war mit einer Realisierung des Mahnmals nach Schröders Vorstellung nicht zu rechnen. Wenn es doch dazu gekommen wäre, hätte es sich fast ebenbürtig neben Kohls »Neue Wache« mit der nach wie vor skandalösen, gezielt undifferenzierten Formel von den »Opfern von Krieg und Gewaltherrschaft« eingereiht.
Aufschlußreich schließlich ist die verbale Aggressivität: Unter der Überschrift »Abschied vom linken Nationalmasochismus« bezeichnete Tilman Krause im vergangenen Jahr in der *Welt* Lea Rosh als die »juive imaginaire der deutschen Betroffenheitsszene«. Man muß nicht immer mit Lea Rosh konform gehen. Aber es ist dieser hämische und denunziatorische Ton, dieser wehleidig-selbstanklägerische Gestus, mit dem historischer Ballast über Bord geworfen wird und der sich folgerichtig nicht nur persönlich gegen die Initiatorin, sondern gegen das Mahnmalprojekt im Grundsatz richtet. Entsorgung statt Gedenken.
Seit Ernst Nolte im Historikerstreit eine Kausalität von Archipel Gulag und Auschwitz konstruierte und anfing zu verbreiten, daß der Nationalsozialismus als »gerechtfertigte« Reaktion auf die bolschewistische Bedrohung interpretiert werden könne, mehren sich Tabubrüche und Grenzüberschreitungen. Ein Autorennetzwerk aus Professoren, Journalisten und Politikern propagiert Geschichtsrevisionismus in unterschiedlichen Abstufungen. Revisionistische Positionen werden hoffähig, Stück für Stück, gelten sie doch auch in seriösen Medien mitunter zumindest als diskutabel. Forderungen nach einem »unverkrampften Verhältnis zur eigenen

Geschichte« werden als bedenkenswerte Kulturkritik gehandelt, und sie finden in einer weitgehend unkritischen Öffentlichkeit ebenso Anklang wie rechts-konservative Ordnungsvorstellungen. Längst ist es in den Feuilletons Mode geworden, humanistische, emanzipatorische und zivilgesellschaftliche Werte – vor allem aber die westdeutsche Tradition eines Verfassungspatriotismus – unter dem Siegel des Aufbegehrens gegen vermeintliche »Denkverbote« als sogenannte »political correctness« zu diffamieren. Jeder, der mit diesem Begriff operiert, muß jedoch wissen, daß es sich um ein Instrument der neurechten intellektuellen Brandstifter handelt. Wenn schon, dann muß die Forderung lauten: Wir brauchen wieder mehr »political correctness«.

Alle Tendenzen, die auf eine aufrechnende Relativierung oder eine »Normalisierung« im Hinblick auf das »Dritte Reich« hinauslaufen, sind schleichendes Gift. Aber sie zeigen, wie aktuell die Auseinandersetzung mit dem Nationalsozialismus ist. Ebenso wie die Bekämpfung der gegenwärtigen Formen von Rassismus, Antisemitismus, Rechtsextremismus, rechten Denkstrukturen und Rechtspopulismus muß diese Auseinandersetzung auf allen gesellschaftlichen Ebenen stattfinden. Der Umgang mit der Shoah und die Konsequenzen für unsere heutige Demokratie bilden den Prüfstein für die vielbeschworene »Berliner Republik«. Das heißt geschichtspolitisch: Nicht Bautzen sondern Auschwitz war der singuläre, von Deutschen begangene Zivilisationsbruch. Und das heißt gesellschaftspolitisch: Null Toleranz gegenüber rechts, keine perspektivische Verengung auf das gewalttätige rechte Spektrum und ein den Menschenrechten verpflichtetes Handeln, das nicht zuletzt die Rückbesinnung auf eine liberale Asylpraxis verlangt. Es bedarf unmißverständlicher Zeichen der Politik für ein gesellschaftliches Klima des Respekts für Minoritäten, der Solidarität mit Schwachen und einer lebendigen, selbstverständlichen Multikulturalität.

Je klarer solche politischen Signale ausfallen, desto besser. Je niedrigschwelliger jeder einzelne in seinem Umfeld auf Diskriminierungen reagiert, je eher ein rassistischer Witz zurückgewiesen, je eher Zivilcourage gezeigt wird, desto besser. Und nicht zuletzt: Je entschlossener Polizei und Justiz reagieren, desto besser. Nur mit einer derart gebündelten Strategie kann der zunehmenden rechten Normalität, der latenten völkischen Grundstimmung, dem Alltagsfaschismus auf den Straßen der neuen Bundesländer entgegengewirkt werden. Oder, um es mit den Worten des ADF-Kuratoriumsmitglieds Michel Friedman zu sagen: »Ausländerfeindlichkeit ist Menschenfeindlichkeit, Judenfeindlichkeit ist Menschenfeindlichkeit. Dagegen anzugehen muß für alle selbstverständlich sein.«

Geschichte wiederholt sich nie eins zu eins. Bonn war nicht Weimar, und Berlin wird es nicht werden. Aber bestimmte Kontinuitäten sind unübersehbar. Nationalistische und rassistische Grundeinstellungen haben die Systembrüche überdauert. Unter den autoritären und konformistischen Bedingungen der DDR, unter der Käseglocke eines aufgesetzten, nicht gelebten Internationalismus, konnten sie sogar besonders gut gedeihen, um heute desto heftiger aufzubrechen. Die Anzeichen dafür, wie wenig gefestigt die Tradition des freiheitlichen Verfassungsstaates im vereinten Deutschland ist, sind alarmierend.

Adelheid Schmitz

Wider den »Schlußstrich« – Für eine Offensive in der historisch-politischen Bildung

Um die Gefahren im Zusammenhang mit dem heutigen Rechtsextremismus und Rassismus wahrnehmen und einschätzen zu können, reicht eine Konzentration auf spektakuläre rassistische Gewalttaten oder auf organisierte rechtsextreme Gruppen nicht aus. Eine kürzlich veröffentlichte Studie, die eine überdurchschnittlich hohe Zustimmung zu rechtsextremistischen und nationalistischen Positionen bei Gewerkschaftsmitgliedern nachweist[1], zeigt wieder einmal, wie weit solche Denkweisen auch im demokratischen Spektrum verbreitet sind. Die Tatsache, daß nationalistisches und rassistisches Gedankengut auch dort einen Nährboden findet, wo traditionell ein antifaschistisches und internationalistisches Bewußtsein offiziell zum Programm gehört, wirft mehr Fragen als Antworten über angemessene Gegenstrategien auf. Die vielfältigen Maßnahmen, die sich vor allem gegen die offensichtlichen und militanten Formen rechtsextremistischer, neonazistischer[2] und rassistischer Denk- und Handlungsweisen richten, sind wichtig und notwendig, sie werden dem Problem aber nur bedingt gerecht.

Die folgenden Überlegungen sind deshalb angelehnt an der Einschätzung Adornos[3], der »das Nachleben des Nationalsozialismus *in* der Demokratie als potentiell bedrohlicher, denn das Nachleben faschistischer Tendenzen *gegen* die Demokratie« erachtete. Die Erkenntnis, daß der Nationalsozialismus vor allem von einer breiten Schicht der bürgerlichen Mitte ermöglicht wurde, daß die Diskriminierung, Verfolgung und der Massenmord von der großen Mehrheit der deutschen Bevölkerung zumindest billigend in Kauf genommen wurde, müßte weitere Fragen aufwerfen. Die Tatsache, daß ganz »normale« Bürger und Bürgerinnen bereit waren, das Lebensrecht von Millionen Menschen den eigenen völkischen, nationalistischen, wissenschaftlichen, beruflichen und ökonomischen Interessen unterzuordnen, müßte auch Konsequenzen für die Beurteilung gegenwärtiger Gefahren haben. Es reicht deshalb heute auch nicht aus, den Blick vor allem auf organisierte Neonazis oder rassistische und gewaltbereite Jugendliche zu richten, um die »braune Gefahr« wirklich ermessen zu können. Es muß vielmehr der Zusammenhang zwischen der gegenwärtigen politischen Kultur und ihren Wurzeln weiter erforscht werden. Forderungen nach einem »Schlußstrich« unter die weitere Auseinandersetzung mit der NS-Vergangenheit müssen deshalb auch als Teil des Problems gesehen werden.

Wider den »Schlußstrich«

Eine erfolgversprechende Auseinandersetzung mit dem aktuellen Rechtsextremismus und Rassismus setzt also voraus, daß auch die weitere Analyse der historischen Basis des Nationalsozialismus, seinen Ursachen und Folgen bis heute Teil der Gegenstrategie sein sollte. Die Frage nach den Bedingungen, die den nationalsozialistischen Völkermord ermöglichten, ist noch immer präsent und beschäftigt die nachfolgenden Generationen weiter. Dies hat auch die öffentliche Debatte um Daniel Jonah Goldhagens Buch *Hitlers willige Vollstrecker* noch einmal gezeigt. Der Beifall für Goldhagens These von den »freiwilligen, judenhassenden Helfern Hitlers« hat allerdings nach Einschätzung des Soziologen Zygmunt Bauman das Risiko vergrößert, »all das zu vergessen«[4]. Goldhagens Version von den sadistischen Massenmördern lenkt davon ab, daß sich eine wesentlich größere Zahl »ganz normaler« Bürger und Bürgerinnen, die keine sadistischen Antisemiten waren, entscheidend an der bürokratischen und organisatorischen Vorbereitung des Massenmordes beteiligt hatten. »Es geht darum, daß auf jeden Schurken aus Goldhagens Buch, auf jeden Deutschen, der seine Opfer freudig und begeistert tötete, Dutzende, ja Hunderte von Deutschen und Nichtdeutschen kamen, die sich nicht weniger effektiv am Massenmord beteiligten, ohne das Geringste für ihre Opfer und die Art der erforderlichen Handlungen zu empfinden.«[5] Bürokratische Rationalität und das Bemühen um Effizienz waren entscheidende Voraussetzungen für die Umsetzung des Massenmordes. »Ob die Bürokraten und Spezialisten nun Eigentum beschlagnahmten, Zugfahrpläne erstellten, Gesetze erarbeiteten, Telegramme verschickten oder Listen zusammenstellten – aufgrund des arbeitsteiligen, routinemäßigen und entpersönlichten Charakters ihrer Tätigkeit konnten sie ihre Arbeit erledigen, ohne mit der Realität des Massenmordes konfrontiert zu werden«.[6] Vor diesem Hintergrund hat Zygmunt Bauman davor gewarnt, den »Holocaust«[7] als »Tragödie der Juden und der Juden allein« zu interpretieren. »Der Holocaust wurde inmitten der modernen, rationalen Gesellschaft konzipiert und durchgeführt, in einer hochentwickelten Zivilisation und im Umfeld außergewöhnlicher Leistungen, er muß daher als ein Problem dieser Gesellschaft, Zivilisation und Kultur betrachtet werden.«[8]

Genozid und bürgerliche Normalität – Konsequenzen für die Gegenwart

Zygmunt Baumans These, die bürokratische Vorbereitung und Organisation der Ermordung von Millionen Menschen sei nicht als »Zivilisationsbruch« oder »Rückfall in die Barbarei« zu deuten, sondern vielmehr eine mögliche Konsequenz des Zivilisationsprozesses[9], wirft grundsätzliche Fragen auf, die auch Bedeutung für die Gegenwart haben sollten. »Wir haben es hier in der Tat mit gesellschaftlichen Organisationsstrukturen in einer ganz spezifischen Variante zu tun. Obwohl es um einen Massenmord ungeheuren Ausmaßes ging, kümmerte sich der riesige Beamtenapparat um die korrekten bürokratischen Verfahren, feilte an präzisen Begriffsbestimmungen und regulativen Details und sorgte sich um die Einhaltung bestehender Gesetze und Verordnungen.«[10] Auch der Historiker Michael Zimmermann kommt zu dem Schluß: »Der Nationalsozialismus und seine Völkermorde stehen nicht außerhalb der Moderne, sie repräsentieren nicht – um diesen ethnozentristischen Begriff der alten Griechen zu benutzen – den Rückfall einer an sich fortschrittlichen Zivilisation in die ›Barbarei‹. Das NS-System war eine moderne Diktatur. Es ist Teil der europäischen und deutschen Moderne des 20. Jahrhunderts, wobei Zivilisation und Moderne per se eben nicht mit einem Fortschritt menschlichen Zusammenlebens gleichzusetzen sind. Nationalsozialistischer Genozid und bürgerliche Normalität waren vielfach miteinander verwoben.«[11] Die Vorgeschichte und die Praxis der Zwangssterilisationen und der »Euthanasie-Morde« zeigen diesen Zusammenhang besonders deutlich. Lange bevor die Nationalsozialisten mit Unterstützung von Ärzten, Krankenschwestern und Fürsorgerinnen begannen, geisteskranke und behinderte Erwachsene und Kinder (T4-Aktion) zu ermorden, hatten angesehene Wissenschaftler die Ettikettierung, Diffamierung und Aussonderung dieser Menschen als »minderwertig«, »unnütz« oder »lebensunwert« vorbereitet und legitimiert[12]. Auch die öffentliche und kirchliche Fürsorge hatte die ersten Opfer des nationalsozialistischen Massenmordes lange vor 1933 zu »lebensunwertem Leben« erklärt und zur Zwangssterilisation freigegeben.[13]

Die Auseinandersetzung mit den ideologischen Wurzeln und den Kontinuitäten solcher Denkweisen erhält eine aktuelle Brisanz, wenn gegenwärtig erneut die Forschung an »nichteinwilligungsfähigen Personen« anvisiert wird[14], die Diskussion über passive und aktive Sterbehilfe wieder hoffähig gemacht wird, zur Vermeidung kranken Nachwuchses humangenetische Beratungsstellen und pränatale Diagnostik vermehrt angeboten und nachgefragt werden. »Baulicher, bürokratischer und pflegerischer Zynismus gegenüber den ›Unbrauchbaren‹ und Leistungsgeminderten ist noch längst nicht Vergangenheit. Die Euthanasie zeigt, wohin der Weg letztlich führt, wenn Menschen über den Leisten einer Kosten-Nutzen-Kalkulation geschlagen und Hilfsbedürftige zu Pflege-Ware degradiert werden.«[15]

Zwiespältige »Erinnerungskultur«

Junge Menschen aus deutschen Familien wachsen heute mit sehr zwiespältigen Erfahrungen in Bezug auf die nationalsozialistische Vergangenheit auf. Einerseits wird gerade ihnen über die Schule, über die Medien und anläßlich öffentlicher Gedenkveranstaltungen immer wieder die besondere Bedeutung der »Erinnerung an die nationalsozialistischen Verbrechen« vermittelt. Folglich betonen auch fast drei viertel der zweiten und dritten Nachkriegsgeneration die »Wichtigkeit des Erinnerns«.[16] Gleichzeitig erleben die meisten deutschen Jugendlichen in ihren Familien, daß über dieses Thema geschwiegen oder aber ein »Schlußstrich« unter die Debatte gefordert wird. »Der schulische Unterricht über den Nationalsozialismus und das Schweigen in vielen Familien über das Thema stehen in einem Widerspruch, den weder die Lehrer noch die Schüler aufzulösen in der Lage sind.«[17] Deshalb stellt sich die Frage, ob und wie Jugendliche diesen Widerspruch verarbeiten.

Auch die offizielle »Erinnerungskultur«[18] in der Bundesrepublik ist in mehrfacher Hinsicht gespalten. Einen gesellschaftlichen Minimal-Konsenz schien es – zumindest bis zu Martin Walsers Rede – bei der Erinnerung an die Opfer[19] der NS-Verbrechen zu geben. Proteste gegen öffentliche Gedenkveranstaltungen, Gedenkstätten, oder die Einrichtung von örtlichen Gedenktafeln gab und gibt es bisher vor allem von einigen Ewig-Gestrigen, überzeugten Neonazis und Rechtsextremisten. Die Widerstände werden jedoch breiter und lauter, wenn es um die Aufarbeitung der Geschichte der Täter und ihrer Unterstützer geht, wenn nach der Schuld und der Verantwortung der großen Mehrheit der Normalbürger gefragt wird. Proteste – nicht nur von bekennenden Neonazis und Rechtsextremisten – gegen die Ausstellung »Verbrechen der Wehrmacht« zeigen, wie sehr die Beteiligung »ganz normaler Soldaten« an Erschießungen vor allem jüdischer Männer, Frauen und Kinder bis heute tabuisiert, geleugnet oder auch gerechtfertigt wird.

Das öffentliche Interesse an Forschungen und Ausstellungen, die offenlegen, wie die »ganz normalen Deutschen« den Nationalsozialismus tolerierten, stützten oder von den Deportationen der jüdischen Bevölkerung profitierten, ist eher gering. Die Schwierigkeiten bei der Recherche und Dokumentation der Quellen für die Ausstellung »›Betrifft Aktion 3‹ – Deutsche verwerten jüdische Nachbarn«[20] lassen erkennen, daß von offizieller Seite wenig Bereitschaft besteht, das Verhalten der Finanzbürokraten und der ganz normalen Bürger bei der »legalen« Ausplünderung der deportierten jüdischen Familien aufzudecken. Diese Wanderausstellung belegt anhand von Dokumenten aus Finanzbehörden, wie deutsche Finanzbeamte den Besitz der deportierten jüdischen

Familien »legal« beschlagnahmten und anschließend die »arische« Stadt- und Landbevölkerung, die Nachbarn und Bekannten der jüdischen Familien deren Hab und Gut, die Häuser, das Mobilar, die Wäsche, die Kunst- und Wertgegenstände der Deportierten bei offiziell organisierten Veranstaltungen ersteigerten. Diese Dokumente sind bis heute gesperrt oder zumindest der Öffentlichkeit und der Forschung nicht oder nur unter größten Schwierigkeiten zugänglich. Mit dem Hinweis auf den Datenschutz sollen die Namen der »Schreibtisch-Täter« und der »Profiteure« auf den bisher veröffentlichten Dokumenten anonymisiert werden.[21] Dadurch könnte (soll) das Mitwissen und die Mit-Verantwortung jeder einzelnen Person, die an der Vorbereitung und der Durchführung der Deportationen beteiligt war oder die davon profitierte, weiterhin im Dunkeln bleiben.

Zur historisch-politischen Orientierung bei Jugendlichen

Die Bedeutung, die Jugendliche heute dem Nationalsozialismus und seinen Folgen beimessen, hängt nicht nur davon ab, was ihnen vor allem in der Schule vermittelt wird, sondern auch von dem, was sie aus öffentlichen und familiären Diskussionen aufgreifen. Für die historisch-politische Orientierung der großen Mehrheit der Jugendlichen spielen die organisierten rechtsextremistischen und neonazistischen Gruppen und Parteien eine zwar wachsende, aber noch immer geringe Rolle.[22] Jugendliche, die sich an rechtsextremistischen und neonazistischen Denkmustern orientieren, können sich vielmehr auf Positionen beziehen, die auch in der Mehrheitsbevölkerung geäußert werden. In der Bundesrepublik gab es – anders als in der ehemaligen DDR – immer wieder Untersuchungen zu historisch-politischen Meinungen in der Bevölkerung, die auf das latente rechtsextremistische, nationalistische und autoritäre Meinungspotential in der Bevölkerung aufmerksam machten.[23]

In der ehemaligen DDR führte das Zentralinstitut für Jugendforschung in Leipzig 1988 erstmals eine Untersuchung zum »Geschichtsbewußtsein Jugendlicher« durch, die der Öffentlichkeit allerdings erst im Zuge der gesellschaftlichen Veränderungen 1989 zugänglich gemacht wurde. Sie zeigte, daß schon vor der sogenannten Wende zwischen zehn und 15 Prozent der befragten Schüler und Lehrlinge Ideologiefragmenten des Nationalsozialismus zustimmten bzw. daß sie mit ihnen sympathisierten. Mehr und mehr junge Menschen lehnten schon damals das offiziell vermittelte Bild von der Geschichte der DDR ab und wollten sich nicht mehr mit »ihrem« Staat identifizieren. Eine Folge davon war, daß schon vor der Wiedervereinigung rechtsextremistische und neonazistische Denkmuster für eine wachsende Zahl Jugendlicher zu einer attraktiven Alternative zum vorgesetzten Antifaschismus wurde.[24] Der ostdeutsche Jugendforscher Wilfried Schubarth sah die damalige rechtsextreme Szene »als ein Produkt der gesellschaftlichen Entwicklung in der DDR. Auch der verordnete Antifaschismus spielte dabei eine Rolle, denn junge Leute, die sich mit rechten Weltbildern befaßten, taten dies auch aus Protest gegen das vorherrschende System.«[25]

Wenn heute nicht nur bekennende Rechtsextremisten oder Neonazis, sondern 65 Prozent der Bundesbürger und Bürgerinnen immer offener fordern, »endlich einen Schlußstrich unter die Vergangenheit zu ziehen« und »nicht mehr soviel über die Judenverfolgung« zu reden[26], Martin Walser unter großem Beifall öffentlich dafür plädiert, die Auseinandersetzung mit dem Nationalsozialismus zu beenden und von Auschwitz als »Moralkeule«[27] spricht, dann müßte auch gefragt werden, welchen Einfluß solche Meinungen auf das historisch-politische Bewußtsein Jugendlicher haben.

Einzelne Untersuchungen zu rechtsextremistischen und ausländerfeindlichen Einstellungen bei Jugendlichen, die auch nach dem Einfluß von Elternhaus und Umgebung fragten, wurden bisher in der Öffentlichkeit wenig beachtet. Der Soziologe Helmut Fend wies darauf hin, daß bei Jugendlichen im Alter von 15 bis 17 Jahren die Eltern einen größeren Einfluß auf die politische Orientierung haben als die Lehrer und daß auch bei der Vermittlung rechtsextremistischer Weltsichten die Einstellung der Eltern eine entscheidende Rolle spiele.[28] Auch Matthias Wellmer kam zu dem Schluß: »Ausländerfeindlichkeit und Gewalt ist nicht Protest, sondern Tradition!«[29] Untersuchungen, ob und wieweit dies

auch für die Einstellung zur NS-Vergangenheit gilt und wie sich diese auf die Akzeptanz rechtsextremistischer und rassistischer Denkmuster auswirkt, stehen noch aus.
Bisher haben die bekanntesten jugendspezifischen Untersuchungen zum rechtsextremistischen Einstellungspotential die Geschichtsbezüge der Jugendlichen vernachlässigt. Bereits 1988 kritisierte Lena Inowlocki, daß die Untersuchung Heitmeyers[30] sich auf sozialisations- und jugendtheoretische Aspekte beschränke. »Bei der Betrachtung des explizit rechtsextremistischen Engagements von Jugendlichen sollte nicht übersehen werden, daß sie sich auf ein Repertoire geschichtlicher Rechtfertigungen beziehen können. Mit der Definition eines ausschließlich sozialen Problems des Rechtsextremismus bei Jugendlichen werden diejenigen Phänomene nicht erkennbar, welche daran mit der gesellschaftlichen Normalität verbunden sind.«[31] Außerdem wies sie daraufhin, daß »durch die vorweggenommene Definition solcher Orientierungen als eine Ideologie der Ungleichheit, die mit Neigungen zu Gewalt verbunden ist«, andere damit zusammenhängende Elemente, »beispielsweise die dazugehörigen Geschichtsbezüge« erst gar nicht entdeckt werden können.[32] Diese Ausblendung historischer Bezüge bei der Ursachenanalyse hat auch dazu geführt, daß bei den Strategien gegen den aktuellen Rechtsextremismus den sozialpädagogischen Programmen wesentlich größere Bedeutung beigemessen wird, als der historisch-politischen Bildung. Berechtigte Kritik an den Methoden der »traditionellen antifaschistischen Bildungsarbeit«[33] hatte auch zur Folge, daß im Zusammenhang mit dem aktuellen Rechtsextremismus nicht nur die Wirksamkeit, sondern auch die Notwendigkeit einer weiteren Auseinandersetzung mit der NS-Zeit und ihren Auswirkungen bis heute in Frage gestellt wurde.
Bei der Ursachenanalyse des jugendspezifischen Rechtsextremismus reicht es nicht aus, »einerseits von einer krisenhaften Identitätsentwicklung in einer Situation sozialer Unsicherheit auszugehen, und andererseits von konstatierten gesellschaftlichen Nachwirkungen des Nationalsozialismus. Vielmehr müssen die sozialweltlichen Prozesse rekonstruiert werden, durch die es dazu gekommen ist, daß Jugendliche in lebensweltlichen Krisenerfahrungen gesellschaftliche und biographische Lösungen in einer Re-

habilitation des Nazismus sehen.«[34] Für die Entwicklung möglicher Strategien gegen rechtsextremistische Tendenzen heißt dies, daß in der Ursachenforschung und in der historisch-politischen Bildungsarbeit stärker als bisher auch reflektiert werden muß, wie Jugendliche sich identifizierend oder distanzierend auf die NS-Geschichte beziehen und aus welchen Quellen sie ihre Vorstellungen und Einstellungen gewinnen.[35]

Kenntnisse mit »weißen Flecken«

Anders als Mitte der 70er Jahre[36] wissen Jugendliche im Alter von 16 bis 17 Jahren heute wesentlich besser über die NS-Zeit und die Verbrechen der Deutschen Bescheid.[37] Neuere Untersuchungen zeigen jedoch, daß gerade die 14- bis 17jährigen, aber auch viele Erwachsene wenig oder nichts über Auschwitz wissen. 20 Prozent der 14- bis 17jährigen gaben bei einer bundesweiten Umfrage an, »keine Ahnung« davon zu haben, »wer oder was Auschwitz war«.[38] Mehr als jeder zehnte Nachkriegsdeutsche ab 14 Jahren und mehr als jeder fünfte deutsche Jugendliche weiß nicht, warum Täter aus der Generation der eigenen Eltern, Großeltern oder Urgroßeltern Millionen Menschen umgebracht haben.[39] Trotz weitreichender Möglichkeiten der Information und Aufklärung ist auch bei vielen Erwachsenen das Wissen nur unzureichend, ungenau oder falsch.[40] Am wenigsten Bescheid wissen Jugendliche mit niedrigem Bildungsniveau – zumal wenn sie in den neuen Bundesländern leben.[41] Auch wenn die geringen Kenntnisse der 14- bis 15jährigen darauf zurückzuführen sind, daß sie *noch* nicht über die nationalsozialistische Vergangenheit und die NS-Verbrechen informiert wurden, sollte diese Unkenntnis bedenklich stimmen. Schließlich rekrutieren rechtsextremistische und neonazistische Gruppen gerade aus dieser Altersgruppe ihren Nachwuchs. Über attraktive und jugendgerechte Medienangebote und Subkulturen (Musik, Videos, Konzerte etc.) werden Jugendliche schon sehr früh mit Informationen konfrontiert, in denen der Nationalsozialismus verharmlost, die nationalsozialistischen Verbrechen relativiert und ein rassistisches Menschenbild verbreitet wird. Über das Internet können schon die zehn- bis zwölfjährigen

Computerfreaks Botschaften abrufen, die den Nationalsozialismus verherrlichen oder die Verbrechen leugnen. Viele 14- bis 15jährige verfügen über solche Informationen, lange bevor der historisch-politische Unterricht einsetzt.
Was die große Mehrheit der heute 14- bis 50jährigen über den Nationalsozialismus weiß, wird ihnen vor allem über das Fernsehen, die Lehrer, Bücher/Zeitschriften, Radiosendungen, Eltern und Verwandte vermittelt.[42] Die genannte Reihenfolge zeigt, daß die überwiegende Zahl der Angehörigen der zweiten und dritten Nachkriegsgeneration fast nichts oder gar nichts von den eigenen Eltern über die NS-Geschichte erfährt. Dies gilt sowohl für die westlichen als auch östlichen Bundesländer.

Familiäre Tabuisierung – eine Tradition mit Folgen

Immer wieder wird in den Medien[43] oder durch Pädagogen der Eindruck erweckt, als interessierten sich die Schüler und Schülerinnen heute nicht mehr für die nationalsozialistische Vergangenheit, insbesondere die NS-Verbrechen. Doch es gibt zahlreiche Beispiele, die belegen, daß viele junge Menschen sehr wohl Informationen über die Zeit des Nationalsozialismus haben wollen, bzw., daß ihr Interesse geweckt werden kann.[44] Sie suchen Antworten auf die Fragen *»Wie konnte das geschehen?«* oder *»Wie können Menschen anderen Menschen dies antun?«* Vor allem junge Deutsche wollen gerade aufgrund der zeitlichen und personellen Distanz wissen: *»Was hat das alles noch mit mir zu tun?«*
Bei der Beantwortung dieser Fragen spielen nicht nur die historischen Kenntnisse über den bürokratisch organisierten und industriell durchgeführten Massenmord, die vor allem in der Schule und über die Medien vermittelt werden, eine wichtige Rolle, sondern auch die Aspekte, die verschwiegen, verfälscht oder geleugnet werden. Dies gilt vor allem für den familiären Bereich. Die jahrelange »Tabuisierung« der NS-Geschichte in den deutschen Familien hat sich auf alle Nachkriegsgenerationen ausgewirkt.[45]
Das Wissen der heute 50- bis 60jährigen über die Lebensgeschichte ihrer Eltern im Nationalsozialismus, »ist auffällig gering und beschränkt sich weitgehend auf die unpolitischen Anteile«.[46] Die

meisten Angehörigen dieser Generation, die heute selber Eltern sind, haben ihren eigenen Kindern auch nichts über die NS-Verbrechen erzählt[47] und so die Tabuisierung der Familiengeschichte in Bezug auf den Nationalsozialismus fortgesetzt.

Nicht nur in Deutschland, auch in Frankreich wissen viele Menschen nichts über die Einstellungen und Verhaltensweisen der eigenen Eltern oder Großeltern während des Zweiten Weltkrieges. Auf die Frage »*Wissen Sie, wie sich die Hauptmitglieder Ihrer Familie in der Zeit des Zweiten Weltkrieges gegenüber den Verfolgten verhalten haben?*« gaben in Deutschland 31 Prozent und in Frankreich 36 Prozent der Befragten über 18 Jahren an, nichts zu wissen. In der jüngsten Altersgruppe, der 18- bis 25jährigen, wußten die Befragten am wenigsten Bescheid.[48] Im Gegensatz zu vielen jungen Menschen, die sehr wohl gerne wüßten, wie sich ihre Familie damals verhalten hat, kommentierten zwei Drittel der über 65jährigen, die ebenfalls angaben nicht Bescheid zu wissen, ihre Unkenntnis mit dem Satz: *»und es interessiert mich auch nicht.«*[49]

Obwohl die meisten der nach 1945 in der Bundesrepublik geborenen Menschen so gut wie nichts von ihren eigenen Eltern oder Großeltern über deren nationalsozialistischen Überzeugungen, Funktionen oder Verhaltensweisen während der NS-Zeit erfahren haben, »sind auch die ›Nachgeborenen‹ ohne sich dessen immer bewußt zu sein, Träger der ihnen von Eltern und Großeltern vermittelten Traditionen. Die Deutschen hatten sich in ihrer Mehrheit als angepaßte, schweigende Mitläufer oder Opportunisten mehr oder weniger mit dem System identifiziert. Davon ist auch die nachfolgende Generation betroffen.«[50]

Die Tatsache, daß in den meisten Familien bis heute die familiäre NS-Geschichte verschwiegen, verdrängt oder auch gerechtfertigt wurde, hat Folgen bis in die Gegenwart. Vielen jungen Deutschen fällt es schwer, die NS-Zeit nicht nur als historische Epoche zu begreifen, sondern sie auch mit ihrem eigenen Leben, mit persönlichen bzw. familiären Erfahrungen in Verbindung zu bringen. Junge Studierende, die über ihr Wissen und ihre Empfindungen in Bezug auf die nationalsozialistischen Verbrechen befragt wurden, »konnten die Ereigniskette bis zur industriellen Menschenvernichtung durchaus rekonstruieren, blieben aber in diffusen Ahnungen über konkrete Schuldverstrickungen ihrer Vorfahren

befangen«.[51] Mögliche Folgen sind irrationale Schuldgefühle und große Schwierigkeiten, sich vorbehaltlos mit dem Nationalsozialismus, insbesondere den familiären Aspekten zu befassen.[52] »Erfahrungsgemäß begreifen Schüler und Studenten zu Beginn einer intensiven Auseinandersetzung Nazis als der Demagogie hilflos verfallende Objekte oder als Unmenschen von besonderem Kaliber, das sie ihren Großeltern, heute gebrechlich, ergraut und alt, nicht zutrauen. Sie sind gefangen im Klischee vom Nazi als eindeutigem Täter, nie als Mitläufer, und führen damit nur allzuoft die Sicht ihrer Großeltern bzw. Eltern unhinterfragt und unbewußt fort.«[53] Damit wird die große Mehrheit der deutschen Jugendlichen im »Land der Täter« im Hinblick auf familiäre Traditionen »weniger zu Trägern des Erinnerns denn des Abdrängens, des Vergessenwollens«.[54]
Genau hier gibt es fließende Übergänge zu rechtsextremistischen und revisionistischen Auffassungen. Deshalb muß in der historisch-politischen Bildung stärker als bisher berücksichtigt werden, wie nach 1945 die kollektive und individuelle NS-Geschichte verschwiegen, verfälscht, umgedeutet, geleugnet wurde und wird und welche Bedeutung dies auf die Entwicklung des historisch-politischen Bewußtseins heutiger Jugendlicher hat.[55]

Pädagogisierung des Rechtsextremismus

Wer sich heute Gedanken über angemessene Maßnahmen gegen Rechtsextremismus und Rassismus macht, darf das Problem also nicht auf ein jugendspezifisches Phänomen herabdefinieren, dem vor allem mit sozialpädagogischen Projekten zu begegnen sei. Niemand bestreitet, daß Programme, die sich gezielt mit jugendspezifischen Formen rechtsextremistischer und rassistischer Gewalt auseinandersetzen, wichtig und notwendig sind. Vor überhöhten Erwartungen an sozialpädagogische Programme ist jedoch zu warnen, insbesondere vor solchen, die sich im Rahmen der sogenannten »akzeptierenden Jugendarbeit« ausschließlich an bereits rechtsorientierte und gewalttätige Jugendliche wenden. Projekte, bei denen es vorrangig um die »oberflächliche Herstellung von Ruhe und Ordnung« geht, wozu auch das Leugnen der Probleme zählt, sind besonders fragwürdig. Angesichts der Zunahme sogenannter »national befreiter Zonen« in den östlichen Bundesländern, in denen inzwischen eine rechtsextreme und rassistische Jugendkultur dominiert und täglich Menschen anderer Hautfarbe und Herkunft angegriffen, verletzt oder auch getötet werden, hält Anetta Kahane die »gängigen sozialpädagogischen Projekte« eher für »lächerlich«.[56] Wenn rechtsorientierte und rassistische Jugendliche mit attraktiven Programmen umworben oder gar Veranstaltungen organisierter Neonazis mit öffentlichen Geldern subventioniert werden, können diese Gruppen ihre Strukturen sogar noch festigen. »Taktik und Zurückhaltung ist sozialpsychologisch unangebracht. Rassisten blühen auf und vermehren sich, wenn man ihnen nur ein bißchen recht gibt, und wenn man nicht für einen anderen gesellschaftlichen Entwurf einsteht.«[57] Dies gilt nicht nur mit Blick auf rassistische Jugendliche und bekennende Rechtsextremisten oder Neonazis, sondern auch für die vielen Bürger und Bürgerinnen oder Politiker, die populistische, autoritäre oder nationalistische Lösungskonzepte für gesellschaftliche Probleme befürworten. Statt rechtsextremistischen und rassistischen Forderungen weiter Nahrung zu liefern, wie dies z.B. durch die Unterschriftenaktion der CDU/CSU gegen die doppelte Staatsbürgerschaft geschehen ist, sind eindeutige Signale in der Öffentlichkeit nötig, die begreiflich machen, daß nicht die rassistischen Täter, sondern ihre Opfer Schutz und Unterstützung brauchen. »Erst dadurch, daß der staatliche Rassismus die Ausländer zu rechtlich schwachen, unerwünschten Opfern zurichtet, präsentiert er sie den Gewalttätern als brauchbare Zielscheibe.«[58] Dies bedeutet, daß die bürgerrechtliche Gleichstellung all derjenigen, die genauso wie Deutsche in der Bundesrepublik ihren Lebensmittelpunkt haben, eine unabdingbare Voraussetzung für eine erfolgreiche Strategie gegen Rechtsextremismus und Rassismus ist.

Fragwürdige Schlußfolgerungen

Kurz nach dem rassistischen Brandanschlag von Solingen 1993 hat die Diskussion über die Ursachen des Rechtsextremismus, vor allem die offene rassistische Gewalt von Jugendlichen, auch eine Kontroverse über die Verantwortung von Erziehung und Bildung, über Fehler und Defizite sowie über ihre Aufgaben und Ziele ausgelöst. Der ehemalige Bundeskanzler Helmut Kohl hatte in seiner Regierungserklärung u.a. auch »die sogenannten Reformversuche im Bildungswesen«[59] für die »zunehmende Gewaltbereitschaft Jugendlicher« verantwortlich gemacht. Die These, die sogenannte »Konfliktpädagogik« bzw. die emanzipatorische Erziehung habe die Zustimmung zu rechtsextremen, rassistischen Positionen oder rassistisch-motivierten Gewalttaten mit verursacht, wurde nicht nur von vielen Rechtskonservativen genutzt, um die alte Forderung nach einer »Werteerziehung« auf der Basis deutscher Sekundärtugenden zu erneuern. Auch Politiker und Wissenschaftler, die sich eher links verorteten, erklärten die Ziele der emanzipatorischen Erziehung für verfehlt und plädierten für »mehr Autorität«.[60]

Bis heute gibt es jedoch keinerlei Belege dafür, daß die emanzipatorische oder antiautoritäre Erziehung zur Förderung der Diskussions-, Konflikt- und Partizipatiosfähigkeit junger Menschen die rassistische Gewaltbereitschaft erhöhe. Im Gegenteil, mehrere Untersuchungen zeigen: Die Mehrzahl der rechtsextremen Täter wurde meist autoritär erzogen und verfügt über wenig politische Bildung.[61] Die meisten der sich selbst als »rechts« einstufenden Jugendlichen waren nach eigenen Angaben streng erzogen worden. So gehörten z.B. Schläge von den Vätern zu ihrem Alltag.[62] Die Ergebnisse dieser Untersuchungen lassen eher den Schluß zu, daß es vielmehr einen eindeutigen Zusammenhang zwischen einer autoritären Erziehung und der Zustimmung zu rechtsextremistischen Positionen gibt. Im Hinblick auf die Entwicklung rechtsextremistischer und rassistischer Gewalt in den ostdeutschen Bundesländern gewinnt diese These noch an Nahrung, denn hier »gab es nicht zu wenig, sondern eher zu viel autoritäre Erziehung, was als eine wichtige Ursache für die rassistische Gewalt in Ostdeutschland angesehen werden kann.«[63]

Bereits 1990, also kurz nach der Wiedervereinigung, zeigte eine vergleichende Untersuchung zu historisch-politischen Einstellungen bei damals 15- bis 16jährigen Schülern und Schülerinnen in den neuen und alten Bundesländern[64], daß das Potential der

Jugendlichen, die autoritär-nationalistischen Parolen zustimmten, in Ost-Deutschland wesentlich größer war als im Westen. Wilfried Schubarth führte dies insbesondere auf die bisherige autoritär-repressive Erziehung ostdeutscher Jugendlicher zurück, »die sich vor allem in einer fehlenden demokratischen Kultur äußerte, in Denk- und Wahrnehmungsgewohnheiten (Gut-Böse-Klischees, Feindbilder) sowie im Unvermögen, mit Ängsten umzugehen, Konflikte auszuhalten bzw. zu bewältigen und Toleranz zu üben«.[65] Politik und damit auch politische Orientierung bedeutete für diese Jugendlichen vor allem »dogmatische Lehre, ein umfangreiches, bis in den Alltag reichendes politisches Ritual (freiwillige Verpflichtungen, Versammlungen aller Art, Aufmärsche, Festspiele, Fahnenkult usw.), große Vorsicht bei Meinungsäußerungen, Allgegenwärtigsein von Überwachung«, d.h. größtenteils Erfahrungen, »die eher eine emotionale Abwendung als eine Hinwendung zur Politik begünstigen«.[66]

Solche monokausalen Erklärungen werden dem Problem angesichts der heutigen sozialen Krise in den östlichen Bundesländern allerdings nicht mehr gerecht[67], denn »der wesentlich aggressivere Rechtsextremismus im Osten Deutschlands wurzelt sowohl in Versäumnissen und Strukturdefekten des SED-Regimes als auch in den neuen, der DDR-Bevölkerung im Rahmen des Einigungsprozesses übergestülpten sozialen, politischen und kulturellen Verhältnissen«.[68]

Insgesamt läßt sich jedoch feststellen, daß autoritäre Ordnungsvorstellungen überdurchschnittlich häufig von Jugendlichen vertreten werden, die sich nach eigenen Angaben »wenig« für Politik interessieren. Rechtsextreme Einstellungen sind vor allem bei Mädchen und Jungen zu finden, die sich gar nicht für Politik interessieren.[69] Hinzu kommt:

- Ihnen mangelt es an der Fähigkeit zur Empathie, d.h. der Fähigkeit, sich in andere hineinversetzen zu können,
- ihnen fehlen prosoziale Motivationen,
- sie haben kaum Kenntnisse über demokratische Prinzipien und demzufolge auch wenig Verständnis für die Bedeutsamkeit demokratischer Verfahren.[70]

Bildungspolitische Herausforderungen

Aufgrund dieser Erkenntnisse müßte – nicht nur mit Blick auf den aktuellen Rechtsextremismus – der historisch-politischen Bildung mehr Bedeutung als bisher beigemessen werden. Schulische und vor allem außerschulische politische Jugendbildung darf nicht länger an den Rand gedrängt werden, die finanziellen und personellen Mittel für die politische Bildung in Schule und Jugendarbeit müßten aufgestockt werden. Vor allem in den Haupt- und Berufsschulen sollte die historisch-politische Bildung einen größeren Stellenwert erhalten.
Inzwischen gibt es vor allem in Schulen und in der außerschulischen Jugendarbeit zahlreiche Versuche und Projekte, die Jugendliche gegenüber rechtsextremistischen und fremdenfeindlichen Einstellungen und Verhaltensweisen sensibilisieren sollen. Pädagogen suchen vor allem nach Konzepten, die sich rasch umsetzen lassen. Dies ist verständlich, wenn sie immer wieder direkt mit rechtsextremistischen und rassistischen Äußerungen und Verhaltensweisen Jugendlicher konfrontiert werden. Erfahrungen zeigen aber auch, daß es vor allem darum gehen muß, »der Jugend demokratische Grundwerte vor allem auf der kommunalen Ebene zu vermitteln«.[71] Eine allein auf kognitive Wissensvermittlung oder auf Institutionenkunde reduzierte politische Bildung kann allerdings dazu wenig beitragen. Wenn in der schulischen oder außerschulischen Bildung demokratisches Denken und Handeln abstrakt vermittelt und nicht erlebbar gemacht wird, reduziert sich der Lernprozeß auf Belehrtwerden. Die Ergebnisse bleiben fragwürdig, können sogar kontraproduktiv sein. Nur wenn Jugendliche in der Familie, in der Schule, im Betrieb oder im Stadtteil selbst erfahren, daß Leben und Kultur gestaltbar sind, kann das demokratische Konzept für sie glaubhaft sein.

Schulische Defizite bei der Vermittlung demokratischer Werte und Erfahrungen

Bei der Vermittlung demokratischer Werte liegen die Defizite in der Schule vor allem in den Formen und der Organisation des

Lernens. Bei einem nach wie vor begrenzten zeitlichen Rahmen (meist steht nur eine Stunde pro Woche für den politischen Unterricht zur Verfügung), einer absoluten Priorität des Fachunterrichts und einem oft fachfremd erteilten Politik-Unterricht[72] scheint das Scheitern vorprogrammiert. Entscheidender ist jedoch, daß die Institution Schule nach wie vor ein System verkörpert, in dem Bildung und Lernen vor allem durch die Vermittlung von »abfragbarem« Wissen definiert wird.[73] Trotz weitreichender Bemühungen vieler Lehrer und Lehrerinnen, den Unterricht intern durch solidarische Lernformen und Projekte zu verändern, ist schulisches Lernen vor allem durch Leistung und Konkurrenz geprägt (geheimer Lehrplan).[74] Damit ist Schule nicht nur ein Spiegelbild der gesellschaftlichen Realität, sondern produziert diese weiter.

Schule befindet sich mehr als die offene Jugendarbeit in einem Spannungsverhältnis. Einerseits wird Wert auf leistungsorientierte Wissensvermittlung gelegt, andererseits soll stärker als bisher soziales und solidarisches Verhalten gefördert werden. Wenn Schule zukünftig intensiver ihren Erziehungsauftrag wahrnehmen soll, stellt sich auch die Frage, welche Veränderungen im Selbstverständnis und in der Organisation notwendig sind, damit Kinder und Jugendliche Schule als einen Ort des sozialen Lernens erleben können.[75]

Notwendig ist eine interne Schulreform, wie sie z.B. mit dem Konzept zur »Gestaltung und Öffnung der Schule« vor einigen Jahren in Nordrhein-Westfalen angedacht worden ist, aber bis heute nur zögerlich umgesetzt wird. Durch die Öffnung der Schule in den Stadtteil hinein, wie es z.B. das in den angelsächsischen Ländern bewährte Konzept der »community education« vorsieht, könnten auch die Bildungschancen benachteiligter Gruppen verbessert, die Kommunikation im Stadtteil gefördert und neue Formen der politischen Beteiligung entwickelt werden. Merkmale sind u.a. die Stärkung der Elternarbeit, die Verknüpfung mehrerer Lernformen, die Kombination dezentraler Kulturpolitik, die Kooperation mit Einrichtungen der Jugendarbeit und der Jugendverbände.

Bildungspolitik müßte dafür die personellen, finanziellen und organisatorischen Grundvoraussetzungen schaffen. Die Zunahme von Schülern verschiedener Nationalitäten und Herkünfte erfordert auch eine Intensivierung der interkulturellen Erziehung und Bildung. Voraussetzungen hierfür sind:

1. Ausreichend personelle Besetzung und für interkulturelle Erziehung qualifizierte Lehrkräfte, Einstellung von nichtdeutschem Lehrpersonal, für begleitende Maßnahmen auch Sozialpädagogen,
2. Entwicklung von Unterrichtsmaterialien, die die multinationale Zusammensetzung der Schüler und Schülerinnen berücksichtigen,
3. Fortbildung der Lehrkräfte zu Problemen und Fragen, die sich durch die multikulturelle Zusammensetzung der Schülerschaft ergeben.

Noch immer wird in vielen Lehrplänen und Schulbüchern die Existenz verschiedener nationaler und ethnischer Gruppen ignoriert. In Schulbüchern werden zwar Themen wie »Migration«, »Migranten« angesprochen, die Bücher wenden sich aber noch immer vor allem an die deutschen Schüler und Schülerinnen. »Der Bank-Nachbar anderer Nationalität wird nicht als Mitlernender angesprochen.«[76] Es wird vor allem über ethnische Gruppen geschrieben und dabei mißachtet, daß Schüler anderer Herkunft und Nationalität in vielen Schulen längst ein großer Teil des Klassenverbandes geworden sind.[77]

Ziel der politischen Bildung sollte vor allem die Kompetenz für das Zusammenleben mit Menschen unterschiedlicher Herkunft und Kulturen sein, der Verzicht auf Gewalt, die Fähigkeit, eigene Werte, Normen und Handlungsmuster in ihrer Relativität zu verstehen, die Fähigkeit, Situationen der Unterschiedlichkeit angstfrei ertragen zu können, die kritische Betrachtung gesellschaftlicher Vorgänge und die Befähigung zur politischen Teilhabe. Hierzu gehört auch die Kompetenz, aktuelle gesellschaftliche Entwicklungen vor dem Hintergrund ihrer geschichtlichen Wurzeln wahrnehmen und einordnen zu können. Dies bedeutet auch, daß die Auseinandersetzung mit der NS-Vergangenheit und ihren Folgen bis heute fester Bestandteil der politischen Bildung sein muß.[78]

Zur Vermittlung der NS-Geschichte heute

Experten und Mittler der politischen Bildung sind sich darüber einig, daß für die Entwicklung eines politischen Bewußtseins Jugendlicher auch die Auseinandersetzung mit der NS-Vergangenheit und ihren Folgen bis heute eine große Bedeutung spielen sollte. Ihrer Meinung nach müßte über die NS-Verbrechen der Deutschen (»Holocaust«) umfassender aufgeklärt werden, als über andere geschichtliche Ereignisse.[79] Heute gilt mehr denn je: »Das Prinzip der Auseinandersetzung mit ›Auschwitz‹ in der fünften Nachkriegsgeneration sollte keine multimediale Holocaust-Horrorshow sein und sollte sich auch nicht in Schuldzuweisungen und Sühneforderungen ergehen. Vielmehr sollte sich die Auseinandersetzung auf Aufklärung beschränken, d.h. Kenntnisse und Wissen vermitteln, um damit nicht Verständnis, wohl aber Verstehen zu ermöglichen.«[80] Inzwischen gibt es dazu neuere und gute didaktisch-methodische Hilfen[81], die versuchen, die bisherigen Defizite der gängigen Unterrichtsmaterialien und Probleme bei der Vermittlung[82] aufzugreifen und auch die veränderten Bedingungen des schulischen Unterrichts (z.B. die multikulturelle Zusammensetzung der Klassen) berücksichtigen.[83] Deshalb beschränke ich mich im folgenden auf einige Vorschläge.

Interesse wecken – Fragen fördern

Die Hauptaufgabe bei der Aufklärung über den Nationalsozialismus und seine Folgen wird nach wie vor der Schule zugewiesen, laut Lehrplan in der 9. und 10. Klasse. Pädagogen fordern allerdings schon seit Jahren, Denk- und Verhaltensweisen, die den Nationalsozialismus ermöglichten, bereits mit jüngeren Schülern zu behandeln. In Hamburg, Berlin und Niedersachsen geschieht dies schon in der 5. oder 6. Klasse. Auch in den meisten anderen Bundesländern haben Lehrer und Lehrerinnen curriculare Spielräume, um an Projekttagen oder in den Fächern Religion und Sozialkunde etwa im Rahmen der Menschenrechtserziehung schon früher auf diese Problematik einzugehen. Das Kultusministerium in Niedersachsen schlägt vor, mit Schülern der 5. und 6. Jahr-

gangsstufe im Fach Welt- und Umweltkunde über »Kinder und Jugendliche zur Zeit des Nationalsozialismus« zu sprechen. Ziel ist es, das Interesse der Schüler und Schülerinnen zu wecken. Mit Informationen über lokale und regionale Geschehnisse sollen »erste Einsichten« gefördert werden.[84]
Inzwischen gibt es zahlreiche Beispiele, die zeigen, daß die NS-Geschichte für Jugendliche nachvollziehbar vermittelt werden kann und dabei auch Bezüge zur eigenen Lebenswelt möglich sind.[85] Erfahrungen zeigen, daß sich junge Menschen vor allem dann für die nationalsozialistische Vergangenheit zu interessieren beginnen, wenn dies nicht in den üblichen Unterrichtseinheiten stattfindet, sondern wenn neue Formen des fragenden, forschenden Lernens entwickelt und zugelassen werden.[86] Gerade bei jüngeren Schülern ist es jedoch notwendig, das Leiden der Opfer, die Schuld der Täter und die Verantwortung ihrer Unterstützer an konkreten Beispielen, individuellen Erlebnissen und Schicksalen deutlich zu machen. »Wenn man auf die Lokalgeschichte von Städten, Dörfern, Stadtteilen und Straßen zurückgreift, literarische Quellen (auch Jugendliteratur[87], Tagebücher und (Auto)Biographien nutzt, kann man als Lehrer den anonymen Opfern, aber auch den kleineren Tätern und den weniger bekannten Zuschauern Hände und Füße, einen Namen, ein Gesicht und ein Umfeld geben.«[88]
Forschendes Lernen, vor allem der älteren Schüler und Schülerinnen, darf allerdings nicht in der Beleuchtung des Alltäglichen, Kleinräumigen stecken bleiben. Viele Schüler suchen Antworten auf die Frage, *wie das alles geschehen konnte.* Ausgangspunkt sollten deshalb nicht die Massenmorde, nicht das Extrem der Verbrechen sein, sondern die Bedingungen, die die nationalsozialistischen Verbrechen ermöglichten. Notwendig ist eine Konkretisierung, damit für Jugendliche die einzelnen Schritte, die Verantwortlichen, die Beteiligten, die Profiteure, die Zuschauer erkennbar werden.[89] Der Blick auf den Alltag, die bürokratische Vorbereitung und Organisation der Ausgrenzung und der Deportationen wirft Fragen auf über die vielen Mitverantwortlichen, ohne deren Unterstützung und Mitwirkung der nationalsozialistische Massenmord nicht funktioniert hätte: »... die Eisenbahner, die Bewacher, die Beamten der Melde- und Standesämter (die bei der Erfassung

der Juden halfen), die Pfarrer, die ihre Taufregister zur Verfügung stellten, um zu klären, wer als Jude nach nationalsozialistischen Kriterien zu gelten habe. Polizisten trieben die Juden zur Deportation zusammen, Gerichtsvollzieher versiegelten ihre Wohnungen und inventarisierten ihr Hab und Gut.«[90] Nachbarn und Bekannte der deportierten Menschen ersteigerten deren Besitz. Bei einer solchen differenzierten Betrachtungsweise sollte deutlich werden, daß es nicht um die Übertragung der Schuld auf die Enkelgeneration geht, sondern um die vielen »weißen Flecken«, die es bis heute in der Auseinandersetzung mit dem Nationalsozialismus gibt.

Die Chancen, daß Schüler und Schülerinnen Fragen aufwerfen, werden größer, wenn ihnen Möglichkeiten geboten werden, sich selbst fragend und forschend der Geschichte, sowie den Auswirkungen und Folgen zu nähern. »Die große Chance der Spurensuche vor Ort liegt darin, daß über die räumliche Nähe zum Geschehen die zeitliche Distanz relativiert wird. Wenn den Schülern deutlich wird, daß es ›Menschen wie Du und ich‹ waren, die zu Tätern, Opfern oder Zuschauern wurden, und daß die Geschichte sich vor ihrer Haustür abspielte, fällt es ihnen meist leichter, das Geschehene zu sich in Beziehung zu setzen.«[91] Das in den USA entwickelte Programm »Facing History and Ourselves« (FHAO), das inzwischen auch in einigen west- und osteuropäischen Ländern praktiziert wird, bietet dazu einige didaktisch-methodische Anregungen.[92]

Eine »Spurensuche« an identifizierbaren Orten – möglichst in der eigenen Region, der Stadt, dem Dorf, im Lebensumfeld der Schüler – sollte auch den Blick auf die Gegenwart richten und mögliche Kontinuitäten aufzeigen. Nötig sind auch Projekte, die kritisch untersuchen, wie heute mit dieser Geschichte umgegangen wird (bei öffentlichen Gedenkveranstaltungen, in Gedenkstätten, auf Gedenktafeln, wenn z.B. die Opfer nur als anonyme Gruppe erwähnt werden, das Passiv benutzt wird, wenn Täter benannt werden müßten, wie etwa »Im Gedenken an die Juden, die von hier deportiert wurden«). Nicht selten ergeben sich diese Bezüge schon dadurch, weil Jugendliche bei ihren Recherchen oft auf eine Mauer des Schweigens oder auf Widerstände gegen Aufklärung und Veröffentlichung stoßen. »Sie müssen sich mit Angriffen auf ihre Initiative zur Vergangenheitsbewältigung, mit öffentlicher Verdrängung und administrativer Behinderung auseinandersetzen.[93]

Die heutigen Jugendlichen gehören zu der letzten Generation, die noch Gespräche mit Zeitzeugen führen können. Diskussionen mit überlebenden Opfern sind für viele SchülerInnen eher selten. Dort, wo sie im Rahmen des schulischen Unterrichts ermöglicht werden, eröffnen sich den Jugendlichen ganz andere Perspektiven: Bei solchen Gesprächen wird ihnen oft zum ersten Mal bewußt, daß die Vergangenheit bis in die Gegenwart hineinreicht, z.B. wenn sie erfahren, daß die wenigen noch lebenden Frauen und Männer[94], die durch Zwangsarbeit in deutschen Unternehmen ausgebeutet und gequält wurden, bis heute auf eine individuelle Entschädigung warten. Auch an diesem Thema können Jugendliche, aber auch Erwachsene sehen und erleben, welche Auswirkungen und Folgen die nationalsozialistische Vergangenheit bis heute hat.

Anmerkungen

1 Claudia Dammann, DGB-Mitgliedschaft: Keine Barriere gegen Rechts, in: Jens Mecklenburg (Hg.), Braune Gefahr, Berlin 1999, S. 201 ff.

2 Die Unterscheidung zwischen Rechtsextremismus und Neonazismus basiert vor allem darauf, daß mit neonazistischen Denkmustern offen die Wiederbelebung der NS-Ideologie angestrebt wird.

3 Theodor W. Adorno, Erziehung zur Mündigkeit, Frankfurt 1982, S. 10.

4 Zygmunt Bauman, Ein Mensch, der denkt, zwischen Scylla und Charybdis. Die Rede in der Paulskirche anläßlich der Verleihung des Theodor W. Adorno-Preises 1998, in: *Frankfurter Rundschau*, 14. September 1998.

5 Ebd.

6 Christopher Browning, Ganz normale Männer. Das Reserve-Polizei-Bataillon 101 und die »Endlösung« in Polen, Reinbek 1993, S. 212.

7 Den Begriff »Holocaust« benutze ich hier nur im Zusammenhang mit Zitaten, zur Problematik dieses Begriffes siehe: Annegret Ehmann, Über Sprache, Begriffe und Deutungen des nationalsozialistischen Massen- und Völkermordes. Aspekte des Erinnerns, in Ehmann/Kaiser/Lutz u.a. (Hg.), Praxis der Gedenkstättenpädagogik. Erfahrungen und Perspektiven, Opladen 1995, S. 75–100.

8 Zygmunt Bauman, Dialektik der Ordnung. Die Moderne und der Holocaust, Hamburg 1992, S. 10.

9 Ebd., S. 26 ff.

10 Leo Kuper, Genocide: It's Political Use in the Twentieth Century, 1991, S. 121, zitiert nach Zygmunt Bauman, Dialektik der Ordnung, Hamburg 1992, S. 28.

11 Michael Zimmermann, Die Gefahr, den Nationalsozialismus aus dem Kontext der Zeit herauszulösen, in: Ideen-Redaktion (Hg.), Wer sich des Vergangenen nicht erinnert, Göttingen 1993, S. 41.

12 Vgl. Ernst Klee, »Euthanasie« im NS-Staat. Die Vernichtung »lebensunwerten Lebens«, Frankfurt/M. 1983.

13 Vgl. Ernst Klee; 1983, Uwe Kaminsky, Zwangssterilisation und »Euthanasie« im Rheinland, Köln 1995; Volker van der Locht, Von der karitativen Fürsorge zum ärztlichen Selektionsblick, Opladen 1997.

14 Wie dies in den bisherigen Entwürfen zur europäischen Bioethik-Konvention vorgesehen ist.

15 Ernst Klee, »Euthanasie« im NS-Staat, 1983, S. 13.

16 Alphons Silbermann, Was bedeutet »Auschwitz« heute?, Eine soziologische Studie zum Wissensstand über NS-Verbrechen, in: *Tribüne. Zeitschrift zum Verständnis des Judentums*, Nr. 148, 4. Quartal 1998, S. 124–131 (hier S. 128).

17 Matthias Heyl, »Erziehung nach Auschwitz« und »Holocaust Education«, in: Ido Abram/Matthias Heyl, Thema Holocaust. Ein Buch für die Schule, Reinbek 1996, S. 62.

18 Siehe hierzu: Klaus Naumann, Zwischen Tabu und Skandal. Zur Aufarbeitung der NS-Vergangenheit in der Bundesrepublik, in: Christoph Butterwegge (Hg.), NS-Vergangenheit, Antisemitismus und Nationalismus in Deutschland, Baden-Baden 1997, S. 39–49.

19 Dies galt jedoch lange Zeit vor allem mit Blick auf die jüdischen Opfer, während gleichzeitig viele andere Gruppen wie z.B. Behinderte, Sinti und Roma, Homosexuelle, sogenannte Asoziale »vergessen« und erst in den letzten Jahren in die »Erinnerungsarbeit« einbezogen wurden.

20 Vgl. Betrifft: »Aktion 3« – Deutsche verwerten jüdische Nachbarn. Dokumente zur Arisierung. Ausgewählt und kommentiert von Wolfgang Dreßen, Aufbau-Verlag, Berlin 1998; Anfragen zu dieser Wanderausstellung über: Arbeitsstelle Neonazismus, FH Düsseldorf, FB 6, Universitätsstr. 1, 40225 Düsseldorf.

21 Maik Söhler, Datenschutz für Deutsche, in: *jungle world* Nr. 14, 31. März 1999, S. 8.

22 Vgl. Forsa-Studie, Jugend in Deutschland 1998; die Zahl der 14- bis 25jährigen, die sich vorstellen können, eine rechtsextreme Partei zu wählen, ist von 1995 bis 1998 von 5 Prozent auf insgesamt 9 Prozent gestiegen, Juni 1998.

23 Michaela von Freyhold, Autoritarismus und politische Apathie. Analyse einer Skala zur Ermittlung autoritätsgebundener Verhaltensweisen, in: Theodor W. Adorno und Ludwig Friedeburg (Hg.), Frankfurter Beiträge zur Soziologie, im Auftrag des Instituts für Sozialforschung, 1971; 5 Millionen Deutsche: »Wir sollten wieder einen Führer haben ...«. Die Sinus-Studie über rechtsextremistische Einstellungen bei den Deutschen, Reinbek 1981.

24 Vgl. zum Rechtsextremismus in der ehemaligen DDR: Bernd Wagner, Rechtsextremismus und kulturelle Subversion in den neuen Bundesländern. Studie, Berlin 1998.

25 Wilfried Schubarth u.a., Verordneter Antifaschismus und die Folgen, in: Aus

Politik und Zeitgeschichte, Beilage zur Wochenzeitung *Das Parlament*, B 9/91, 22. Febr. 1991.

26 *Die Woche*, Weihnachten/Neujahr 1999.

27 In seiner Rede zur Verleihung des Friedenspreises des Deutschen Buchhandels, in: *Frankfurter Rundschau* vom 12. Oktober 1998.

28 Helmut Fend, Ausländerfeindlich-nationalistische Weltbilder und Aggressionsbereitschaft bei Jugendlichen in Deutschland und der Schweiz, in: *Zeitschrift für Sozialisationsforschung*, 2/1994, S. 131ff.

29 Matthias Wellmer, »Ausländerfeindlichkeit und Gewalt ist nicht Protest, sondern Tradition!«. Manuskript, Gesamthochschule Wuppertal 1994.

30 Wilhelm Heitmeyer, Rechtsextremistsiche Orientierungen bei Jugendlichen, Weinheim 1988.

31 Lena Inowlocki, Ein schlagendes Argument. Geschichtliche Rechtfertigung und biographische Konstruktion von Jugendlichen in rechtsextremistischen Gruppen, in: *Bios* 2/1988, S. 49–58

32 Ebd. S. 50.

33 Wilhelm Heitmeyer, Aufklärung und Faschismuspotential, in: Karin Böllert/H.U. Otto (Hg.), Soziale Arbeit auf der Suche nach Zukunft, Bielefeld 1989, S. 147–164; Kurt Möller, Zwei Dutzend Gründe für die aktuelle Hilflosigkeit des politischen und pädagogischen Antifaschismus, in: *Neue Praxis* 6/89, S. 486–496.

34 Lena Inowlocki, a.a.O., S. 51.

35 Vgl. hierzu: Christel Hopf u.a., Familie und Rechtsextremismus. Familiale Sozialisation und rechtsextreme Orientierungen junger Männer, Weinheim/München 1995, S. 47ff.; Dan Bar-On, Konrad Brendler, A. Paul Hare (Hg.), »Da ist etwas kaputtgegangen an den Wurzeln ...«. Identitätsformation deutscher und israelischer Jugendlicher im Schatten des Holocaust, Frankfurt/New York 1997.

36 Dieter Boßmann (Hg.), »Was ich über Adolf Hitler gehört habe ...«, Frankfurt 1977.

37 Thilo Castner, in: Das Parlament, Nr. 9, 24. Febr. 1995, S. 15; Forsa-Umfrage, in: *Die Woche*, 3. Juli 1998.

38 Alphons Silbermann, Was bedeutet »Auschwitz« heute?, a.a.O.

39 Ebd., S. 126.

40 Ebd., S. 126.

41 Ebd., S. 126.

42 Ebd., S. 127.

43 In: *Die Zeit*, Nr. 34, 19. August 1994.

44 Erfahrungsberichte über pädagogische Projekte, in: Ehmann/Kaiser/Lutz u.a. (Hg.), Praxis der Gedenkstättenpädagogik, 1995, S. 102–272; vgl. auch: Händle/Oesterreich/Trommer, Aufgaben politischer Bildung in der Sekundarstufe 1, Opladen 1999, S. 222.

45 Vgl. hierzu: Gertrud Hardtmann, Auf der Suche nach einer unbeschädigten Identität. Die Dritte Generation in Deutschland, in: Dan Bar-On/Konrad Brendler, A.Paul Hare (Hg.), »Da ist etwas kaputtgegangen an den Wurzeln...«, Frankfurt/New York 1997, S. 105ff.

46 Elke Rottgardt, Das Gespenst lebt noch ... Einbettung des Rechtsextremismus in Deutschland, in: *Wissenschaft und Frieden, Informationsdienst* 1/93, S. 54–58 (55).

47 Bernd Winkelmann, Einstellungen heutiger Jugendlicher zum Holocaust. Zum historischen Bewußtsein 16 bis 21jähriger, in: Bar-On/Brusten (Hg.), Der Holocaust – Familiäre und gesellschaftliche Folgen – Aufarbeitung in Wissenschaft und Erziehung?, Universität Wuppertal 1988, S. 194–214.

48 Ergebnisse einer Umfrage anläßlich der Sendung »Was uns auf den Nägeln brennt: Verschwiegen und Verdrängt – Tabus der Vergangenheit«, die am 15. Oktober in ARTE ausgestrahlt wurde, Pressemitteilung des Fernsehsenders ARTE vom 26. 1. 1999.

49 Ebd.

50 Hans-Fred Rathenow/Norbert Weber, Gedenkstättenbesuche im historisch-politischen Unterricht, in: Ehmann/Kaiser/Lutz u. a. (Hg.), Praxis der Gedenkstättenpädagogik, Opladen 1995, S. 22f.

51 Konrad Brendler, in: Dan Bar-On/Konrad Brendler, A. Paul Hare (Hg.), »Da ist etwas kaputtgegangen an den Wurzeln...«, Frankfurt/New York 1997, S. 7.

52 Ebd., S. 53ff.

53 Matthias Heyl, »Erziehung nach Auschwitz« und »Holocaust Education«, in: Ido Abram/Matthias Heyl, Thema Holocaust, Reinbek 1996, S. 61–165 (87).

54 Ebd., S. 75.

55 Vgl. hierzu die Analyse von Gertrud Hardtmann, siehe Anmerkung 45.

56 Anetta Kahane, Leiterin der Berliner Regionalen Arbeitsstelle für Ausländerfragen, Jugendarbeit und Schule in den neuen Bundesländern, zitiert in: *Süddeutsche Zeitung*, 21. 9. 1998.

57 Michaela von Freyhold, Überlegungen zur rassistischen Mobilisierung im wiedervereinigten Deutschland und zu möglichen Gegenstrategien, in: *Kommune – Forum für Politik, Ökonomie, Kultur* 1/1992, S. 47–56 (55).

58 Ebd., S. 51.

59 Zitiert nach: *die tageszeitung*, 17. Juni 1993.

60 Vgl. Der Spiegel, 4/1993, Linke Lehrer, rechte Schüler, S. 41ff.; Claus Leggewie, Plädoyer eines Antiautoritären für Autorität, in: *Die Zeit*, 5. März 1993.

61 Helmut Willems u. a., Fremdenfeindlichkeit und Gewalt. Einstellungen, Täter, Konflikteskalation, Opladen 1993, S. 259ff.; Helmut Fend, Ausländerfeindlich-nationalistische Weltbilder und Aggressionsbereitschaft bei Jugendlichen in Deutschland und der Schweiz, in: *Zeitschrift für Sozialisationsforschung und Erziehungssoziologie* 2/1994, S. 131–162 (146, 153); Ministerium für die Gleichstellung von Mann und Frau des Landes NRW (Hg.), Rechtsextremismus und Gewalt: Affinitäten und Ressistenzen von Mädchen und jungen Frauen, Düsseldorf 1994; Christel Hopf u. a., Familie und Rechtsextremismus, Weinheim 1995.

62 Vgl. Ministerium für die Gleichstellung ... NRW, s. vorherige Anmerkung.

63 Wilfried Schubarth, Schule und Gewalt: Ein wieder aktuelles Thema, in: ders./ Wolfgang Meltzer (Hg.), Schule, Gewalt und Rechtsextremismus, Opladen 1993, S. 16–43 (S. 39).

64 Deutsches Jugendinstitut (Hg.), Deutsche Schüler im Sommer 1990 – Skepti-

sche Demokraten auf dem Weg in ein vereintes Deutschland. Deutsch-deutsche Schülerbefragung, München 1990.

65 Wilfried Schubarth, Wie real ist eine »rechte Gefahr« im Osten Deutschlands? in: Arbeitskreis deutscher Bildungsstätten e.V. (Hg.), Außerschulische Jugendbildung. Materialien zur politischen Jugend- und Erwachsenenbildung 4/90, S. 324.

66 Rolf Schörken, Zur Ausgangslage der politischen Bildung in den neuen Bundesländern, in: Aus Politik und Zeitgeschichte, Beilage zur Wochenzeitung *Das Parlament*, B 9/91, 22. Febr. 1991, S. 38.

67 Vgl. die Kontroverse über die Thesen des westdeutschen Kriminologen Christian Pfeiffer zum Zusammenhang zwischen »DDR-Pädagogik und Ausländerfeindlichkeit«, in: *Die Zeit*, Nr. 15, 8. April 1999.

68 Christoph Butterwegge, Rechtsextremismus, Rassismus und Gewalt. Erklärungsmodelle in der Diskussion, Darmstadt 1996, S. 49.

69 Ministerium für die Gleichstellung,... NRW, siehe Anmerkung 50., S. 26.

70 Helmut Fend, Ausländerfeindlich-nationalistische Weltbilder und Aggressionsbereitschaft bei Jugendlichen in Deutschland und der Schweiz, in: *Zeitschrift für Sozialisationsforschung und Erziehungssoziologie* 2/1994, S. 131–162.

71 Anetta Kahane, in: *Süddeutsche Zeitung*, 21. 9. 1998.

72 Händle/Oesterreich/Trommer, Aufgaben politischer Bildung in der Sekundarstufe 1, Opladen 1999, S. 196.

73 So auch die Kritik des Sachverständigenrates Bildung bei der gewerkschaftsnahen Hans-Böckler-Stiftung, Was sollen Jugendliche künftig lernen und leisten?, in: *Frankfurter Rundschau*, 9. März 1999 (Dokumentation).

74 Vgl. Händle/Oesterreich/Trommer, a.a.O., 1999, S. 183.

75 So die Forderung des Sachverständigenrates Bildung, s. Anmerkung 73.

76 Zitiert nach *Frankfurter Rundschau*, Ausländer bleiben in Schulbüchern Fremde, 13. Februar 1998.

77 Vgl. hierzu: Klaus F. Geiger u. a. (Hg.), Interkulturelles Lernen mit Sozialkundebüchern, Universität Gesamthochschule Kassel, FB Migrationssoziologie, Kassel 1997.

78 Händle/Oesterreich/Trommer, a.a.O., 1999, S. 157.

79 Ebd.

80 Alphons Silbermann, Was bedeutet »Auschwitz« heute?, a.a.O., S. 131.

81 Siehe hierzu die pädagogischen Materialien des Fritz-Bauer-Institutes, Rheinstr. 29, 60325 Frankfurt; Forschungs- und Arbeitsstelle »Erziehung nach/über Auschwitz«, Wohlers Allee 58, 22767 Hamburg.

82 Adelheid Schmitz, Wenn Auschwitz geleugnet wird. Überlegungen für den schulischen Unterricht, in Brigitte Bailer-Galanda/Wolfgang Benz/Wolfgang Neugebauer (Hg.), Die Auschwitzleugner, 2. Aufl. Berlin 1996, S. 297–314.

83 Siehe hierzu: Jacqueline Giere, Gottfried Kößler, Petra Mumme, Konfrontationen – Pädagogische Annäherungen an Geschichte und Wirkung des Holocaust. Einleitung zu den Unterrichtsmaterialien zum Thema Nationalsozialismus und Holocaust, die nach der Erprobungsphase in einer Heftreihe im Jahre 2000 erscheinen sollen, unveröffentlichtes Manuskript, Fritz-Bauer-Institut, Frankfurt 1999.

84 Niedersächsisches Kultusministerium (Hg.), Rahmenrichtlinien für die Orientierungsstufe. Welt- und Umweltkunde, Hannover 1992, S. 23 ff.

85 Vgl. Ehmann/Kaiser/Lutz u. a., Gedenkstättenpädagogik, a.a.O., 1996, S. 102 ff.

86 Vgl. Christa Händle, Politische Bildung in ausgewählten Projektdokumentationen, in: Händle/Oesterreich//Trommer, a.a.O. 1999, S. 222 f.

87 Zahlreiche Anregungen hierzu in: Ria Proske/Adelheid Schmitz (Hg.), Spuren der Vergangenheit. Ausgewählte Jugendbücher über Nationalsozialismus und Neonazismus, Münster 1998, kostenlos erhältlich über: Landeszentrale für politische Bildung NRW, Neanderstr. 6, 40233 Düsseldorf.

88 Ido Abram, Erziehung und humane Orientierung, in: ders./Matthias Heyl, Thema Holocaust, Reinbek 1996, S. 49.

89 Vgl. hierzu die lange Zeit wenig beachteten Dokumente in: Raul Hilberg, Täter, Opfer, Zuschauer. Die Vernichtung der Juden 1933–1945, 1992.

90 Matthias Heyl, in: Ido Abram/Matthias Heyl, Thema Holocaust, Reinbek 1996, S. 96.

91 Ebd., S. 153.

92 Siehe hierzu ausführlicher in: Deutsche Vereinigung für politische Bildung e.V. (Hg.), Politisches Lernen, Nr. 12, Oktober 1994, S. 108 ff.

93 Christa Händle, in: Händle/Oesterreich/Trommer, a.a.O., 1999, S. 223.

94 Dies gilt vor allem für Hundertausende Menschen aus den baltischen Ländern, der Ukraine und Polen.

Ulrich Schneider

Der Kampf um Erinnerung als Handlungsstrategie gegen rechts

Von der »Rückkehr zur Normalität«

Am Ende diesen Jahrhunderts fühlen sich in Deutschland Berufene und Wenigerberufene bemüßigt, von der Notwendigkeit eines neuen Geschichtsbildes zu sprechen. Nachdem schon Helmut Kohl in seiner Amtszeit seine eigene Regierungszeit zum Inbegriff der erfolgreichen Nachkriegsgeschichte hochstilisieren ließ[1], fordern seit einigen Jahren verstärkt selbst nicht-neonazistische Stimmen einen Wechsel im Umgang mit der Geschichte der NS-Zeit.

Ein entscheidendes Stichwort dieser geschichtspolitischen Bestrebungen ist die »Rückkehr zur Normalität« im Umgang mit der deutschen Geschichte. Schon Mitte der 90er Jahre meinten Volker Rühe und Klaus Kinkel, dieses einfordern zu können. Rühe wörtlich: »Die Nachkriegsordnungen von Versailles und Jalta wurden mit dem Fall der Mauer in Berlin endgültig in den Archiven der Geschichte abgelegt.«[2]

Geschichtspolitisch ergibt sich aus dieser Haltung die ambivalente Gleichzeitigkeit eines staatlich eingerichteten »Gedenktags für alle Opfer des Nationalsozialismus« und der Forderung nach einem Schlußstrich, die jüngst erst wieder der neue Bundeskanzler Gerhard Schröder im Streit um die materielle Entschädigung faschistischen Unrechts gegenüber Zwangsarbeitern formuliert hat. Nur wenn die deutschen Konzernbetriebe endgültig von allen Rechtsansprüchen gegenüber den KZ-Opfern, die sie in ihren Betrieben als billige Arbeitskräfte ausgebeutet hatten, freigestellt würden, wäre man bereit, eine Stiftung zur Entschädigung einzurichten, heißt es aus Regierungskreisen. Parallel dazu forderte Schröder ein neues geschichtliches Selbstbewußtsein, sei doch Deutschland nunmehr eine »ganz normale Nation«. Die ganze Ambivalenz bis Peinlichkeit dieser Debatte fokussiert in der Auseinandersetzung um das Holocaust-Denkmal in Berlin, zu dessen

unwürdiger Begleitmusik Martin Walsers Auslassungen anläßlich der Verleihung des Friedenspreises des deutschen Buchhandels zum Betroffenheits-Kult im Umgang mit Auschwitz gehörte.
Allgemein gesagt zielt staatliche Geschichtspolitik auf Legitimation gegenwärtiger politischer Verhältnisse und die Diffamierung bzw. Delegitimierung alternativer Konzepte. Die Verdrängung von historischen Alternativen ist ein Ansatz zur Stabilisierung von Herrschaftsverhältnissen, gleichzeitig aber auch der Versuch, der gegenwärtigen Politik Freiräume zu verschaffen und durch eine Historisierung bzw. »Normalisierung« der Geschichtssicht die deutsche Politik von historischen »Fesseln« zu befreien. Während auf der einen Seite von Repräsentanten dieser Republik betont wird – wie einst von nationalistischen und neonazistischen Kräften gefordert –, man müsse »aus dem Schatten der Geschichte« treten, erleben wir andererseits von den gleichen Politikern eine massive Instrumentalisierung des Rückgriffs auf die Geschichte zur Legitimierung von aktuellem politischen Handeln – besonders auf dem Balkan. Dabei verschob sich das gewohnte politische Koordinatensystem.
So begründete noch vor wenigen Monaten Helmut Kohl mit Hinweis auf die Traditionen der deutschen Wehrmacht die Nichtbeteiligung deutscher Truppen bei einem militärischen Eingreifen in Jugoslawien, während der bündnisgrüne Außenminister nun von einem neuen Faschismus in Jugoslawien redet, gegenüber dem Völkerrecht und Grundgesetz keine Geltung beanspruchen könnten. Es gelte im Kosovo gar, »ein neues Auschwitz« zu verhindern. Ein sozialdemokratischer Minister legitimierte seinen Kriegsbefehl mit historischen Vergleichen. So behauptete er ohne sachlichen Gehalt die Existenz von Konzentrationslagern im Kosovo, woraus die *BILD*-Zeitung am nächsten Tag mit Balkenüberschrift und Bildmontage »Massendeportationen ins KZ« machte.
Im Rahmen dieses Beitrages soll es nicht um eine Bewertung dieses Krieges gehen, sondern um die Folgen der ahistorischen Vergleiche mit den Verbrechen des deutschen Faschismus. Die Konsequenz für das Geschichtsbild ist vor allem, daß die Verbrechen und die Singularität der aus rassistischen Gründen organisierten quasi industriellen Massenvernichtung von Juden, Slawen und

anderen als »Untermenschen« deklarierten Bevölkerungsgruppen durch den deutschen Faschismus relativiert werden.[3] Damit sind wir wieder auf der »Höhe« der Debatte des Historikerstreits von 1986/87 angelangt, wobei jedoch diesmal die Koordinaten nach links verschoben sind und eine deutliche Zurückweisung solcher Relativierung durch Historiker, Soziologen oder Politikwissenschaftler nicht in Sicht ist.

Das weitgehende Fehlen von Gegenpositionen hängt eng mit den geschichtspolitischen Folgen des Endes der DDR zusammen. Wolfgang Küttler bemerkt dazu: »Geschichtsbild und Historiographie der DDR haben ihre Wirkung als Herausforderung beständiger Kritik rechtskonservativer Kontinuitäten in Deutschland nahezu völlig verloren. Zugleich sind Akzeptanzeinbußen der Richtungen kritischer Sozial- und Geschichtswissenschaft, die sich gegenüber dem Osten, aber auch in Westdeutschland als Garanten einer kritischen Geschichtskultur verstanden, nicht zu übersehen.

Demgegenüber erhalten Ansätze und Konzepte, die direkt oder indirekt auf der Linie einer konservativen Neubestimmung deutscher Identität und Position nach innen und außen liegen, erheblichen Auftrieb. Auf diese Weise werden sowohl die konfrontativen Elemente des systemgeschichtlichen Diskurses als auch ältere und tieferliegende Auseinandersetzungen um Haupt- und Sonderwege, Relativierungen und Normalisierung oder besondere Belastung deutscher Nationalstaatlichkeit im 19. und 20. Jahrhundert reaktiviert.«[4]

Ohne im Rahmen dieses Aufsatzes auf Einzelbeispiele eingehen zu können, sei auch auf die große Zahl von Veröffentlichungen aus dem geschichtsrevisionistischen Spektrum verwiesen, die mit Hinweis auf »alliierte Verbrechen« versuchen, die faschistischen Mordtaten zu relativieren und die Verantwortung des NS-Regimes zu leugnen. Der amerikanische Neonazi David Hoggan glaubt, die Verantwortung für die Entfesselung des Zweiten Weltkrieges den Westalliierten zuweisen zu können. Hartgesottene neofaschistische Agitatoren zitieren immer noch die Propagandaformel »Judäa declares war to Germany«. Franz W. Seidler meint, den Verbrechen der Wehrmacht die »Verbrechen an der Wehrmacht« entgegenstellen zu können. Und Ernst Nolte stellte 1986 die Frage, ob nicht die sowjetischen Gulags die historischen Vorbilder für die NS-Vernichtungslager seien, um mittlerweile die Frage »offen« zu lassen, ob es überhaupt eine Vernichtung durch Gas gegeben habe. James Braque ergänzt den Reigen der Apologeten mit seinen Berichten über westalliierte Kriegsgefangenenlager, in denen angeblich Millionen deutscher Soldaten heimlich umgekommen seien.

Solche Aufrechnungsmentalität kann jedoch als Ansatz neofaschistischer Geschichtsrevision nur erfolgreich sein, wenn Behauptungen dieser Art auf fehlende historische Kenntnisse, auf fehlendes Geschichtsbewußtsein treffen. Solche Geschichtslosigkeit glauben jedoch nationalistische und neofaschistische Kräfte in unserem Land ausmachen zu können, weshalb folgerichtig schon 1986 im Historikerstreit Michael Stürmer als Herausforderung formulierte: Derjenige gewinne die Zukunft, »der die Erinnerungen füllt, die Begriffe prägt und die Vergangenheit deutet«[5] – und an solcher hegemonialen Geschichtsdeutung haben staatliche Geschichtspolitik und neofaschistischer Geschichtsrevisionismus seit Jahren aktiv gearbeitet.

Eine Strategie gegen rechts muß auf diese Herausforderung durch die staatliche und neofaschistische Geschichtspolitik reagieren. In ihrem Beitrag »Geschichtspolitik im Gedenkjahr 1995« forderten Horst Peter und Norbert Spraffke, »den geschichtspolitischen Fehdehandschuh aufzugreifen und die Diskussion um die Vergangenheit demokratisch zu wenden«.[6]

Geschichtspolitische Handlungsebenen und -möglichkeiten

Geschichtspolitische Gegenpositionen sind auch durch das Handeln antifaschistischer Kräfte zu entwickeln. Ansatzpunkte finden sich im Kampf gegen Bestrebungen, historische Erinnerung abzuwickeln, in der Verteidigung und Bewahrung antifaschistischer Traditionen, in der offensiven Auseinandersetzung mit Versuchen, die Verbrechen der Wehrmacht zu leugnen oder aus Wehrmacht und Reichswehr Traditionsansätze für die Bundeswehr zu konstruieren. Gedenktage und Gedenkorte können dabei An-

knüpfungs- und Kulminationspunkte solch geschichtspolitischen Handelns sein.
Im Folgenden sollen exemplarisch verschiedene Handlungsebenen und -möglichkeiten nachgezeichnet werden.

Straßennamen und gesellschaftliche Traditionspflege

Es ist keineswegs spezifisch deutsch, daß sich in Straßennamen und der Namensgebung für öffentliche Gebäude und Einrichtungen das vorherrschende Geschichtsverständnis widerspiegelt. Eine Auffälligkeit ist jedoch, in welchem Maße sich westdeutsche ideologische Hegemoniebestrebungen mit dem Anschluß der DDR in der Abwicklung von DDR-Traditionen im öffentlichen Leben durch die Veränderung von Straßennamen und anderer Orte ausdrückte. In der ehemaligen DDR waren Einrichtungen, Schulen und Betriebe im besonderen Maße mit der – wenn auch selektiven – Erinnerung an antifaschistische Widerstandskämpfer, an Frauen und Männer aus der Arbeiterbewegung und an Persönlichkeiten, die für eine demokratische und sozialistische Geschichtstradition standen, verbunden.
Nach 1990 war es nur folgerichtig, daß die BRD versuchte, diese Erinnerungsposten zu tilgen. Die massivsten Eingriffe in das öffentliche Geschichtsbild waren die hundertfachen Straßenumbenennungen in den neuen Ländern. Dazu seien nur zwei Beispiele angeführt: Politische Diskussionen löste der Vorschlag in Leipzig aus, den Platz vor dem ehemaligen Reichsgericht umzubenennen. Zu DDR-Zeiten war er – in Erinnerung an das mutige Auftreten des Angeklagten im Reichstagsbrandprozeß 1933 – in Georgi-Dimitroff-Platz umbenannt worden. Nun, da das Bundesverwaltungsgericht nach Leipzig in dieses historische Gebäude verlegt wurde, fand sich im Stadtparlament eine »Große Koalition«, die die Umbenennung des Platzes betrieb. Begründung: Mit Georgi Dimitroff würde ein führender bulgarischer Stalinist und Politiker geehrt, der mit Leipzig eigentlich keine Verbindung gehabt habe, und zweitens sei ein solcher Name dem neuen Bundesgericht nicht zumutbar.
Deutlicher kann der politische Zweck einer »Entsorgung von Geschichte« nicht ausgedrückt werden. Der Reichstagsbrandprozeß soll aus der Erinnerung verdrängt werden, da es einem neuen

bundesdeutschen Gericht nicht zuzumuten sei, mit dieser Tradition deutscher Justiz konfrontiert zu werden. Eingaben von Bürgern gegen diese Entscheidung hatten keinen Erfolg.[7]
Ähnlich lief es in Berlin. Hier wirkte eine »Unabhängigen Kommission zur Umbenennung von Straßen«, die – ohne demokratische Legitimation – Vorgaben zur Geschichtsrevision entwickelte. Für diese Kommission war – wie es in einem Kommentar hieß – »die kapitalistisch-pluralistische Demokratie Bonner Prägung (...) Meßlatte für die Würdigkeit bzw. Unwürdigkeit einer Person, Namensgeber einer Straße zu werden«.[8] Und so fielen ihrem Wirken zahllose Namen von Antifaschisten vor allem aus der Arbeiterbewegung zum Opfer, von der Schulze-Boysen/Harnack-Organisation, über die Baum-Gruppe bis zu den bekannten Namen, die sowohl für Widerstandstraditionen als auch für die DDR-Geschichte stehen, z.B. Wilhelm Pieck und andere.
Doch immer wieder nutzten linke Mehrheiten in den Bezirksversammlungen politische Spielräume, um Gegensignale zu setzen. So sprach sich die Bezirksversammlung von Berlin-Hellersdorf mit großer Mehrheit für die Benennung einer neuen Straße nach Clara Zetkin aus.
Auch auf anderer Ebene blieb diese »Entsorgung der Geschichte« nicht ohne Widerspruch. Im November 1993 gelang es einer Initiative von Eltern, Schülern und Lehrern in Erfurt, eine Schule nach dem Kommunisten und Buchenwald-Häftling Wilhelm Hammann benennen zu lassen, nachdem erst kurze Zeit zuvor dieser Name bei einer anderen Schule in Thüringen wegen seiner »DDR-Bezogenheit« gelöscht worden war. Nicht immer waren die Menschen bereit, sich ihre antifaschistischen Traditionen nehmen zu lassen. Andernorts setzten Schulen die Benennung nach Anne Frank oder den Geschwistern Scholl durch, wobei diese Namen zur auch im Westen akzeptierten Erinnerungskultur gehören.
Bei der Verteidigung von antifaschistischen Namensgebungen haben besonders in Berlin Antifaschisten, wie z.B. die Geschichtskommission der Berliner Vereinigung VdN, mit Kurzbiographien über die in den Namensgebungen Geehrten, die sie als Broschüren oder Flugblätter in den betroffenen Straßen verteilten, versucht, die Anwohner darauf aufmerksam zu machen, welche Tra-

dition ihnen genommen werden soll. Tatsächlich haben solche Aktionen durchaus mobilisierenden Effekt im Kampf gegen Abwicklungsbestrebungen gehabt.
Als weitere Handlungsebenen im Kampf um eine demokratische Erinnerungskultur am Beispiel der Straßennamen haben sich verschiedene Formen bewährt:
Hilfreich für die Verdeutlichung antifaschistischer Traditionen von Namensgebungen sind informative Zusätze zu Straßenschildern. Auf diesen wird in Stichpunkten auf die Verdienste der jeweiligen Persönlichkeit verwiesen. Oftmals haben antifaschistische Intitiativen selber solche Zusätze erstellt und unter die Straßenschilder montiert, bis in den kommunalen Gremien tatsächlich Beschlüsse für solche Erinnerungskultur durchsetzbar waren. In Marburg verweist beispielsweise ein Schild am »Schloßsteig« darauf, daß diese Straße bis 1933 »Judengasse« hieß – ein Hinweis, der mehr über den Umgang mit Geschichte aussagt, als eine mögliche Rückbenennung der Straße, die Anfang der 80er Jahre erwogen wurde.
Auch ohne den Druck von Abwicklungsbestrebungen wurden in verschiedenen Orten der alten BRD Straßennamen zum Ausgangspunkt für Geschichtsarbeit gemacht. Für das Ruhrgebiet erstellten jüngst Antifaschisten ein antifaschistisches Stadt- und Straßenverzeichnis, in dem sie Plätze, die mit der Erinnerung an Frauen und Männer aus dem Widerstand und der Arbeiterbewegung verbunden waren, auflisteten und um historische Informationen ergänzten.[9] Materialgrundlage für solche Erinnerungsarbeit waren die Berichte von Zeitzeugen, wie auch Dokumentationen und Materialsammlungen, z.B. die »Heimatgeschichtlichen Wegweiser zu den Stätten des Widerstandes und der Verfolgung«.[10]
Der Streit um Namensgebungen und geschichtspolitische Signalsetzung findet nicht allein in den neuen Ländern statt. Auch in der alten Bundesrepublik hat er Tradition. Bekannt ist der Kampf von Angehörigen der Universität in Oldenburg um den Namen Carl von Ossietzky. Die langjährigen Debatten waren ein Spiegelbild für den Zustand dieser Republik. Der Erfolg in diesem Namensgebungsstreit ist ein Beispiel für die Durchsetzbarkeit demokratischer Geschichtssicht und geschichtspolitischer Initiativen.

Gruppen und Initiativen haben sich aber nicht nur für die Bewahrung antifaschistischer Traditionen bzw. für demokratische Namensgebungen eingesetzt, sondern immer wieder auch Benennungen zweifelhaften Charakters offensiv in Frage gestellt. Zu Anlässen wie z.B. Antikriegstag, 30. Januar und 8. Mai wurden im Rahmen von politischen Aktionen spektakulär Straßenschilder überklebt bzw. mit Zusätzen versehen, die auf verbrecherische Traditionen verwiesen. In manchen Orten entwickelten sich aus solchen Aktionen langfristige Handlungsfelder antifaschistischer Initiativen. An zwei Beispielen soll dies verdeutlicht werden.

Ferdinand Porsche und Wolfsburg

Mit Wolfsburg verbindet man zumeist das erfolgreiche Autounternehmen Volkswagen, Massenproduktion von Pkws und deutsches »Wirtschaftswunder« nach dem Krieg. Für viele tausend Menschen in Europa war Wolfsburg aber nach dem Krieg vor allem die böse Erinnerung an Zwangsarbeit, KZ-Sklavenarbeit und Ausbeutung bis zur Vernichtung. In der damaligen »Stadt des KdF-Wagens« mußten mehrere Tausend für die Rüstungsproduktion von Flugzeugen und V-Waffen im Volkswagenwerk schuften und leiden. Nicht wenige sind durch Hunger, Entkräftung, Krankheit und Mord zu Tode gebracht worden. Wichtigster Repräsentant beider Entwicklungslinien ist Ferdinand Porsche.

Porsche war NSDAP-Mitglied, seit dem 30. Januar 1942 SS-Oberführer und bei der Planung des Vernichtungskriegs gegen die Sowjetunion beteiligt. Am 21. Juni 1941 wurde er zum Vorsitzenden der Panzerkommission ernannt. Porsche war führend beim völkerrechtswidrigen Einsatz von sowjetischen Kriegsgefangenen in der Rüstungsproduktion. Bereits im Frühjahr 1942 wurde auf dem Gelände des VW-Werkes ein Konzentrationslager für 500 Häftlinge aus dem KZ Neuengamme errichtet, die eine neue Leichtmetallgießerei bauen mußten. Dafür hatte sich Porsche intensiv bei Himmler eingesetzt. Dies war der erste Fall, in dem ein selbständiges KZ zur industriellen Verwendung der Häftlingsarbeit errichtet wurde. Als Ausdruck des guten Einvernehmens mit der SS wurde ihm der »Totenkopfring des Reichsführers-SS« verliehen.

Dennoch genoß und genießt Porsche in der im Mai 1945 auf Anweisung der Militärregierung in »Wolfsburg« umbenannten »Stadt des KdF-Wagens« fast kultische Verehrung: Die zentrale Innenstadtstraße trägt seinen Namen, es gibt eine Porsche-Schule, ein Porsche-Stadion, und das einzige Denkmal vor dem Rathaus ist eine Porsche-Büste, an der jährlich anläßlich seines Todestages, dem 30. Januar 1951, die Stadt einen Kranz »im ehrenden Gedenken« niederlegen ließ.

Entsprechend groß war die öffentliche Empörung, als Mitte der 70er Jahre DemokratInnen und AntifaschistInnen begannen, nach der wahren Rolle von Porsche und Volkswagen im Faschismus zu fragen. Ursel Krause-Schmitt vom Studienkreis Deutscher Widerstand / Frankfurt löste 1985 mit einem Vortrag unter dem Titel »Von Hitlers genialem Konstrukteur zum Technokraten des Krieges« in Wolfsburg eine monatelange Diskussion in der örtlichen Presse aus. Die CDU beschimpfte die Organisatoren der Veranstaltung in der Presse als Nestbeschmutzer, die »einen großen Schaden für das Stadtimage« verursacht hätten. Dennoch wurde durch das damals stark von der Friedensbewegung mitgeprägte Klima im Umfeld des 40. Jahrestages der Befreiung vom Faschismus und auch durch den Druck des IG Metall-Betriebsrates Volkswagen dazu gezwungen, im Jahr 1986 den Historiker Mommsen mit einer Untersuchung über die Rolle von Volkswagen im »Dritten Reich« zu beauftragen und dabei auch die Rolle Ferdinand Porsches und seines Schwiegersohns Anton Piëch zu untersuchen.

Seit dieser Debatte haben die Wolfsburger AntifaschistInnen ein Ende der offiziellen Porsche-Verehrung und Konsequenzen bei den Namensnennungen gefordert. Die Auseinandersetzungen kulminierten jeweils am 30. Januar. Diese Kranzniederlegung begleiteten AntifaschistInnen mit Protestaktionen, was jedesmal wüste Beschimpfungskampagnen in der örtlichen Presse nach sich zog.

Im Herbst 1997 konzentrierte sich die Auseinandersetzung auf die Frage der Umbenennung der Porsche-Schule – SPD und Grüne hatten einen entsprechenden Antrag gestellt. Dieser wurde mit knapper Mehrheit abgelehnt. Der CDU-Fraktionssprecher behauptete dabei in der Diskussion: »Das Positive, was Porsche für Wolfsburg geleistet hat, schätzen wir viel höher ein als die kleinen dunklen Schatten in seinem Lebenslauf.« Gleichzeitig wurde aber beschlossen, die Porsche-Namensschilder an Straße, Schule, Stadion und Denkmal mit einer seiner Rolle gerecht werdenden Ergänzung zu versehen. Im Januar 1998 hat die Stadt zum ersten Mal auf Initiative Wolfsburger Antifaschisten auf eine Kranzniederlegung am Porsche-Denkmal verzichtet. Zwar mit einer ausweichenden Begründung, die das weitere Verfahren für die Zukunft offen läßt. Es war aber dennoch ein sichtbarer Erfolg für die Antifaschisten, die weitermachen werden.[11]

Albert Demnitz und Marburg

In Marburg hat der Streit um den Albert-Demnitz-Weg ebenfalls eine längere Tradition.

Albert Demnitz war als Betriebsführer der Behringwerke, die zum IG Farben-Konzern gehörten, maßgeblich beteiligt an den Menschenversuchen der Behringwerke/IG-Farben im KZ Buchenwald. Planung und Umsetzung in den Jahren 1941 bis 1943 liefen unter seiner aktiven Mitwirkung. Mehrere hundert Häftlinge wurden dabei durch Fleckfieber- und Gelbfieberimpfstoff-Versuche im Interesse der IG-Farben ermordet. Gegenüber dem SS-Hygiene-Institut und anderen Nazistellen bemühte sich Demnitz, weitere Versuchsmöglichkeiten in Buchenwald und anderen Lagern zu bekommen.[12]

Angestoßen durch eine Dokumentation der VVN-BdA forderte schon Anfang der 80er Jahre die damalige DKP-Parlamentsfraktion, diese Straße umzubenennen. Da Demnitz jedoch nie wegen dieser Verbrechen angeklagt worden war, galt er in den Augen der konservativen Mehrheit in Marburg als »unbelastet«, weshalb keine Bereitschaft bestand, einer Straßenumbenennung zuzustimmen. Mit dem Ausscheiden der DKP aus dem Marburger Parlament 1993, glaubte man, sei auch das Thema »Albert-Demnitz-Weg« erledigt. Doch die PDS/Marburger Linke griff 1997 nach ihrem Einzug in das Marburger Stadtparlament das Thema erneut auf und beantragte, den Albert-Demnitz-Weg in Wolfgang-Abendroth-Weg umzubenennen.

Trotz wütender Proteste aus den Reihen der CDU konnten diesmal nach harten öffentlichen Diskussionen SPD und Grüne dazu bewegt werden, in dieser Frage aktiv zu werden. Geholfen haben dabei sicherlich zwei Veranstaltungen, auf denen von Historikern das verbrecherische Wirken von Demnitz detailliert nachgezeichnet werden konnte. Mitte April 1998 stimmten SPD und Grüne dafür, den Straßennamen zu ändern, jedoch nicht in »Wolfgang-Abendroth-Weg«. Man bevorzuge einen »neutralen Namen«, der der geographischen Gegebenheit des Ortes entspreche, hieß es in einer Presseverlautbarung.[13]

Der Streit um das Bild der Wehrmacht und die Traditionspflege der Bundeswehr

Es kann nicht überraschen, daß zu einem zentralen Thema staatlicher Geschichtspolitik die Debatte um die Rolle der Reichswehr/Wehrmacht und das daraus folgende Traditionsverständnis der Bundeswehr gehört. Dabei zielt die Neubestimmung des historischen Bildes Deutschlands auf eine Neubestimmung der Sicht auf den deutschen Militarismus, den Versuch, ihn von den Makeln seiner Verbrechen zu befreien. Schon Mitte der 80er Jahre legitimierten Alfred Dregger und andere politische Hardliner das militärische Handeln des deutschen Faschismus bei Kriegsende als gegen die bolschewistische Bedrohung gerichtet[14], eine These, die Gerhard Eiselt in *criticón* unter der Überschrift »Die historisch-politische Auseinandersetzung um den Sinn der Abwehrkämpfe an der Ostfront 1945« erneut aufgriff[15]. Es geht um ein neues historisches Bild militärischer Traditionen.
In diesem Bestreben treffen sich Neonazis, Rechtskonservative, Militaristen und andere Geschichtsapologeten mit den Intentionen der staatlichen Geschichtspolitik, wobei Unterschiede nicht verwischt werden sollen. Während die Bundeswehrführung sich damit begnügt, zwischen der Wehrmacht als ganzer und einzelnen Verantwortlichen für verbrecherische Befehle zu differenzieren, gehen andere Vertreter deutlich weiter. Aufrechnungsapologeten, wie z.B. Franz W. Seidler von der Bundeswehrhochschule, stehen neben Vertretern der Präventivschlag-These, der Behauptung, daß Hitler mit dem Überfall auf die Sowjetunion Stalin nur kurze Zeit zuvorgekommen sei. Solche revisionistischen Thesen, die selbst vom ehemaligen Direktor der Militärgeschichtlichen

Forschungsstelle Joachim Hoffmann vertreten werden, sind auf wissenschaftlicher Ebene längst hinreichend beantwortet.[16]
Es kommt darauf an, sie auch im öffentlichen Diskurs zurückzuweisen, denn wer, wie Joachim Hoffmann und andere, in diesem Zusammenhang von Stalins »Vernichtungskrieg« spricht, versucht bewußt, ein Gegengewicht gegen die Hamburger Ausstellung »Vernichtungskrieg – die Verbrechen der Wehrmacht« zu entwikkeln, die den wohlbehüteten Geschichtsmythos von einer »sauberen Wehrmacht« erfolgreich in Frage stellt. Dieser Mythos, der sich aus der Nichtverurteilung der Wehrmachtsführung im Nürnberger Prozeß speist, wurde zur Lebenslüge der Bundeswehr und prägte jahrzehntelang die Traditionserlässe des Verteidigungsministeriums.
Gegen die in der Ausstellung gezeigten Dokumente versuchte Alfred Dregger in der Bundestagsdebatte folgende »Verteidigungslinie« aufzubauen: »Wahr ist, daß die Nationalsozialisten schreckliche Verbrechen begangen haben (...) Wahr ist, daß auch Soldaten der Wehrmacht an solchen Verbrechen beteiligt waren. Es ist aber ebenso wahr, daß die große Masse der deutschen Soldaten keinen Anteil daran hatte. (...) Die Soldaten haben nicht für Hitler gekämpft, sondern für Deutschland.«[17] Ein solchermaßen gereinigtes Geschichtsbild paßt für eine Bundeswehr, die ihrer neuen Rolle in der Welt gerecht werden will.
Doch gegen dieses Geschichtsbild haben anläßlich der vergangenen Ausstellungstermine der »Wehrmachtsausstellung« antifaschistische Initiativen und Bündnisse Kontrapunkte gesetzt. In offiziellen und alternativen Veranstaltungen bemühte man sich – ausgehend von den Dokumenten der Wehrmachtsausstellung – die historischen Ursachen der deutschen Entwicklung, die in den faschistischen Weltkrieg geführt hat, nachzuzeichnen, den Nachweis historischer Kontinuitäten deutscher Politik, insbesondere der Außen- und Weltpolitik, bis in unsere Tage zu erbringen und die Diskussion um gesellschaftliche und politische Alternativen zu dieser verhängnisvollen Tradition zu führen.
Die Debatte während der Ausstellungstermine und danach ging zumeist nicht mehr um die Verbrechen der Wehrmacht an sich – die waren für alle an ernsthafter Diskussion Interessierten hinreichend durch die Ausstellung dokumentiert –, wichtiger wurden

Überlegungen, welche gesellschaftlichen, wirtschaftlichen, politischen und sozialpsychologischen Ursachen diesen deutschen »Sonderweg« ermöglicht haben, wie »ganz gewöhnliche deutsche Männer« zu »Hitlers willigen Vollstreckern« werden konnten. Mit Blick in die Zukunft war zu diskutieren, wie eine deutsche Gesellschaft aussehen müßte, in der eine Wiederholung solcher Verbrechen ausgeschlossen werden könnte.

Eine der Konsequenzen für das Handeln vor Ort lautete: Man darf nicht bei dieser historischen Ausstellung stehenbleiben. Die Impulse, die Fragen nach Verantwortlichen und Beteiligten, nach Wirkungsmechanismen und Machtverhältnissen, die zu solchen Verbrechen geführt haben, müssen intensiv vor Ort mit regionalen Bezugspunkten nachgearbeitet werden, wie es Geschichtswerkstätten oder regionale Gedenkstätten seit vielen Jahren versuchen. Auch auf dieser Ebene hat die Wehrmachtsausstellung – gewollt oder nicht – enorme Impulse für geschichtspolitisches Handeln als Strategie gegen rechts liefern können.

Die Ausstellung und die um sie geführte öffentliche Debatte berührte auf ganz unterschiedlicher Ebene auch das Traditionsverständnis der Bundeswehr. Dieses ist formell in den »Traditionserlassen« der Verteidigungsminister fixiert.

Als zum 3. Oktober 1990 mit dem Anschluß der DDR sämtliche NVA-Kasernen von der Bundeswehr übernommen wurden, schaffte man dort gleichzeitig »alle personengebundenen Benennungen von Kasernen« ab. Welche Namen man tilgte, dokumentiert das Selbstverständnis der Bundeswehr. Es waren die Namen des Sozialdemokraten Rudolf Breitscheid, des Kommunisten Ernst Thälmann, von Arvid Harnack und Harro Schulze-Boysen, Angehörige der Widerstandsgruppe Rote Kapelle, des Spanienkämpfers Hans Beimler und andere. Antifaschistische Namensgebungen taugten offensichtlich nicht für Bundeswehrzwecke. Deren Traditionsverständnis war durch Militaristen und Nazioffiziere geprägt. »Von den rund 400 Kasernen der Bundeswehr in Westdeutschland (Stand 1990) sind nur elf nach Persönlichkeiten benannt, die dem militärischen Widerstand gegen Hitler zugerechnet werden. Dagegen sind 37 Kasernen nach Helden der Hitlerwehrmacht, vor allem Ritterkreuzträger, weitere rund 40 nach imperialistischen Eroberern benannt. Andere geben Ansprüche auf fremde Territorien kund: Pommernkaserne, Ostpreußenkaserne, Ostmarkkaserne, Tannenbergkaserne, Deutschordenkaserne.«[18]

Doch solch ungebrochenes Traditionsbild ließ sich politisch nicht durchhalten. Nach zahllosen öffentlichen Protesten, die zuletzt auch den Deutschen Bundestag beschäftigten, mußten die Kasernenbenennungen nach den Nazigenerälen Kübler in Mittenwald und Dietl in Füssen aufgehoben werden. Interessant ist, daß – unter dem Applaus von Militaristenverbänden und Neonazis – sich das Stadtparlament Füssen mit Mehrheitsentscheid weigerte, auch die Dietl-Straße umzubenennen. Trotz solcher Maßnahmen des Verteidigungsministeriums sind bis heute Nazioffiziere, wie Mölders, Kammhuber, Schulz und von Seidel, Namenspatrone und gleichermaßen Vorbilder für die Bundeswehr. Im Streit um solche Namen erklärte Minister Scharping nun, die Bundeswehrangehörigen selber seien aufgefordert, hier alternative Namensvorschläge vorzutragen. Angesichts des langjährig geprägten Traditionsverständnisses des Militärs wäre es angebracht, diese Aufgabe nicht allein der Bundeswehr zu überlassen. Antifaschistische Initiativen sollten es als eigene Herausforderung verstehen, die öffentliche Debatte um das Selbstverständnis der Bundeswehr durch entsprechende Benennungsvorschläge zu unterstützen. Sicherlich wird dadurch die Bundeswehr nicht demokratischer, aber sie muß sich der öffentlichen Auseinandersetzung stellen. Das von ihr geprägte gesellschaftliche Geschichtsbild ist damit möglicherweise beeinflußbar.

Gedenktage und Gedenkorte

Gedenktage bilden Anknüpfungs- und Kulminationspunkte geschichtspolitischen Handelns. Der öffentliche Umgang mit ihnen ist ein Indikator für den Zustand dieser Republik und verweist auf die Durchsetzung der Ziele staatlicher Geschichtspolitik.

Mitte der 80er Jahre entwickelte sich in der alten BRD unter dem Motto »Erinnern für die Zukunft« eine geschichtspolitische Bewegung, in der Antifaschisten ganz unterschiedlicher Orientierung Gedenktage der NS-Herrschaft wie den 30. Januar (Machtergreifung Hitlers 1933), den 8. Mai (Kapitulation Deutschlands 1945), den 1. September (deutscher Überfall auf Polen 1939) und den 9. November (Reichprogromnacht 1938) in aktives geschichtspolitisches Handeln umsetzten. Ihnen war bewußt, daß nicht nur historisches Erinnern, sondern Konsequenzen für den politischen Alltag heute und morgen aus der Beschäftigung mit solchen Gedenktagen folgen müßten. Zu einem besonderen Streitpunkt wurde immer wieder der 8. Mai. Trotz der signalsetzenden Rede des damaligen Bundespräsidenten Richard von Weizsäcker von 1985 ist bis heute die Auseinandersetzung um seine Benennung nicht ausgestanden. Ob Niederlage, Katastrophe, Zusammenbruch, Kriegsende oder Tag der Befreiung – in jeder dieser Formulierungen schwingt ein geschichtspolitisches Credo mit. Der politische Versuch konservativer und neu-rechter Kräfte im Jahr 1995, deutlich hinter die Weizsäckersche Position zurückzufallen[19], mobilisierte jedoch auch enorme Gegenkräfte. Politische und konfessionelle Jugendgruppen, politische Parteien und Gewerkschaften, Organisationen der Verfolgten des Naziregimes sowie Geschichtswerkstätten trugen durch vielfältige Aktivitäten, wie historische Rundgänge und Kundgebungen an historischen Orten, Veröffentlichungen und Zeitzeugenforen, dazu bei, daß dieser Tag zu einem Höhepunkt antifaschistischer Erinnerungskultur wurde. Dabei waren es nicht allein die 10.000 TeilnehmerInnen an der Feier zur Selbstbefreiung des KZ Buchenwald auf dem Ettersberg oder die 20.000 in Sachsenhausen, es gab viele tausend Veranstaltungen bis in die kleinsten Orte hinein, die sich mit den Geschehnissen vor 50 Jahren und der Zeit davor beschäftigten.

Als Reaktion auf diese gesellschaftliche Stimmung und die internationalen Erwartungen an das »neue Deutschland« ist der Beschluß von Bundespräsident Roman Herzog zu verstehen, den 27. Januar, den Jahrestag der Befreiung des Vernichtungslagers Auschwitz durch die Rote Armee, zum Gedenktag für die Opfer des Nationalsozialismus zu erklären. Die Begründung des Beschlusses und die ersten Beispiele der Umsetzung ließen erkennen, daß die Proklamation sehr halbherzig erfolgt war. Verfolgtenverbände wie die VVN-BdA forderten daher, daß die Ernsthaftigkeit dieses Gedenktages unter Beweis gestellt werden müsse. Dazu gehöre beispielsweise:

»1. Wer des 27. Januar 1945 gedenkt, muß auch den 30. Januar 1933 mitbedenken. Ursachen und Herkunft des Faschismus sind notwendige Bestandteile jeder Erinnerungsarbeit.
2. Auschwitz ist nicht nur ein Symbol für den Terror und die Massenvernichtung, es ist auch ein Symbol für die Beteiligung der deutschen Industrie, der IG Farben, an dieser Vernichtungspolitik.
3. Das Gedenken an die Opfer muß verbunden sein mit der Erinnerung daran, wer die Täter waren. Das heißt: Benennung der Schuldigen und der Nutznießer an der Errichtung der nazistischen Herrschaft in Deutschland und an der Entfesselung des Krieges.
4. Die Forderung des Bundespräsidenten lautet: ›Jeder Gefahr der Wiederholung entgegenzuwirken‹. Wer Wiederholungen verhindern will, muß auch der Entsendung deutscher Truppen in andere Länder entgegentreten.
5. Gezielte Maßnahmen zur Aufklärung vor allem der jungen Generation, um Ausländerfeindlichkeit, Antisemitismus und Neonazismus entgegenzutreten.
6. Schnelle Entschädigung und Rehabilitierung aller ausgegrenzten und vergessenen Opfer des NS-Terrors.
7. Erhaltung und Pflege der Gedenkstätten der Opfer des Nationalsozialismus – keine Gleichstellung von Opfern und Tätern.«[20]
Damit sollte der 27. Januar nicht nur zum Gedenken, sondern zum »Nachdenken, Weiterdenken und Handeln« anregen. In den letzten Jahren wurde sichtbar, daß demokratische Kräfte in den alten und neuen Ländern in diesem Sinne verstärkt aktiv werden und den 27. Januar als Teil antifaschistischer Erinnerungskultur mit Leben erfüllen. Nicht die offiziellen Kranzniederlegungen, sondern engagierte Veranstaltungen von Rundgängen auf den Spuren von Zwangsarbeitern, die Sichtbarmachung von Erinnerungstafeln, das aktive Erinnern an Frauen und Männer aus Widerstand und Verfolgung geben dem Tag immer stärker das politische Gepräge. Damit leistet auch solche Gedenktagsarbeit einen aktiven Beitrag zur Sensibilisierung gegen rechts.
Orte, an denen solche Gedenktagsarbeit immer wieder Anknüpfungspunkte findet, sind historische Plätze der lokalen Geschichte, wie der Standort ehemaliger Synagogen oder Haftstätten, Ge-

denktafeln oder Denkmäler. Überregional sind es besonders die KZ-Gedenkstätten an den Orten der großen und kleinen Lager, die solche Kulminationspunkte bilden. Und – wie in anderen Bereichen der Auseinandersetzungen – fanden und finden auch hier massive Kontroversen um inhaltliche Orientierungen und Aussagen der Gedenkorte statt. Dabei waren es vor allem die Einrichtungen in den neuen Bundesländern, die unter ideologischem »Dauerbeschuß« standen. Kleinere Einrichtungen wurden an Plätzen, an denen sie »störten«, schlicht abgewickelt, während man bei den großen Gedenkorten versuchte, auf inhaltlicher Ebene eine Neuorientierung durchzusetzen.[21]

Im Ergebnis wurden in einigen Einrichtungen massive Veränderungen erreicht, in dem historische Kontinuitäten zwischen NS-Zeit und Nachkriegskarrieren der Täter nicht mehr erkennbar, Schreibtischtäter und wirtschaftliche Profiteure des faschistischen Terrors nur noch schwer zu finden sind. Undifferenzierte Vergleiche und tendenzielle Gleichsetzung zwischen KZ und – an Orten, wo solche eingerichtet waren – alliierten Internierungslagern nach 1945 sind ebenfalls mancherorts präsent, obwohl die historischen Fakten anderes belegen. Gleichzeitig gab es Versuche, das Handeln von politischen Häftlingen unter den Bedingungen der SS-Herrschaft als Kollaboration zu denunzieren. Unter dem Signum »die roten Kapos« glaubte man gar, kommunistischen Häftlingen im KZ Buchenwald gleichgerichtetes Handeln mit der SS unterschieben zu können.[22] Diese Eingriffe in die inhaltliche Gestaltung der KZ-Gedenkstätten wurden politisch flankiert durch die Androhung der »finanziellen Daumenschraube« gegen solche Einrichtungen, die sich einer Einordnung unter Totalitarismus-Vorgaben verweigern wollten. Die »Enquete-Kommission ›Aufarbeitung von Geschichte und Folgen der SED-Diktatur in Deutschland‹« und die Mitglieder des Innenausschusses des Deutschen Bundestages empfahlen 1996, zukünftig nur noch solche Gedenkstätten finanziell zu unterstützen, in denen an »beide deutschen Diktaturen« erinnert werde. So werden mit finanziellem Druck ideologische Vorgaben durchgesetzt.[23]

Dennoch sind die Ergebnisse solcher Einwirkungen auf die Gedenkorte im Sinne konservativer Geschichtspolitik noch nicht zufriedenstellend, die antifaschistischen Positionen erweisen sich in den Gedenkstätten als durchaus resistent. Die KZ-Gedenkstätten erfreuen sich einer Besucherresonanz, die selbst die Zahlen des »verordneten Antifaschismus« zu DDR-Zeiten in den Schatten stellen. Und in diesem Zusammenhang wird deutlich, daß die Aussagefähigkeit der historischen Orte und der Dokumente oftmals stärker ist als alle ideologischen Vorgaben. D.h. die Wirkung der Gedenkorte wird von den Besuchern anti-faschistisch konnotiert.

Außerdem gibt es zahlreiche antifaschistisch orientierte Wissenschaftler und Pädagogen, die allein durch die Präsentation und Erläuterung entsprechender historischer Quellen und Dokumente einem möglichen Totalitarismus-Bild angemessen entgegenarbeiten. So präsentierte jüngst der Verband der Verfolgten des Naziregimes/Bund der Antifaschisten Thüringens eine Ausstellung als Beitrag zum Programm der »Kulturstadt Europas 1999« unter dem Titel »... und unweigerlich führt der Weg nach Buchenwald«, eine Dokumentation über die Ursachen, die Weimar zu einer exponierten Stadt im nazistischen Deutschland machten, und die Folgen für Hunderttausende Menschen Europas.[24]

Ein wichtiger Ansatz ist es auch, die Spuren eines solchen KZs bis in die eigene Region zu verfolgen. Zahlreiche antifaschistische Geschichtsinitiativen, Schüler- und Jugendgruppen, die Gedenkstättenfahrten vor- bzw. nachbereiten, und andere versuchen auf diese Weise, die Geschichte der faschistischen Verfolgung auf die lokale Ebene herunterzubrechen. Der Weg nach Auschwitz nahm seinen Anfang in allen deutschen Städten und Ortschaften. Und selbst wenn Auschwitz und Buchenwald in ihrer ganzen Dimension für Nachgeborene nur schwer zu begreifen sind, so ist der Weg dorthin doch schon eher nachzuvollziehen. Wenn so deutlich wird, daß die faschistischen Lager nicht »irgendwo im Osten« waren, sondern Ausgrenzung, Terror und Vernichtung vor den Augen der eigenen Stadt begannen, ist es auch leichter, darüber nachzudenken, daß Rassismus und Fremdenfeindlichkeit, neonazistische Gewalt und Übergriffe gegen Asylbewerber nicht erst dann zu bekämpfen sind, wenn sie vor der eigenen Haustür stattfinden, sondern daß antifaschistisches Handeln vorher beginnen muß. Und dazu kann so verstandene Erinnerungsarbeit einen wichtigen Beitrag leisten.

Eine wichtige Rolle spielen – je nach lokalen Verhältnissen – Geschichtswerkstätten und regionale Initiativen. Ausgehend vom Schülerwettbewerb »Deutsche Geschichte« in früheren Jahren, haben sich in vielen Orten Gruppen von antifaschistisch orientierten jüngeren Geschichtsinteressierten zusammengefunden, die sich an die Aufarbeitung von »weißen Flecken« der Lokalgeschichte gemacht haben. Für sie und »Neueinsteiger« bieten die *Heimatgeschichtlichen Wegweiser zu den Stätten der Verfolgung und des antifaschistischen Widerstandes 1933 bis 1945* aus dem Studienkreis Deutscher Widerstand in Frankfurt/M. eine unschätzbare Hilfestellung.[25] Hier findet man mittlerweile für sechs Bundesländer (weitere sind in Vorbereitung) ortsbezogene Informationen. Wichtig sind dazu auch die regionalgeschichtlichen Arbeiten der Kreisvereinigungen der VVN-BdA (in den alten Bundesländern). In vielen Orten in den neuen Bundesländern existieren Bürgerinitiativen gegen die Abwicklung von Straßennamen und für die Bewahrung von Traditionsstätten. Kontakte zu ihnen findet man zumeist über die Basisorganisationen des BdA und der IVVdN (in den neuen Bundesländern). In vielen Fällen existieren hier Geschichtsarbeitskreise, teilweise kann man bereits auf Veröffentlichungen zur Regionalgeschichte aus antifaschistischer Sicht zurückgreifen.

Kontakt zu den Gedenkstätten findet man vor Ort oder über die Stiftung »Topographie des Terrors« in Berlin, die eine Übersicht über die Gedenkstätten für die Opfer des NS-Regimes zusammengestellt hat.[26]

Dabei sollten sich Engagierte bewußt sein, daß der Kampf um die Erinnerung keine kurzfristige Aktionsstrategie darstellt. Auf Grund der Interpretationshegemonie der herrschenden Geschichtssicht ist man gefordert, sich durchaus intensiv in historische Zusammenhänge einzuarbeiten und »weiße Flecken« oder – vielleicht besser – »braune Flecken« der Orts- und Regionalgeschichte aufzuarbeiten. Weder unter den »Ewiggestrigen«, noch unter den Honoratioren einer Stadt macht man sich damit Freunde. Aber eine solche Erinnerungsarbeit kann durch Verweis auf positive wie negative Traditionen sensibilisieren im Kampf gegen rechts, gegen Ausländerfeindlichkeit und Neonazismus, für Antifaschismus als Zukunftsentwurf.

Anmerkungen

1 Der durchaus angemessene Ort dieses Geschichtsbildes ist das Haus der Geschichte der Bundesrepublik Deutschland in Bonn.

2 Volker Rühe, Deutschlands Verantwortung, Perspektiven für das neue Europa, Bonn 1994.

3 Vgl. Kritik des Auschwitz-Komitees der BRD, Gegen eine neue Auschwitz-Lüge, *Frankfurter Rundschau*, 23.4.1999.

4 Wolfgang Küttler, Probleme des Geschichtsdiskurses, in: Gustavo Corni/Martin Sabrow (Hg.), Die Mauern der Geschichte, Leipzig 1996, S. 174.

5 Michael Stürmer, in: *FAZ* vom 25.4.1986, zit. nach Reinhard Kühnl (Hg.), Vergangenheit, die nicht vergeht, Köln 1986, S. 30f.

6 Geschichtspolitik im Gedenkjahr 1995, in: *spw, Zeitschrift für Sozialistische Politik und Wirtschaft*, 5/1995, S. 25.

7 Kein Platz für Dimitroff?, in: *junge Welt*, 12. Mai 1997, S. 11.

8 Frank Dingel, in: Gedenkstättenrundbrief Nr. 63, Nov. 94, S. 3.

9 Günter Gleising/Franz Heiserholt, Straßennamen erzählen Geschichte. Erinnerungen an Klassenkampf und Widerstand. Kommunisten an Rhein und Ruhr, Bochum 1998.

10 Erarbeitet und hg. vom Studienkreis Deutscher Widerstand, mittlerweile liegen Wegweiser für folgende Bundesländer vor: Baden-Württemberg, Bremen, Hessen, Niedersachsen, Saarland, Schleswig-Holstein, nähere Informationen bei: Studienkreis Deutscher Widerstand, Rossertstr. 9, 60323 Frankfurt/M.

11 Vgl. Beiträge zum Thema »Ehrenbürger« auf der geschichtspolitischen Konferenz der VVN-BdA am 30./31.Jan.1998 (unveröffentlichtes Manuskript).

12 Vgl. Ulrich Schneider/Harry Stein, IG Farben, Abt. Behringwerke, Menschenversuche, Buchenwald, Kassel 1986.

13 Vgl. dazu die zahlreichen Beiträge und Leserbriefe in der Oberhessischen Presse, Frühjahr 1998.

14 Zit. nach Kühnl, 1986, S. 222.

15 Gerhard Eiselt, in *criticón* Nr. 152, Okt-Dez. 1996, S. 188.

16 Vgl. Gerd R. Ueberschär/Lev A.Bezymenskij (Hg.), Der deutsche Angriff auf die Sowjetunion 1941. Die Kontroverse um die Präventivkriegsthese, Darmstadt 1998.

17 Bundestagsprotokoll 172. Sitzung, S. 15.580.

18 Ulrich Sander, Szenen einer Nähe. Vom großen RechtsUm bei der Bundeswehr, Bonn 1998, S. 35.

19 Vgl. Aufruf »8. Mai 1945 – gegen das Vergessen«, *FAZ*, 7. April 1995.

20 Zit. nach Ulrich Schneider, Gedenken am 27. Januar, Ein Tag zum Nachdenken, Weiterdenken und Handeln, VVN-BdA (Hg.), Hannover, o.J. (1997) , S. 8.

21 Hans Maur, Gedenkstätten müssen als antifaschistische Mahn-, Bildungs- und Begegnungsstätten erhalten bleiben, in: Volksentscheide in Sachsen und Hessen 1946 und die weitere Auseinandersetzung um die Überführung von Schlüsselindustrien in Gemeineigentum, Bonn 1997, S. 289–298.

22 Vgl. zu den besonderen Angriffen auf Buchenwald und den Streit um die Veröffentlichung von Lutz Niethammer, Die roten Kapos: Ulrich Schneider, Zwi-

schen Abwicklung und Neugestaltung, in: VVN-BdA (Hg.), Beiträge zur Diskussion um die Gedenkstätte Buchenwald, Hannover 1996.

23 Ulrich Schneider, Rolle rückwärts – vom politischen Gebrauch der Geschichte, in: Johannes Klotz/Ulrich Schneider (Hg.), Die selbstbewußte Nation und ihr Geschichtsbild. Geschichtslegenden der Neuen Rechten, Köln 1997, S. 20/21.

24 Katalog der Ausstellung: Udo Wohlfeld, »... und unweigerlich führt der Weg nach Buchenwald«. Der Geist von Weimar hinter Gittern, Weimar 1999.

25 Siehe Anmerkung 10.

26 Gedenkstätten für die Opfer des NS-Regimes – eine Übersicht, Gedenkstätten-Rundbrief Sondernummer, Berlin o.J. (1997).

Anhang

Literaturverzeichnis

Ido Abram/Matthias Heyl, Thema Holocaust. Ein Buch für die Schule, Reinbek 1996.

Theodor W. Adorno, Erziehung zur Mündigkeit, Frankfurt/M. 1982.

Theodor W. Adorno, Studien zum autoritären Charakter, 4. Aufl., Frankfurt/M. 1992.

AG gegen Rassenkunde (Hg.), Deine Knochen – Deine Wirklichkeit. Texte gegen rassistische und sexistische Kontinuität in der Humanbiologie, Münster 1998.

Max Annas/Christoph Ralph (Hg.), Neue Soundtracks für den Volksempfänger. Nazirock, Jugendkultur und rechter Mainstream, Berlin 1993.

Antifaschistisches Autorenkollektiv, Drahtzieher im braunen Netz. Ein aktueller Überblick über den Neonazi-Untergrund in Deutschland und Österreich, Hamburg 1996.

Reinhard Appel (Hg.), Wehret den Anfängen! – Prominente gegen Rechtsextremismus und Fremdenhaß, Bergisch Gladbach 1993.

Hannah Arendt, Elemente und Ursprünge totaler Herrschaft, München 1986.

Thomas Assheuer/Hans Sarkowic, Rechtsradikale in Deutschland. Die alte und die neue Rechte, München 1992.

autonome l.u.p.u.s. gruppe, Geschichte, Rassismus und das Boot. Wessen Kampf gegen welche Verhältnisse, Berlin/Amsterdam 1992.

autonome l.u.p.u.s. gruppe, Lichterketten und andere Irrlichter. Texte gegen finstere Zeiten, Berlin/Amsterdam 1994.

Autorenkollektiv (Hg.), Wie rechts ist der Zeitgeist? Texte von der antifaschistischen Konferenz in Salzgitter, Berlin 1997.

Bailer-Galanda/Benz/Neugebauer (Hg.), Die Auschwitzleugner, 2. Aufl., Berlin 1997.

Baumann/Dietl/Wippermann, Blut oder Boden. Doppel-Paß, Staatsbürgerrecht und Nationsverständnis, Berlin 1999.

Bar-On/Brendler/Hare (Hg.), »da ist etwas kaputtgegangen an den Wurzeln ...«. Identitätsformen deutscher und israelischer Jugendlicher im Schatten des Holocaust, Frankfurt/M./New York, 1997.

Till Bastian, Auschwitz und die »Auschwitz-Lüge«. Massenmord und Geschichtsfälschung, München 1994.

Georg E. Becker/Ursula Coburn-Staege (Hg.), Pädagogik gegen Fremdenfeindlichkeit, Rassismus und Gewalt. Mut und Engagement in der Schule, Weinheim/Basel 1994.

Klaus Bellmund/Kaarel Siniveer, Kulte, Führer, Licht-Gestalten. Esoterik als Mittel rechtsradikaler Propaganda, München 1997.

Laura Benedict, Sehnsucht nach Unfreiheit. Der Fall Kay Diesner und die rechte Szene, Berlin 1998.

Wolfgang Benz (Hg.), Rechtsextremismus in der Bundesrepublik, 2. Aufl., Frankfurt/M. 1989.

Wolfgang Benz (Hg.), Legenden – Lügen – Vorurteile. Ein Lexikon zur Zeitgeschichte, München 1990.

Wolfgang Benz (Hg.), Antisemitismus in Deutschland. Zur Aktualität eines Vorurteils, München 1995.

Wolfgang Benz (Hg.), Jahrbuch für Antisemitismusforschung (erscheint seit 1992 jährlich), Frankfurt/M./New York.

Berg/Bürgin/Rausch u.a. (Hg.), Das schwarze Schaf. Baustein zur nicht-rassistischen Bildungsarbeit, Erfurt 1998. (DGB-Bildungswerk Thüringen)

Werner Bergmann/Rainer Erb (Hg.), Neonazismus und rechte Subkultur, Berlin 1994.

Peter Bierl, Wurzelrassen, Erzengel und Volksgeister. Die Anthroposophie Rudolf Steiners und die Waldorfpädagogik, Hamburg 1999.

Renate Bitzan (Hg.), Rechte Frauen. Skingirls, Walküren und feine Damen, Berlin 1997.

Yves Bizeul u. a. (Hg.), Vom Umgang mit dem Fremden. Hintergrund – Definition – Vorschläge, Weinheim/Basel 1997.

Dieter Boßmann (Hg.), »Was ich über Adolf Hitler gehört habe ...«, Frankfurt/M. 1977.

Karin Böllert/Hans Uwe Otto (Hg.), Soziale Arbeit auf der Suche nach Zukunft, Bielefeld 1989.

Karin Böllert/Hans Uwe Otto (Hg.), Soziale Arbeit in einer neuen Republik. Anpassung oder Fortschritt, Bielefeld 1993.

Fritz Böversen (Hg.), Den Umgang mit Fremden neu lernen.

Ansätze zur Überwindung der Gewalt, Bielefeld 1997.
Wilfried Breyvogel (Hg.), Lust auf Randale. Jugendliche Gewalt gegen Fremde, Bonn 1993.
Andreas Buderus, Fünf Jahre Glatzenpflege auf Staatskosten. Jugendarbeit zwischen Politik und Pädagogik, Bonn 1998.
Bundesministerium des Innern (Hg.), Verfassungsschutzbericht 1998, Bonn 1999 (erscheint jährlich).
Buntenbach/Kellershohn/Kretschmer (Hg.), Ruck-wärts in die Zukunft. Zur Ideologie des Neokonservatismus, Duisburg 1998.
Christoph Burgmer (Hg.), Rassismus in der Diskussion, Berlin 1999.
Christoph Butterwegge/Horst Isola (Hg.), Rechtsextremismus im vereinten Deutschland. Randerscheinung oder Gefahr für die Demokratie, 3. Aufl., Bremen/Berlin 1991.
Christoph Butterwegge, Rechtsextremismus, Rassismus und Gewalt. Erklärungsmodelle in der Diskussion, Darmstadt 1996.
Christoph Butterwegge (Hg.), NS-Vergangenheit, Antisemitismus und Nationalismus in Deutschland, Baden-Baden 1997.
Butterwegge/Griese/Krüger u.a., Rechtsextremisten in Parlamenten. Forschungsstand, Fallstudien, Gegenstrategien, Opladen 1997.
Butterwegge/Hickel/Ptak, Sozialstaat und neoliberale Hegemonie. Vom Standortnationalismus zur Auflösung der Demokratie, Berlin 1998.
Christoph Butterwegge, Wohlfahrtstaat im Wandel. Probleme und Perspektiven der Sozialpolitik, Opladen 1999.
Manfred Büttner (Hg.), Braune Saat in jungen Köpfen. Grundwissen und Konzepte für Unterricht und Erziehung gegen Neonazismus und Rechtsgewalt (2 Bd.), Hohengehren 1999.
Bernhard Claußen/Birgit Wellie (Hg.), Bewältigungen. Politik und Politische Bildung im vereinigten Deutschland, Hamburg 1995.
Philip Cohen, Verbotene Spiele. Theorie und Praxis antirassistischer Erziehung, Hamburg 1994.
Gustavo Corni/Martin Sabrow, Die Mauern der Geschichte, Leipzig 1996.
Deppe/Fülberth/Rilling, Antifaschismus, Heilbronn 1996.
Jutta Ditfurth, Entspannt in die Barbarei. Esoterik, (Öko-)-Faschismus und Biozentrismus, Hamburg 1996.
Peter Dudek/Hans-Gerd Jaschke, Entstehung und Entwicklung des

Rechtsextremismus in der Bundesrepublik, Opladen 1984.
Ehmann/Kaiser/Lutz u.a. (Hg,), Praxis der Gedenkstättenpädagogik, Opladen 1995.
Götz Eisenberg/Reimer Gronemeyer, Jugend und Gewalt. Der neue Generationskonflikt oder der Zerfall der zivilen Gesellschaft, Reinbek 1993.
Jürgen Elsässer, Braunbuch DVU. Eine deutsche Arbeiterpartei und ihre Freunde, Hamburg 1998.
Jürgen Elsässer/Andrei S. Markovits (Hg.), »Die Fratze der eigenen Geschichte«. Von der Goldhagen-Debatte zum Jugoslawien-Krieg, Berlin 1999.
Faber/Funke/Schoenberner (Hg.), Rechtsextremismus. Ideologie und Gewalt, Berlin 1995.
Falter/Jaschke/Winkler, Rechtsextremismus. Ergebnisse und Perspektiven der Forschung, Opladen 1996.
Jürgen W. Falter, Wer wählt rechts? Die Wähler und Anhänger rechtsextremistischer Parteien im vereinigten Deutschland, München 1994.
Klaus Farin/Eberhard Seidel-Pielen, Rechtsruck. Rassismus im neuen Deutschland, Berlin 1992.
Klaus Farin/Eberhard Seidel-Pielen, »Ohne Gewalt läuft nichts!« Jugend und Gewalt in Deutschland, Köln 1993.
Klaus Farin/Eberhard Seidel-Pielen, Skinheads, München 1993.
Klaus Farin/Eberhard Seidel-Pielen, Die Scharfmacher. Schauplatz Innere Sicherheit, Berlin 1994.
Klaus Farin, Die Skins. Mythos und Realität, 2. Aufl. Berlin 1998.
Margret Feit, Die »Neue Rechte« in der Bundesrepublik. Organisationen – Ideologie – Strategie, Frankfurt/M. 1987.
Gero Fischer/Maria Wölflingseder (Hg.), Biologismus, Rassismus, Nationalismus. Rechte Ideologien im Vormarsch, Wien 1995.
Jörg Fischer, Ganz rechts. Mein Leben in der DVU, Reinbek 1999.
Andreas Foitzik u.a. (Hg.), »Ein Herrenvolk von Untertanen«. Rassismus – Nationalismus – Sexismus, Duisburg 1992.
René Freund, Braune Magie? Okkultismus, New Age und Nationalismus, Wien 1995.
Förster/Friedrich/Müller/Schubarth, Jugend Ost. Zwischen Hoffnung und Gewalt, Opladen 1993.
Detlef Franz, Biologismus von oben. Das Menschenbild in Biolo-

giebüchern, Duisburg 1993.
Norbert Frei, Vergangenheitspolitik. Die Anfänge der Bundesrepublik und die NS-Vergangenheit, München 1996.
Rainer Fromm, Am rechten Rand. Lexikon des Rechtsradikalismus, Marburg 1993.
Rainer Fromm, Rechtsextremismus in Thüringen, 2. Aufl. Marburg 1993.
Rainer Fromm/Barbara Kernbach, ... und morgen die ganze Welt? Rechtsextreme Publizistik in Westeuropa, Marburg/Berlin 1994.
Hajo Funke, »Republikaner«. Rassismus, Judenfeindschaft, nationaler Größenwahn, 2. Aufl. Berlin 1989. (Aktion Sühnezeichen/Friedensdienste)
Hajo Funke, »Jetzt sind wir dran«. Nationalismus im geeinten Deutschland. Eine Streitschrift, Berlin 1991. (Aktion Sühnezeichen/Friedensdienste)
Hajo Funke, Brandstifter. Deutschland zwischen Demokratie und völkischen Nationalismus, Göttingen 1993.
Manfred Funke (Hg.), Extremismus und demokratischer Rechtsstaat, Düsseldorf 1978.
Oliver Geden, Rechte Ökologie. Umweltschutz zwischen Emanzipation und Faschismus, 2. Aufl. Berlin 1999.
Wolfgang Gessenharter, Kippt die Republik? Die Neue Rechte und ihre Unterstützung durch Politik und Medien, München 1994.
Wolfgang Gessenharter/Helmut Fröchling (Hg.), Rechtsextremismus und Neue Rechte in Deutschland. Neuvermessung eines politisch-ideologischen Raumes?, Opladen 1998.
Ralph Giordano, Die zweite Schuld oder Von der Last Deutscher zu sein, Hamburg 1987.
Ralph Giordano, »Ich bin angenagelt an dieses Land«. Reden und Aufsätze über die deutsche Vergangenheit und Gegenwart, Hamburg 1992.
Ralph Giordano, Wird Deutschland wieder gefährlich? Mein Brief an Kanzler Kohl – Ursachen und Folgen, Köln 1993.
Rolf Gössner (Hg.), Mythos Sicherheit – Der hilflose Schrei nach dem starken Staat, Baden-Baden 1995.
Greß/Jaschke/Schönkäs (Hg.), Neue Rechte und Rechtsextremismus in Europa, Opladen 1990.

Eduard Gugenberger/Roman Schweidlenka, Mutter Erde, Magie und Politik. Zwischen Faschismus und Neuer Gesellschaft, Wien 1987.

Rolf Gutte/Freerk Huisken, Alles bewältigt, nichts begriffen. Nationalsozialismus im Unterricht, Berlin 1997.

Friedrich Wilhelm Haack, Wotans Wiederkehr. Blut-, Boden- und Rasse-Religion, München 1981.

Benno Hafeneger, Rechte Jugendliche. Einstieg und Ausstieg: Sechs biographische Studien, Bielefeld 1993.

Benno Hafeneger, Jugend-Gewalt. Zwischen Erziehung, Kontrolle und Repression. Ein historischer Abriß, Opladen 1994.

Benno Hafeneger (Hg.), Handbuch politischer Jugendbildung, Schwalbach im Taunus 1997.

Geoffrey Hartmann, Der Längste Schatten. Erinnern und Vergessen nach dem Holocaust, Berlin 1999.

Wolfgang Fritz Haug, Vom hilflosen Antifaschismus zur Gnade der späten Geburt, Hamburg 1993.

Hubertus Heil u. a. (Hg.), Jugend und Gewalt. Über den Umgang mit gewaltbereiten Jugendlichen, Marburg 1993.

Karl-Heinz Heinemann (Hg.), Der antifaschistische Staat entläßt seine Kinder. Jugend und Rechtsextremismus in Ostdeutschland, Köln 1992.

Heither/Kurt/Schäfer u. a., Blut und Paukboden. Eine Geschichte der Burschenschaften, Frankfurt/M 1997.

Wilhelm Heitmeyer, Rechtsextremistische Orientierungen bei Jugendlichen, Weinheim/München 1987.

Wilhelm Heitmeyer u. a., Die Bielefelder Rechtsextremismusstudie, Weinheim/München 1992.

Wilhelm Heitmeyer u. a., Gewalt. Schattenseiten der Individualisierung bei Jugendlichen aus unterschiedlichen sozialen Milieus, Weinheim/München 1995.

Held/Horn/Marvakis, Gespaltene Jugend. Politische Orientierungen jugendlicher ArbeitnehmerInnen, Opladen 1996.

Friedrich Paul Heller/Anton Maegerle, Thule. Vom völkischen Okkultismus bis zur Neuen Rechten, Stuttgart 1995.

Matthias von Hellfeld, Die Nation erwacht. Zur Trendwende der deutschen politischen Kultur, Köln 1994.

Ulrich Herbert, Best. Biographische Studien über Rechtsradikalis-

mus, Weltanschauung und Vernunft 1903-1989, Bonn 1996.
Raimund Hethey/Peter Kratz, In bester Gesellschaft. Antifa-Recherche zwischen Konservatismus und Neo-Faschismus, Göttingen 1991.
Kurt Hirsch, Rechts von der Union. Personen, Organisationen, Parteien seit 1945, München 1989.
Kurt Hirsch/Hans Sarkowicz, Schönhuber. Der Politiker und seine Kreise, Frankfurt/M. 1989.
Bernd Holthusen/Michael Jänecke, Rechtsextremismus in Berlin. Aktuelle Erscheinungsformen – Ursachen – Gegenmaßnahmen, Marburg 1994.
Christel Hopf u. a., Familie und Rechtsextremismus. Familiale Sozialisation und rechtsextreme Orientierungen junger Männer, Weinheim/München 1995.
Freerk Huisken, Ausländerfeinde und Ausländerfreunde. Eine Streitschrift gegen den geächteten wie den geachteten Rassismus, Hamburg 1987.
Franziska Hundseder, Stichwort Rechtsextremismus, München 1993.
Franziska Hundseder, Rechte machen Kasse. Gelder und Finanziers der braunen Szene, München 1995.
Franziska Hundseder, Wotans Jünger. Neuheidnische Gruppen zwischen Esoterik und Rechtsradikalismus, München 1998.
Institut für Sozialforschung (Hg.), Rechtsextremismus und Fremdenfeindlichkeit, Frankfurt/M./New York 1994.
Thomas Jahn/Peter Wehling, Ökologie von rechts. Nationalismus und Umweltschutz bei der Neuen Rechten und bei den »Republikanern«, Frankfurt/M./New York 1991.
Hans-Gerd Jaschke, Die »Republikaner«. Profile einer Rechtsaußen-Partei, 3. Aufl. Bonn 1994.
Hans-Gerd Jaschke, Rechtsextremismus und Fremdenfeindlichkeit, Opladen 1994.
Siegfried Jäger (Hg.), Rechtsdruck. Die Presse der Neuen Rechten, Berlin 1988.
Siegfried Jäger, Brandsätze. Rassismus im Alltag, Duisburg 1993.
Siegfried Jäger (Hg.), Aus der Werkstatt: Antirassistische Praxen. Konzepte, Erfahrungen, Forschungen, Duisburg 1994.
Siegfried Jäger u. a., Der Spuk ist nicht vorbei. Völkisch-nationalisti-

sche Ideologeme im öffentlichen Diskurs der Gegenwart, Duisburg 1998.
Jugendwerk der Deutschen Shell (Hg.), Jugend '97. Zukunftsperspektiven. Gesellschaftliches Engagement. Politische Orientierungen, Opladen 1997.
Barbara Junge/Julia Naumann/Holger Stark, RechtsSchreiber. Wie ein Netzwerk in Medien und Politik an der Restauration des Nationalen arbeitet, Berlin 1997.
Sabine Jungk, Zwischen Skandal und Routine? Rechtsextremismus in Film und Fernsehen, Marburg 1996.
Harry H. Kalinowsky, Kampfplatz Justiz. Politische Justiz und Rechtsextremismus in der Bunderepublik Deutschland 1949–1990, Pfaffenweiler 1993.
Annita Kalpaka/Nora Räthzel (Hg.), Die Schwierigkeit nicht rassistisch zu sein. Rassismus in Politik, Kultur und Alltag, Köln 1994.
Claudia Keller u.a. (Hg.), Die Nacht hat zwölf Stunden, dann kommt der Tag. Antifaschismus – Geschichte und Neubewertung, Berlin 1996.
Helmut Kellershohn (Hg.), Das Plagiat. Der völkische Nationalismus der Jungen Freiheit, Duisburg 1994.
Kemper/Klier/Funke, »Ich will mich nicht daran gewöhnen«. Fremdenfeindlichkeit in Oranienburg, Berlin 1998.
Johannes Klotz/Ulrich Schneider (Hg.), Die selbstbewußte Nation und ihr Geschichtsbild. Geschichtslegenden der Neuen Rechten, Köln 1997.
Johannes Klotz (Hg.), Schlimmer als die Nazis. »Das Schwarzbuch des Kommunismus« und die neue Totalitarismusdebatte, Köln 1999.
Arno Klönne, Rechts-Nachfolge. Risiken des deutschen Wesens nach 1945, Köln 1990.
Wolfgang Kowalsky/Wolfgang Schröder (Hg.), Rechtsextremismus. Einführung und Forschungsbilanz, Opladen 1994.
Peter Ködderitzsch/Leo A. Müller, Rechtsextremismus in der DDR, Göttingen 1990.
Kölner Appell (Hg.), Köln International. Ein Stadtbuch gegen Rassismus, Köln 1994.
Hans-Dieter König (Hg.), Sozialpsychologie des Rechtsextremis-

mus, Frankfurt/M. 1998.
Krafeld/Möller/Müller, Jugendarbeit in rechten Szenen. Ansätze – Erfahrungen – Perspektiven, Bremen 1993.
Franz Josef Krafeld, Die Praxis Akzeptierender Jugendarbeit. Konzepte – Erfahrungen – Analysen aus der Arbeit mit rechten Jugendcliquen, Opladen 1996.
Peter Krahulec u. a., Buchenwald Weimar: April 1945. Wann lernt der Mensch? Ein Grundlagenbuch für Gruppenarbeit und Selbststudium, Münster/Hamburg 1994.
Peter Kratz, Die Götter des New Age. Im Schnittpunkt von »Neuem Denken«, Faschismus und Romantik, 2. Aufl. Berlin 1994.
Reinhard Kühnl, Der Faschismus. Ursachen, Herrschaftsstruktur, Aktualität, Heilbronn 1988.
Reinhard Kühnl, Gefahr von rechts. Vergangenheit und Gegenwart der extremen Rechten, Heilbronn 1990.
Reinhard Kühnl, Faschismustheorien. Ein Leitfaden, Heilbronn 1990.
Matthias Küntzel/Klaus Thörner u. a., Goldhagen und die deutsche Linke. Oder die Gegenwart des Holocaust, Berlin 1997.
Landesämter für Verfassungsschutz, Jahresberichte.
Astrid Lange, Was die Rechten lesen. Fünfzig rechtsextreme Zeitschriften, München 1993.
Walter Laquer, Faschismus – Gestern, Heute, Morgen, Berlin 1997.
Claus Leggewie, Die Republikaner. Phantombild der Neuen Rechten, Berlin 1989
Claus Leggewie, Druck von rechts? Wohin treibt die Bundesrepublik, München 1993.
Rudolf Leiprecht (Hg.), In Grenzen verstrickt. Jugendliche und Rassimus in Europa. Ergebnisse vergleichender Jugendforschung, Duisburg 1995.
Kurt Lenk, Rechts wo die Mitte ist. Rechtsextremismus. Nationalsozialismus. Konservatismus, Baden-Baden 1994.
Heiner Lichtenstein/Otto R. Romberg (Hg.), Täter – Opfer – Folgen. Der Holocaust in Geschichte und Gegenwart, 2. Aufl. Bonn 1997. (Bundeszentrale für politische Bildung)
Annette Linke, Der Multimillionär Frey und seine DVU, Essen 1994.

Hans-Martin Lohmann (Hg.), Extremismus der Mitte. Vom rechten Verständnis der deutschen Nation, Frankfurt/M. 1994.

Jens Mecklenburg (Hg.), Antifa Reader. Antifaschistisches Handbuch und Ratgeber, Berlin 1996.

Jens Mecklenburg (Hg.), Handbuch deutscher Rechtsextremismus, Berlin 1996.

Jens Mecklenburg (Hg.), Braune Gefahr. DVU, NPD, REP – Geschichte und Zukunft, Berlin 1999.

Jens Mecklenburg/Wolfgang Wippermann (Hg.), »Roter Holocaust«? Kritik des Schwarzbuchs des Kommunismus, Hamburg 1998.

Wolfgang Melzer, Jugend und Politik in Deutschland. Gesellschaftliche Einstellungen, Zukunftsorientierungen und Rechtsextremismus-Potential in Ost- und Westdeutschland, Opladen 1992.

Jutta Menschik-Bendele/Klaus Ottomeyer, Sozialpsychologie des Rechtsextremismus. Entstehung und Veränderung eines Syndroms, Opladen 1998.

Michel/Karsunke/Spengler (Hg.), Kursbuch 134, Auftritt von rechts, Berlin 1998.

Kurt Möller/Siegfried Schiele (Hg.), Gewalt und Rechtsextremismus. Ideen und Projekte für soziale Arbeit und politische Bildung, Schwalbach im Taunus 1996.

Jost Müller, Nation, Ethnie, Kultur. Mythen der Rechten, Berlin 1995.

Ingrid Müller-Münch, Biedermänner und Brandstifter. Fremdenfeindlichkeit vor Gericht, Bonn 1998.

Hermann Nehls/Kurt Schilde (Hg.), Befreiung. Das Erbe des Nationalsozialismus aus gewerkschaftlicher Sicht, Berlin 1996.

Marcus Neureuter, Rechtsextremismus im vereinigten Deutschland. Eine Untersuchung sozialwissenschaftlicher Deutungsmuster und Erklärungsansätze, Marburg 1996.

Britta Obszerninks/Matthias Schmidt, DVU im Aufwärtstrend – Gefahr für die Demokratie? Fakten, Analysen, Gegenstrategien, Münster 1998.

Reinhard Opitz, Faschismus und Neofaschismus, Köln 1988.

Gerhard Paul (Hg.), Hitlers Schatten verblaßt. Die Normalisierung des Rechtsextremismus, Bonn 1989.

Armin Pfahl-Traughber, Rechtsextremismus. Eine kritische Bestands-

aufnahme nach der Wiedervereinigung, Bonn 1993.
Armin Pfahl-Traughber, Rechtsextremismus in der Bundesrepublik, München 1999.
Friedbert Pflüger, Deutschland driftet. Die Konservative Revolution entdeckt ihre Kinder, Düsseldorf 1994.
Ralf-Erik Posselt/Klaus Schumacher, Projekthandbuch Rechtsextremismus, Schwerte 1989. (Amt für Jugendarbeit der Evangelischen Kirche von Westfalen)
Ralf-Erik Posselt/Klaus Schumacher, Projekthandbuch: Gewalt und Rassismus, Mühlheim an der Ruhr 1993.
Heribert Prantl, Deutschland leicht entflammbar. Ermittlungen gegen die Bonner Politik, München/Wien 1994.
Rolf Richter (Hg.), Rechtsextremismus und Neonazismus unter Jugendlichen Ostberlins. Beiträge zur Analyse und Vorschläge zu Gegenmaßnahmen, Berlin 1991.
Karl Heinz Roth, Geschichtsrevisionismus. Die Wiedergeburt der Totalitarismustheorie, Hamburg 1999.
Friedwart Maria Rudel (Hg.), Rechtsextremismus bekämpfen. Aufklärung und Selbstvergewisserung, Essen 1995.
Ulrich Sander, Szenen einer Nähe. Vom großen RechtsUm bei der Bundeswehr, Bonn 1998.
Hans Sarkowicz, Rechte Geschäfte. Der unaufhaltbare Aufstieg des deutschen Verlegers Herbert Fleissner, Frankfurt/M. 1994.
Gary S. Schaal/Andreas Wöll (Hg.), Vergangenheitsbewältigung. Modelle der politischen und sozialen Integration in der bundesdeutschen Nachkriegsgeschichte, Baden-Baden 1997.
Konrad Schacht u. a. (Hg.), Hilflos gegen Rechtsextremismus? Ursachen – Handlungsfelder – Projekterfahrung, Köln 1995.
Matthias Schmidt, Die Parlamentsarbeit rechtsextremer Parteien und mögliche Gegenstrategien. Eine Untersuchung am Beispiel der »Deutschen Volksunion« im Schleswig-Holsteinischen Landtag, Münster 1997.
Michael Schmidt, Heute gehört uns die Strasse. Ein Inside-Report aus der Neonazi-Szene, Düsseldorf/Wien/New York 1993.
Ulrich Schneider, Zukunftsentwurf Antifaschismus. 50 Jahre Wirken der VVN für »eine neue Welt des Friedens und der Freiheit«, Bonn 1997.
Stefanie von Schnurbein, Göttertrost in Wendezeiten. Neugermani-

sches Heidentum zwischen New Age und Rechtsradikalismus, München 1993.

Michael Schomers, Deutschland ganz rechts. Sieben Monate als Republikaner in BRD & DDR, Köln 1990.

Burkhard Schröder, Rechte Kerle – Skinheads, Faschos, Hooligans, Reinbek 1992.

Burkhard Schröder, Neonazis und Computernetze. Wie Rechtsradikale neue Kommunikationsformen nutzen, Reinbek 1995.

Burkhard Schröder, Im Griff der rechten Szene. Ostdeutsche Städte in Angst, Reinbek 1997.

Wilfried Schubarth/Wolfgang Melzer (Hg.), Schule, Gewalt und Rechtsextremismus, 2. Aufl. Opladen 1995.

Herbert Schui u.a., Wollt ihr den totalen Markt?. Der Neoliberalismus und die extreme Rechte, München 1997.

Hans-Joachim Schwagerl, Rechtsextremes Denken. Merkmale und Methoden, Frankfurt/M. 1993.

Ursel Sieber/Bernd Siegler u.a., Deutsche Demokraten. Wie rechtsradikal sind CDU & CSU?, Göttingen 1994.

Bernd Siegler, Auferstanden aus Ruinen. Rechtsextremismus in der DDR, Berlin 1991.

Bernd Siegler/Oliver Tolmein u.a., Der Pakt. Die Rechten und der Staat, Göttingen 1993.

Udo Sierck, NORMalisierung von rechts. Biopolitik und »Neue Rechte«, Hamburg 1995.

Alphons Silbermann/Francis Hüsers, Der »normale« Haß auf die Fremden. Eine sozialwissenschaftliche Studie zu Ausmaß und Hintergründen von Fremdenfeindlichkeit in Deutschland, München 1995.

SINUS-Studie, Fünf Millionen Deutsche. »Wir sollten wieder einen Führer haben ...«, Reinbek 1981.

Sozial Extra, Dunkel Deutschland. Aufforderungen zum Dialog der Generationen, Wiesbaden 1998.

Manfred Stock/Philipp Mühlberg, Die Szene von innen. Skinheads, Grufties, Heavy Metals, Punks, Berlin 1990.

Richard Stöss, Die extreme Rechte in der Bundesrepublik. Entwicklungen – Ursachen – Gegenmaßnahmen, Opladen 1989.

Richard Stöss, Rechtsextremismus im vereinten Deutschland, Bonn 1999. (Friedrich- Ebert-Stiftung)

Chris de Stoop, Hol die Wäsche rein. Die Geschichte einer ganz gewöhnlichen Abschiebung, Frankfurt/M. 1996.

Mark Terkessidis, Kulturkampf. Volk, Nation, der Westen und die Neue Rechte, Köln 1995.

Oliver Tolmein, Wann ist der Mensch ein Mensch? Ethik auf Abwegen, München/Wien 1993.

Oliver Tolmein, Originalton Deutsch. Medien und rechte Gewalt, Hamburg 1994.

Oliver Tolmein, Rechts durch die Mitte. Reportagen und Gespräche über die Ordnung der Verhältnisse, Hamburg 1998.

Gerd R. Ueberschär (Hg.), Der 20. Juli. Das »andere Deutschland« in der Vergangenheitspolitik nach 1945, Berlin 1998.

Wolf-Dieter Vogel (Hg.), Der Lübecker Brandanschlag. Fakten, Fragen, Parallelen zu einem Justizskandal, Berlin 1996.

Bernd Wagner (Hg.), Handbuch Rechtsextremismus, Reinbek 1994.

Bernd Wagner, Jugend-Gewalt-Szenen, Berlin 1995.

Bernd Wagner, Rechtsextremismus und kulturelle Subversion in den neuen Ländern, in: Bulletin, Schriftreihe des Zentrums Demokratische Kultur, Berlin 1998.

Anja Weusthoff/Rainer Zeimentz (Hg.), Aufsteh'n. Aktionen gegen Rechts. Ein Handbuch, 2. Aufl. Bonn 1994.

Wieszt/Gattol/Kinnunen (Hg.), Integration contra Nationalismus. Handbuch für Erwachsenenbildung, Duisburg 1997.

Helmut Willems, Fremdenfeindliche Gewalt. Einstellungen – Täter – Konflikteskalation, Opladen 1993.

Wolfgang Wippermann, Europäischer Faschismus im Vergleich 1922–1982, Frankfurt/M. 1983.

Wolfgang Wippermann, Wessen Schuld? Vom Historikerstreit zur Goldhagen-Kontroverse, 2. Aufl. Berlin 1997.

Wolfgang Wippermann, »Wie die Zigeuner«. Antisemitismus und Antiziganismus im Vergleich, Berlin 1997.

Wolfgang Wippermann, Totalitarismustheorien. Die Entwicklung der Diskussion von den Anfängen bis heute, Darmstadt 1997.

Wolfgang Wippermann, Faschismustheorien. Die Entwicklung der Diskussion von den Anfängen bis heute, 7. Aufl. Darmstadt 1997.

Wolfgang Wippermann, Umstrittene Vergangenheit. Fakten und

Kontroversen zum Nationalsozialismus, Berlin 1998.
Wolfgang Wippermann, Konzentrationslager. Geschichte, Nachgeschichte, Gedenken, Berlin 1999.
Petra Wlecklik (Hg.), Frauen und Rechtsextremismus, Göttingen 1995.
Volkmar Woelk, Natur und Mythos. Ökologiekonzeptionen der »Neuen« Rechten im Spannungsfeld zwischen Blut und Boden, Duisburg 1992.

Die Autorinnen und Autoren

Tanja Berg, Diplom-Politologin, freie Bildungsreferentin, Sprecherin des AK »Politik und Geschlecht« in der Deutschen Vereinigung für Politische Wissenschaft (DVPW), Lehraufträge an der Freien Universität und der Humboldt Universität Berlin. Mitherausgeberin von: Das schwarze Schaf. Baustein zur nicht-rassistischen Bildungsarbeit, Erfurt 1998.

Annelie Buntenbach, Lehrerin, Mitglied des Bundestages für Bündnis 90/Die Grünen. Zuletzt erschien von ihr (zusammen mit Kellershohn und Kretschmer herausgegeben): Ruck-wärts in die Zukunft. Zur Ideologie des Neokonservatismus, Duisburg 1998.

Christoph Butterwegge, Professor für Politikwissenschaft an der Universität Köln. Bei Elefanten Press erschien von ihm (zusammen mit Hickel und Ptak): Sozialstaat und neoliberale Hegemonie. Standortnationalismus als Gefahr für die Demokratie (1998). Zuletzt erschien: Wohlfahrtstaat im Wandel, Opladen 1999.

Julika Bürgin, Diplom-Politologin, Bildungsreferentin beim DGB-Bildungswerk Thüringen e.V. Mitherausgeberin von: Das schwarze Schaf. Baustein zur nicht-rassistischen Bildungsarbeit, Erfurt 1998.

Hajo Funke, Professor für Politikwissenschaft an der Freien Universität Berlin. Zuletzt erschien von ihm (zusammen mit Kemper und Klier): »Ich will mich nicht daran gewöhnen«. Fremdenfeindlichkeit in Oranienburg, Berlin 1998.

Benno Hafeneger, Professor am Institut für Erziehungswissenschaft der Philipps-Universität Marburg. Zuletzt erschien von ihm: Sozialstruktur der extremen Rechten. Mandatsträger der »Republikaner« und der NPD am Beispiel der hessischen Kommunalparlamente, und (Herausgeber): Handbuch politischer Jugendbildung, Schwalbach/Ts. 1997.

Anetta Kahane, Geschäftsführerin der »Regionalen Arbeitsstellen für Ausländerfragen, Jugendarbeit und Schule in den neuen Bundesländern«.

Jens Mecklenburg, Herausgeber der Antifa Edition bei Elefanten Press. Zuletzt erschien von ihm bei Elefanten Press (Herausgeber): Braune Gefahr. DVU, NPD, REP – Geschichte und Zukunft (1999).

Ralf Melzer, Dr. phil., Historiker, freier Journalist und Direktor des Anti-Defamation Forums in Berlin. Zuletzt erschien von ihm: Konflikt und Anpassung. Freimaurerei in der Weimarer Republik und im »Dritten Reich«, Wien 1999.

Torsten Niebling, wissenschaftlicher Mitarbeiter am Institut für Erziehungswissenschaften der Philipps-Universität Marburg.

»Opferperspektive – Beratung für Opfer rechtsextremer Gewalt in Brandenburg«, August-Bebel-Straße 88, 14482 Potsdam. Zuletzt erschien von ihr: »... ein rechtsextremistisches Motiv wird nicht ausgeschlossen ...«, Dokumentation 1998, Potsdam 1999. (Bezug über die Gruppe)

Barbara Schäuble, Diplom-Sozialpädagogin, wissenschaftliche Mitarbeiterin der PDS-Landtagsfraktion in Thüringen. Mitherausgeberin von: Das schwarze Schaf. Baustein zur nicht-rassistischen Bildungsarbeit, Erfurt 1998.

Adelheid Schmitz, wissenschaftliche Mitarbeiterin der Arbeitsstelle Neonazismus an der Fachhochschule Düsseldorf. Zuletzt erschien von ihr (zusammen mit Ria Proske): »Spuren der Vergangenheit ...«. Ausgewählte Jugendbücher über Nationalsozialismus und Neonazismus, Münster 1998.

Ulrich Schneider, Lehrer, Historiker, wissenschaftlicher Mitarbeiter an der Gesamthochschule Kassel, Bundessprecher der Vereinigung der Verfolgten des Naziregimes (VVN). Zuletzt erschien von ihm: Zukunftsentwurf Antifaschismus, Bonn 1997, und (zusammen mit Johannes Klotz herausgegeben): Die selbstbewußte Nation und ihr Geschichtsbild, Köln 1997.

Burkhard Schröder, Schriftsteller, Journalist, Dozent für Ethiklehrer-Fortbildung und an der Berliner Journalisten-Schule. Zuletzt erschien von ihm: Im Griff der rechten Szene. Ostdeutsche Städte in Angst, Reinbek 1997.

Erik Weckel, Eisenbahner und Politikwissenschaftler, Geschäftsführer der »Lernkiste – Verein für Kultur und Bildung Gießen e.V.« und Lehrbeauftragter an der Universität Gießen. Mitherausgeber von: Das schwarze Schaf. Baustein zur nicht-rassistischen Bildungsarbeit, Erfurt 1998.

Antifa Edition
herausgegeben von Jens Mecklenburg

Umschlaggestaltung Blank/Holtfreter
Gesetzt aus der Berthold Garamond
Agentur Marina Siegemund, Berlin
Druck Interpress, Budapest
Printed in Hungary
ISBN 3-88520-749-4

Antifa Edition

Christoph Burgmer (Hg.)

Rassismus in der Diskussion

176 Seiten. Paperback
DM 26,90/öS 196/sFr 26,90
3-88520-730-3

Neun weltweit führende Wissenschaftler und Schriftsteller im Gespräch mit dem Herausgeber. Deutlich wird, wie Kolonialismus, Fremdenfeindlichkeit, Antisemitismus, Rassismus in den Medien und unter den Eliten, Antiziganismus, Sexismus und »kulturelle Identität« mit dem »gewöhnlichen Rassismus« verwoben sind.

ELEFANTEN PRESS

Antifa Edition

Jochen Kast/Bernd Siegler/
Peter Zinke

Das Tagebuch der Partisanin Justyna

Jüdischer Widerstand in Krakau
320 Seiten mit Fotos und
Dokumenten. Paperback
DM 39,90/öS 291/sFr 38,90
3-88520-729-X

Der Widerstand der Krakauer »Vereinigten jüdischen Kampforganisation« gegen die Nazis im »Tagebuch der Justyna«, in einem profunden Sachteil und in erstmals auf deutsch veröffentlichten Auszügen aus der Untergrundzeitschrift »Hechaluz Halochem«.

ELEFANTEN PRESS